LIVY: BOOKS XXIII

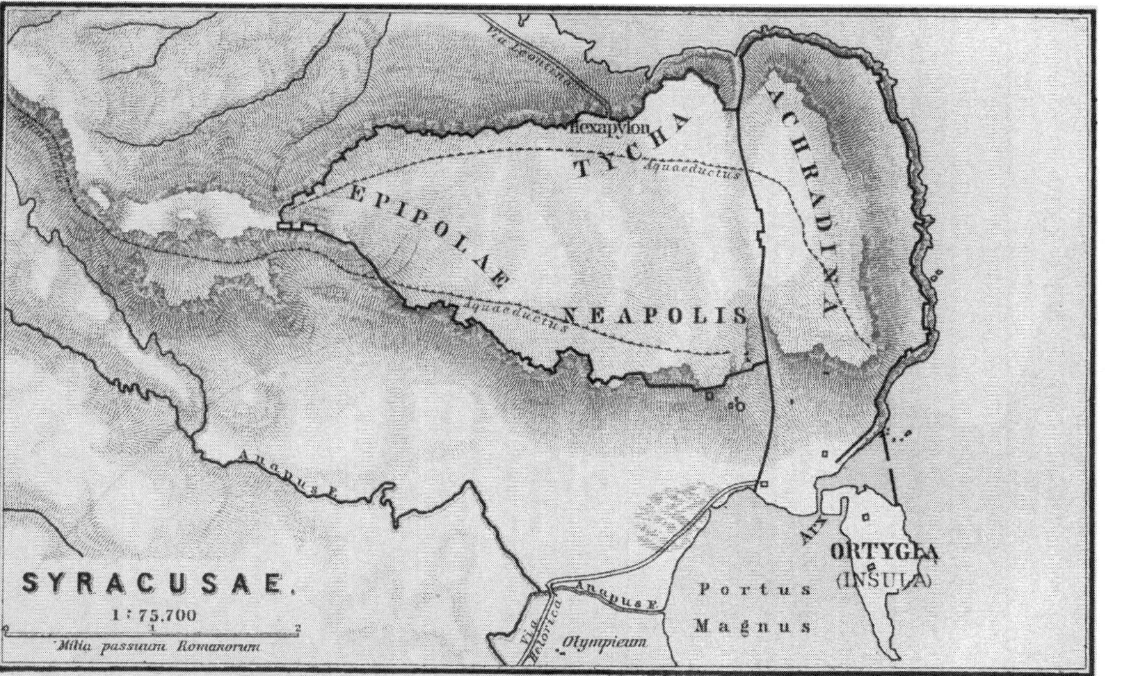
SYRACUSAE.
1 : 75.700
0
1
2
Milia passuum Romanorum
Via Leontina
Hexapylon
TYCHA
ACHRADINA
EPIPOLAE
NEAPOLIS
Aquaeductus
Aquaeductus
Anapus F.
Anapus F.
Via Helorica
Olympieum
Portus
Magnus
Arx
ORTYGIA
(INSULA)

LIVY

BOOKS XXIII & XXIV

Edited by
G.C. Macaulay

Bristol Classical Press

Reissued in 2009 by
Gerald Duckworth & Co. Ltd.
90-93 Cowcross Street, London EC1M 6BF
Tel: 020 7490 7300
Fax: 020 7490 0080
info@duckworth-publishers.co.uk
www.ducknet.co.uk

A catalogue record for this book is available from the British Library

ISBN 978 1 85399 735 8

Printed and bound in Great Britain by
CPI Antony Rowe, Chippenham and Eastbourne

CONTENTS

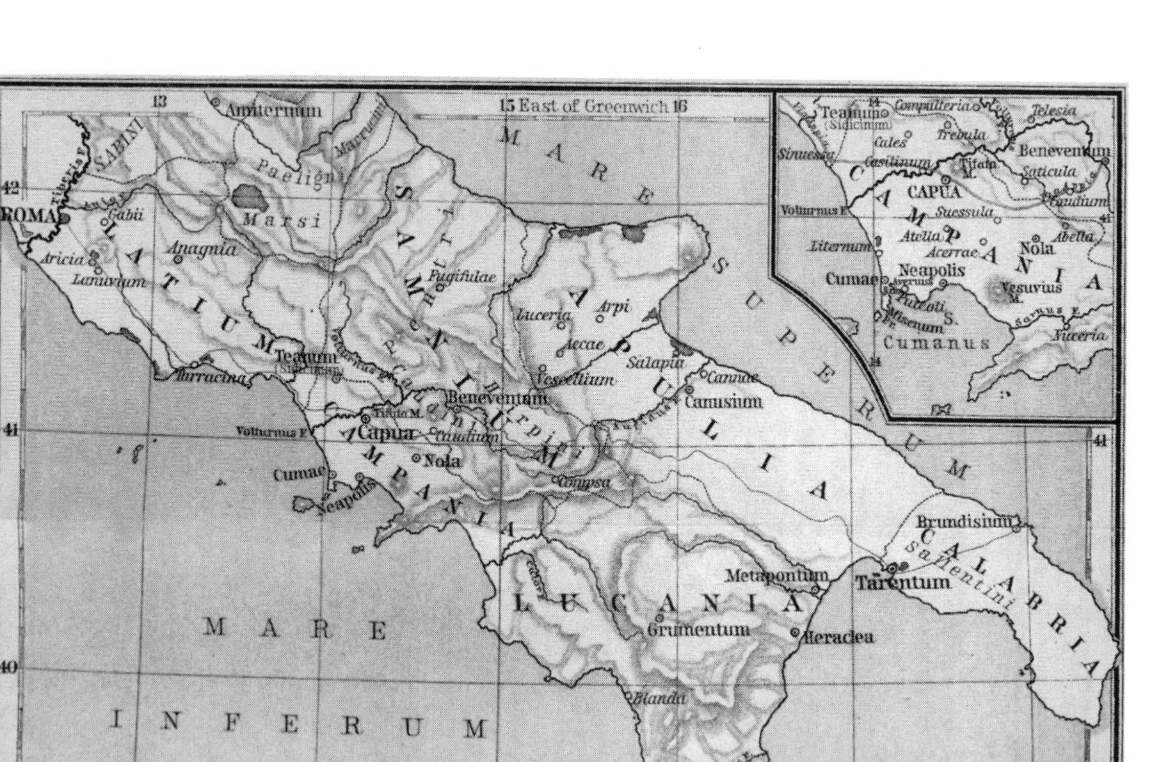

13
15 East of Greenwich 16
42
41
40
14
MARE SUPERUM
MARE INFERUM
ROMA
SABINI
Tiberis F.
Gabii
Aricia
Lanuvium
Anagnia
LATIUM
Amiternum
Paeligni
Marrucini
Marsi
SAMNIUM
Fugifulae
Tarracina
Teanum
Volturnus F.
Capua
Tifata M.
Caudium
Nola
Cumae
Neapolis
CAMPANIA
Beneventum
Hirpini
Caudini
Compsa
APULIA
Luceria
Arpi
Aecae
Vescellium
Salapia
Cannae
Canusium
Aufidus F.
LUCANIA
Grumentum
Metapontum
Heraclea
Blanda
Brundisium
Tarentum
CALABRIA
Sallentini
Teanum
(Sidicinum)
Compulteria
Telesia
Cales
Trebula
Sinuessa
Casilinum
Tifata M.
Beneventum
Saticula
Caudium
CAPUA
Suessula
Abella
Liternum
Atella
Acerrae
Neapolis
Vesuvius M.
Puteoli
Misenum
Cumanus S.
Sarnus F.
Nuceria

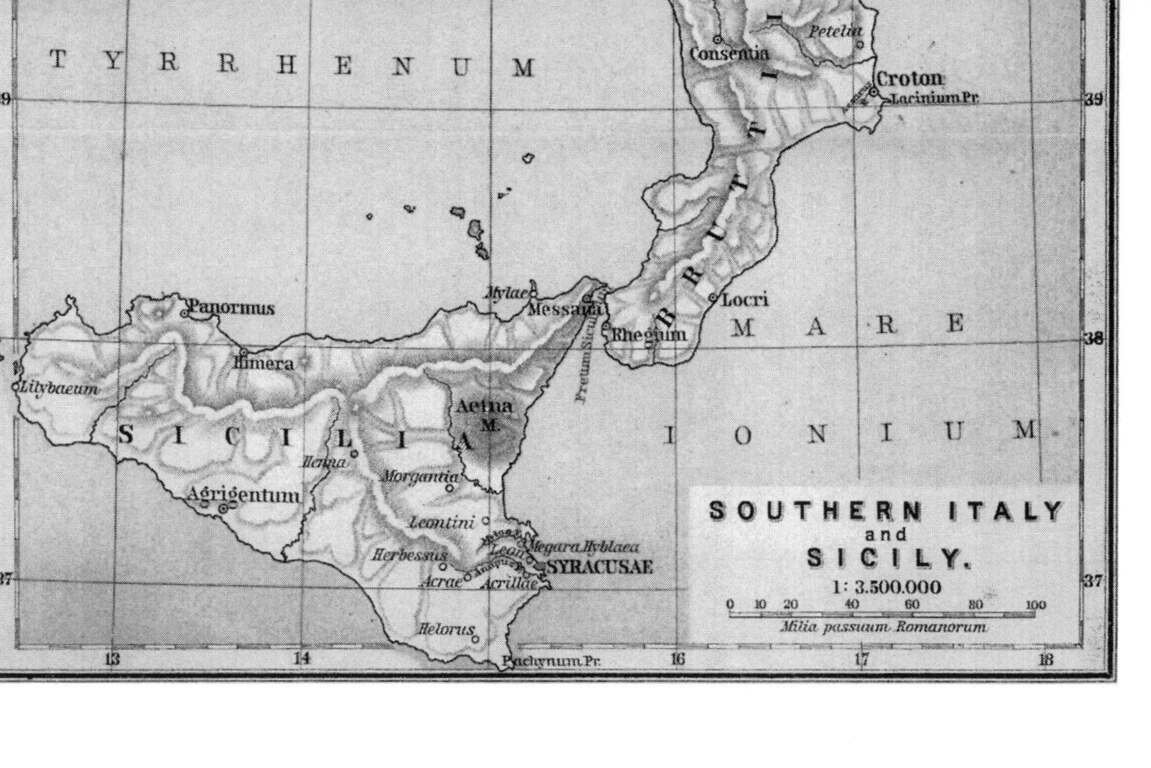
SOUTHERN ITALY
and
SICILY.
1: 3.500.000
0 10 20 40 60 80 100
Milia passuum Romanorum
SEU
TYRRHENUM
MARE
IONIUM
BRUTTII
SICILIA
Consentia
Petelia
Croton
Lacinium Pr.
Locri
Rhegium
Fretum Siculum
Mylae
Messana
Panormus
Himera
Lilybaeum
Aetna M.
Henna
Morgantia
Agrigentum
Leontini
Megara Hyblaea
Herbessus
SYRACUSAE
Acrae
Acrillae
Helorus
Pachynum Pr.
39
38
37
13
14
16
17
18

INTRODUCTION I.

TEXT OF THIS EDITION.

The text of this edition is based upon that of Madvig's 3rd edition, 1880. To have adopted his text without further enquiry might perhaps have seemed the least presumptuous, as it would certainly have been the easiest course. But this I could not do without becoming a partisan, and great as is my admiration for Madvig, I am not always able to accept his decisions, even upon the text of Livy, with the same confidence with which they are propounded. In the endeavour to hold the scales fairly between Madvig and the German editors I have perhaps inclined too much in favour of the former, and in points of smaller importance I have often paid a tribute of submission to the brilliancy of his scholarship. But generally I have weighed the evidence as impartially as possible, and accepted Madvig's alterations only where they seem to me satisfactory. Before enumerating the passages in which I have found it necessary to depart from Madvig's text, it will perhaps be desirable to state shortly the nature of the evidence to which we can appeal in these books of Livy.

It is admitted that one MS. of the third decade of Livy, the so-called codex Puteaneus (*or* Puteanus), is far superior to every other which exists: indeed it seems that most of the rest are copied directly or indirectly from it, and those which may probably have an independent source are in general interpolated and corrected from the codex Puteaneus. This MS. is called after its former possessor Puteanus (Jacques Dupuy), by whom it was bequeathed with many others to the Royal Library at Paris. It was apparently written about the beginning of the 8th century, and contains the whole of the third decade with the exception of some pages missing at the beginnning and end. This then is by far the most important authority for the text of the following books, and so far as they are concerned may almost be said to reign alone.

There existed however in the 16th century a MS. (called Spirensis) of the latter half of this decade, which seems to have been of equal authority. This has now disappeared, a single leaf only having been discovered a few years ago at Munich; but some readings taken from it are recorded by Rhenanus in his edition of Livy 1535, and from this evidence and that of the surviving leaf we are able to say that some of the surviving MSS. of the third decade were partly but not entirely derived from it. It is probable therefore that traces of the codex Spirensis, which no doubt at one time contained the whole of the third decade, survive in those MSS. of the first half of the decade which resemble it most closely in the second half. But these MSS. have been very imperfectly collated, and it is difficult to say how far they actually do represent any authority independent of the codex Puteaneus. The latter therefore remains practically our only guide for the first five books of the decade, while as regards the last five its authority is divided with that of the codex Spirensis, wherever we have trustworthy information as to the readings of that MS.

Since then the question of MS. authority is comparatively so simple in the 23rd and 24th books, I shall make no scruple of referring in my notes to the readings of the codex Puteaneus, of which a collation is given by Alschefski for the 23rd and by Weissenborn for the 24th book.

For the characteristics of the codex Puteaneus the reader is referred to Madvig, *Emendationes Livianae*, pp. 245 sq., and for its appearance to the facsimile in *Analecta Liviana* by Studemund and Mommsen.

The following are the instances in which the text of this edition differs from that of Madvig's third edition:

XXIII.	1.	3.	urbem.
	5.	11.	indigena.
	9.	3.	fidem obstrinximus,—ut...armaremus?
		4.	ab Hannibale,—ut...cruentares.
		11.	tertio.
	11.	3.	lucris meritis.
	12.	9.	paeniteatne adhuc.
	18.	5.	oppositis.
	19.	18.	et tria signa (without brackets).
	25.	11.	propagari.
	27.	11.	possit.
	31.	12.	uni rogando.
	32.	9.	imperii Romani.

XXIV. 3.	2, 3.	et arx *erat* procul eis quae habitabantur. Sex millia aberat in urbe nobili templum ipsa urbe nobilius.
4.	7.	omnia timentibus *munus suscipiunt.*
10.	9.	nucem.
13.	3.	quin urbs *ei tradatur.*
13.	10.	equites *quingentos.*
16.	3.	ediderunt.
18.	3.	qui post Cannensem *cladem de Italia deserenda agitasse* dicebantur.
33.	6.	pateret.
38.	8.	ferendae.
43.	3.	fuerant (without brackets).
44.	8.	Caietae.

In several of these instances I have merely received into the text suggestions made by Madvig in his critical notes, in order not to leave a lacuna where it could with any probability be filled up. For other changes justification will be found in the notes on the passages in which they occur.

INTRODUCTION II.

THE SOURCES OF THE NARRATIVE.

Livy seems to have troubled himself little about original authorities in writing his history, but based his account upon those given by previous historians, whose names he frequently mentions and whose conflicting statements he sometimes sets down in opposition to one another. So far as we can judge, his habit was to incorporate in his own work long passages from those of his predecessors, with little alteration of the substance, but with rhetorical additions and embellishments such as seemed good to the writer, and with circumstances thrown in (often inconsistently enough) from authorities other than that which at the time he is mainly following. He shews a great deficiency of the critical faculty, and when he finds a conflict of authorities he hardly attempts to arrive at the fact which lies at the bottom of the varying accounts. He evidently prefers to follow a single authority where he can find one whose superiority to the rest seems evident, as in the case of the affairs in Greece and Asia after the second Punic war, where he simply translates Polybius with some abridgment and embellishment; and for each section of affairs he probably selected some one historian as his chief guide, and cast side glances at the others who related the same events, in case they should contain some glaring contradiction, or some picturesque addition which could not be passed over by the historian. The historical value therefore of any given part of Livy's narrative will depend upon that of the source which he happens to be following in that period, and it is not superfluous for us to enquire what are the authorities of whom he seems to make use in his 23rd and 24th books. None of the materials which Livy used for these books have come down to us except in fragments, but it is possible nevertheless to arrive at a probable conclusion about their nature and comparative value.

From the mention of names by Livy himself we may certainly to some extent infer the authorities which he is using, but it is constantly his habit to mention the names of the authors who disagree with his principal authority for the time being, while leaving the latter unnamed; moreover it is probable that he sometimes names an authority which he is only using at second hand. It is therefore very unsafe to conclude, as some German critics have done, that his dependence on an author may be measured by the number of times that he mentions his name; and further, the fact that he mentions an author's name is no absolute proof that he has ever seen his work[1]. With this testimony of the author must be

[1] Mommsen concludes that Livy only knew Fabius at second hand, apparently because he does not refer directly to him on the disputed point of the consuls in the year 320 U.C.

combined such evidence as is afforded by comparison of the few fragments of earlier annalists and historians which relate to the period in question, with the narrative of Livy, and by analysis of that narrative itself.

First, it may be useful to set down in chronological order the names of those historians who are mentioned as authorities in the third decade of Livy, with a short summary in each case of the testimonies given about them, either by Livy or other authors.

(1) *Q. Fabius Pictor*, contemporary of the second Punic war, and a senator; wrote a history of Rome in Greek from the beginning down to his own time; is referred to as an authority by Livy several times in the first decade (sometimes as *antiquissimus*), and once in the third decade (XXII. 7. 1) *Fabium aequalem temporibus huiusce belli potissimum auctorem habui*, in speaking of the slaughter at Trasimene. Polybius blames him for partiality to his own countrymen (I. 14). It is uncertain when he died and how far his history was carried, but his authority is not referred to for any event later than the battle of Trasimene. A Latin version of his history is referred to by various authors.

(2) *L. Cincius Alimentus*, also a contemporary of the second Punic war, praetor in Sicily B.C. 209; wrote a history of Rome in Greek; was taken prisoner by Hannibal, but at what period of the war is uncertain, perhaps after his praetorship. Quoted once by Livy XXI. 58. 2, who cites him as making

(Hermes XIII. p. 330). His one reference to Silenus (XXVI. 49) is probably taken from Coelius.

statements about the Carthaginian troops on the authority of Hannibal.

(3) *Silenus* (Σειληνός), a native of Calatia, contemporary with the second Punic war. Cicero quotes his account of Hannibal's dream after the fall of Saguntum, and says of him: *is diligentissime res Hannibalis persecutus est.* He is said to have been in Hannibal's camp during the war. He also wrote a history of some Sicilian affairs. He is once cited by Livy, XXVI. 49.

(4) *C. Acilius*, a senator (about 150 B.C.), wrote a history of Rome in Greek, which came down at least to 193 B.C. (Liv. XXXV. 14); referred to once by name in the third decade (XXV. 39. 12), as translated into Latin by Claudius, and once without name (XXII. 61. 5); cf. Cic. de Off. III. 32. 113.

(5) *Polybius*, a native of Megalopolis in Arcadia, born probably about 204 B.C., son of Lycortas, who was one of the chief men of the Achaean league. After the conquest of Macedonia he resided in Rome at the house of Aemilius Paulus, and was very intimate with Scipio Africanus Minor, whom he accompanied in the third Punic war. His history was in forty books, beginning with the events leading up to the second Punic war and ending with the destruction of Corinth. Of this work there remain the first five books entire, and of the rest only fragments and extracts, many of which however are of considerable length and great importance. The part which remains entire brings down Italian history to the battle of Cannae, that is to the end of Livy's 22nd book. Livy names him as an authority only once in the third

decade (xxx. 45), but so far as we can judge from the extant fragments, he followed him closely in many parts of it. The question about the relation between the 21st and 22nd books of Livy and the third of Polybius is much disputed; see Note.

(6) *L. Calpurnius Piso Censorius Frugi*, consul B.C. 133, wrote in Latin a history of Rome down to his own times, (*annales exiliter scriptos*, Cic. Brut. 27. 106); referred to by Livy xxv. 39. 15.

(7) *L. Coelius Antipater* lived about 130 B.C., wrote a history of the second Punic war in seven books. Cicero says of him: *paulo inflavit vehementius habuitque vires agrestis ille quidem atque horridas, sine nitore ac palaestra, sed tamen admonere reliquos potuit, ut accuratius scriberent*, de Legg. I. 2. 6; and again, de Oratore II. 12. 54, *addidit historiae maiorem sonum vocis...sed neque distinxit historiam varietate locorum neque verborum collocatione et tractu orationis leni et aequabili perpolivit illud opus; sed ut homo neque doctus neque maxime aptus ad dicendum, sicut potuit dolavit.* He followed the authority of Silenus. (Cic. de Div. I. 24. 49, *in Sileni, quem Coelius sequitur, Graeca historia.*) Livy mentions him as an authority ten times, always of course in the third decade.

(8) *Q. Claudius Quadrigarius* lived about 90 B.C.; wrote a history from the destruction of Rome by the Gauls to his own time: *Vir modesti atque puri et prope cotidiani sermonis* (Fronto ap. Gell. N. A. XIII. 29. 2), *optimi et sincerissimi scriptoris* (Gell. XVII. 2). Referred to by Livy once in this decade (xxv. 39. 12) as having translated Acilius from the

Greek, and often in other parts of Livy. [It has been attempted to prove that the Claudius who translated Acilius was not the same as Claudius Quadrigarius, but with little success.]

(9) *Valerius Antias,* a contemporary of the above-mentioned, wrote a history of Rome in at least seventy-five books, from the earliest times to his own. Livy cites him more often altogether than any other authority, but generally in order to reject his authority. He is especially blamed for exaggeration in the matter of the numbers killed in fight. Livy says, for example (XXXIII. 10. 8), *si Valerio qui credat omnium rerum immodice numerum augenti,* and (XXVI. 49. 1) *adeo nullus mentiendi modus est.* He is cited seven times in the third decade.

(10) *C. Clodius Licinus* lived about the end of the first century B.C.: referred to once by Livy (XXIX. 22. 10).

Of these ten authors it is likely enough that Livy had never himself read Silenus or Acilius, and it is probable that his chief authorities for the third decade were Fabius, Polybius, Coelius and Valerius Antias. As to the first, whatever use he may have made of him in the earlier history, it is impossible to suppose that he neglected him altogether in that of the second Punic war, seeing that he expressly says *Fabium aequalem temporibus huiusce belli potissimum auctorem habui.* It is impossible to say how far his history extended, but it may probably have included the campaigns of Q. Fabius Maximus which are contained in these books. It is certain that a Fabius would not be disposed to underrate the importance of the part which his family played in the history of Rome, and we know from Polybius that he was no very impartial historian. To him therefore we may suppose is due the great detail with which the exploits of Fabius are related by Livy.

Polybius was recognised by Livy as an authority of high value at all times, and especially when dealing with Greek affairs (XXXIII. 10), *non incertus auctor, quum omnium Romanarum rerum tum praecipue in Graecia gestarum;* and I have no doubt that he used his authority in the twenty-first and twenty-second books. In any case he must have been one of the chief sources of the later part of the decade, including the twenty-fourth book.

Coelius, who to some extent represented Silenus, was an authority for whom Livy had a high respect, and whom we can trace in several parts of the decade not only by the mention of his name, which is tolerably frequent, but also occasionally by other evidence.

As for Valerius, whose plan of a comprehensive history of Rome written in popular style may have suggested to Livy his own undertaking, he seems to have been followed at first without suspicion and then gradually to have been more and more distrusted. His was the most readable and the most widely read history of Rome before Livy's time, and perhaps he was not much more inaccurate than others, though Livy, who has his work always before him as he writes, criticises him more severely than the rest. In any case it is not safe to assume, as some editors have done, that wherever numbers are exaggerated there the influence of Valerius may be traced, for others also practised this common kind of inaccuracy and sometimes surpassed even Valerius; see Liv. XXXVIII. 23. 6.

The essentially uncritical manner, in spite of his fondness for petty criticisms, in which Livy wrote his history led him often into inconsistency and repetition, of which examples may easily be found in the twenty-third and twenty-fourth books. His habit of writing down the events of each year separately, without apparently knowing what has gone before or what is to follow, and the manner in which he uses his authorities, generally one at a time with very little effective combination, leads him into such difficulties of time as we have noted in connexion with the siege of Casilinum and of Syracuse, and such repetitions as we find for example with reference to the affairs of the Greek cities of South Italy in these two books. Niebuhr says of him that he knew neither what he had written nor what he was going to write, and the criticism is hardly too severe. By the help of such evidences as these we may to some extent resolve the patchwork narrative into its component parts, but it must be remembered that the assigning of these several parts to their original authors can in no place be accomplished with anything like certainty, except where, as in the case of the fragments of Polybius, the original itself is still extant.

An analysis of the twenty-third and twenty-fourth books seems to point to the following divisions. It is not of course maintained that each one marks the change from one source to another, but it is so doubtless in many cases, and the loose forms of transition (*ceterum, per idem tempus, eadem aestate,* &c.) should be observed.

XXIII. ch. 1—10. The relations between Hannibal and the people of Capua. [This section has in it a reference to Coelius (ch. 6. 8), which shews that Livy is here chiefly following him; and the character of the narrative has something of that rhetorical amplification that we are apparently justified in attributing to that historian, from whom Livy's account of the siege of Saguntum in the twenty-first book seems to be taken.]

ch. 11, §§ 1—6. The return of Fabius Pictor from Delphi. [Possibly taken from Fabius himself, but apparently from the Latin edition of his history, for the archaic form is retained in translation of the oracle.]

ch. 11, § 7—ch. 13. The news of Cannae received at Carthage. [Probably from a Greek source, because of the mention of *talenta.*]

ch. 14—20. The operations at Nola and Casilinum and the embassy of the Pelelini to Rome.

ch. 21—25. Arrangements at Rome—appointment of a dictator 'qui senatum legeret.' Election of magistrates—death of Postumius in Cisalpine Gaul. [This section is probably not derived from the author of the preceding chapters, who would hardly have put the election of consuls so distinctly after the fall of Casilinum; cp. ch. 19. 1, *mitescente iam hieme,* &c., with ch. 22. 4 and 24. 1.]

ch. 26—29. Events in Spain.

ch. 30, §§ 1—12. Capture of Petelia and affairs in South Italy and Sicily briefly summarised.

c 2

ch. 30, § 13—ch. 32, § 4. Rome—religious ceremonies—political and military arrangements—prodigies—division of armies. [Chiefly annalistic.]

ch. 32, §§ 5—12. Carthage and Sardinia. [Greek source.]

ch. 32, §§ 13—20. Opening of the campaign.

ch. 33—34, § 9. Embassy from Philip of Macedon.

ch. 34, §§ 10—17. Affairs in Sardinia, continued from ch. 32.

ch. 35—37. Gracchus in Campania. [Attributed to Valerius Antias by Weissenborn, on the ground of redundant style and exaggerated numbers.]

ch. 38, 39. Philip's ambassadors, continued from ch. 34.

ch. 40, 41, § 9. Sardinia, continued from ch. 34.

ch. 41, §§ 10—12. Carthaginian reinforcements.

ch. 41, § 13—48, § 3. The Samnites apply to Hannibal for protection against Marcellus—Fabius before Capua. [Perhaps from Valerias Antias.]

ch. 48, § 4—ch. 49. Reinforcements for Spain—Roman victories there.

xxiv. ch. 1—3. A more detailed account of the events in South Italy, which have been summarised before (xxiii. 30) as belonging to the year 216. [This section is therefore from a different source, perhaps from Coelius, for we know that he gave some account of the temple of Juno Lacinia and its solid gold column. (Cic. Div. i. 24. 48.) If Livy were here following Polybius, he could hardly have avoided mentioning the tablet on which Hannibal caused the number of his troops to be engraved.]

ch. 4—7, § 9. Sicily. [Founded on Polybius, whose fragments (VII. 2—4) are in close agreement with Livy's narrative. The objection which is derived from Livy's supposed exaggeration of the vices of Hieronymus in defiance of the criticisms of Polybius on this point, seems hardly to deserve the importance which has been attached to it (see note on XXIV. 5. 3). Livy has omitted the second Roman embassy (Pol. VII. 5), apparently for fear of being tedious.]

ch. 7, § 10—ch. 9. The elections at Rome and the part played in them by Q. Fabius Maximus. [Drawn ultimately no doubt from the history of Fabius Pictor.]

ch. 10. Division of armies—Prodigies. [Of these last there are two sets related, apparently from different sources.]

ch. 11—13. Introduction to the campaign in Italy.

ch. 14—16. Exploits of Gracchus. [Probably from the same authority as XXIII. 35—37.]

ch. 17. Hannibal before Nola.

ch. 18. Acts of the Censors. [Partly no doubt from Acilius, whose version of the story about Hannibal's prisoners is here adopted, though rejected in Book XXII.]

ch. 19, 20. War in Italy.

ch. 21—39. Sicily. [Polybius still, as is proved by the fragments (VIII. 5—9) on the siege of Syracuse.]

ch. 40. Macedonia and Epirus. [Probably Polybius, whom Livy generally follows in Greek affairs.]

ch. 41, 42. Spain.

ch. 43, 44, § 8. Rome—Elections—prodigies.
ch. 44, §§ 9—ch. 47. Exploits of Fabius.
ch. 48, 49. Spain and Africa.

Note to Introduction II.

It seems impossible to avoid touching briefly upon the question of the relation between Livy and Polybius in the history of the second Punic war, a question which has been hotly contested ever since the time of Lachmann and is by no means yet decided. The debate has naturally had reference mainly to the comparison between the twenty-first and twenty-second books of Livy with the third book of Polybius, this being the only place where we are able to compare an entire book of Polybius with the corresponding portion of Livy's narrative. Lachmann, looking to this fact and assuming, as was natural, that Livy had made use of Polybius for this period, drew inferences about the manner in which Livy used his authorities which are certainly not universally valid.

The fragments of Polybius are so extensive that they may serve for the purpose of comparison almost as well as entire books, and Nissen's investigation of the sources of the fourth decade of Livy undoubtedly proceeds by a sound method and is very fruitful of results. But the brilliancy of his achievement has perhaps rather too much dazzled the eyes of others who have followed the same lines of investigation: and Böttcher's application of his results to the first two books of the third decade can hardly be considered successful, provoking as it does the question from such critics as Wölfflin, 'is it then a great classic with whom we have to deal, or a mechanical slave?' The whole argument in fact rests on the assumption that what has been proved by Nissen for the fourth decade must hold good, not merely in general but in every detail, for all other parts of the history. We know that Livy attributed more authority to Polybius in reference to Greek affairs than in other parts of his narrative (xxxiii. 10), and it is not unreasonable to suppose that he should have followed him there more exclusively and closely than when dealing with Hannibal's march from Spain, and the events which took place upon Italian soil. It is certain that, even where Livy follows Polybius most closely, he has other books of reference at hand; the polemic against Valerius Antias in the matter of numbers sufficiently proves this; and it is probable that when dealing with a period in which the authorities were more numerous and more equally balanced, he would more frequently turn from one to another. The German critics one after another repeat the dictum that 'mosaic work' is not consistent with the method of Livy, and when they find here and there an addition or alteration of the narrative of Polybius, they pronounce at once that Polybius was not directly used. But this kind of 'mosaic work' is precisely that kind of combination of which Livy was capable, a reproduction on a small scale of his wonted method of transition from one authority to another. The vital combination of his sources into a single uniform and consistent narrative was, except to a very limited extent, beyond his powers; but such combination as is found when he represents Hannibal as turning to the left from the island of the Allobroges to reach the Durance is just that which might reasonably have been expected from a man who dealt with his sources as he did. The reader of Böttcher or Vollmer who has never himself compared the narrative of Livy with that of Polybius in these books, will be astonished when he does so to find how closely they agree even in passages where Livy might be supposed to find scope for rhetorical exaggeration, such for example as the description of the descent from the Alps; and in fact the extent of the divergence has almost everywhere been greatly exaggerated for polemical purposes. It may be remarked also that the argument from omission is here more than ordinarily fallacious, for Livy omitted on principle whatever seemed to him likely to weary his readers. On this ground we may fairly set aside Schwegler's argument derived from Livy's omission of the ancient treaties between Rome and Carthage, which are given by Polybius; moreover to insert them here would hardly have been consistent with his annalistic arrangement, and he had no doubt published the first and second decades before reading the third book of Polybius.

But the theory on which these critics have attempted to account for the agreement of Livy with Polybius has in fact completely broken down. It has been the fashion to assume that Polybius followed Silenus, as we know that Coelius to some extent did, and that thus Livy through Coelius drew from the same source as Polybius; but in the first place the agreement can only be thus explained on the assumption that Polybius as well as Coelius and Livy copied from his authority almost without alteration, an assumption for which in his case there is no ground; and secondly, Wölfflin has almost conclusively shewn that as regards the events of Livy's XXIst Book Coelius and Polybius represent two sources inconsistent with one another, and that consequently, where Livy and Polybius agree, their agreement is certainly not produced through the intervention of Coelius. (Wölfflin, *Antiochos v. Syrakus u. Coelius Antipater.*)

On the whole I can see no satisfactory solution except the obvious one of supposing that Livy used Polybius in the third decade as well as in the fourth, though from the nature of the case in a somewhat different manner. Indeed this can hardly be disputed as regards the later books of the decade, in passages where the existing fragments of Polybius allow a comparison to be made.

INTRODUCTION III.

THE HISTORICAL POSITION.

THE following extracts may be useful as a historical introduction to these books of Livy.

Niebuhr (*Lectures on the History of Rome*) says, "Livy and Polybius give lists of the Italian nations which deserted Rome after the battle of Cannae; and the fact is represented as if it had happened immediately after the battle. But this cannot have been the case: several of them continued to be faithful to Rome for a considerable time afterwards......Those who at once deserted Rome after its great defeat were a portion of the Apulians, Samnites, and Lucanians; their example was afterwards followed by the Bruttians, and at a much later time by the Sallentines. None of the Greeks yet joined Hannibal. It was especially the fortresses of Cales, Tregellae, Interamnium, Casinum, Beneventum, Luceria, Venusia, Brundisium, Paestum, and Aesernia, that exerted their influence upon the people far around them, so as to paralyse them, and prevent them from joining the Carthaginians.

Even before the battle of Cannae, Hannibal had entered into negotiations with Capua,—next to Rome the most flourishing city in Italy, but in regard to moral power and political importance, quite the reverse of Rome. How soon he arrived at Capua cannot be said, the ancients usually giving no dates in such things; but it is certain that he became master of Capua in the year of the battle of Cannae much earlier than would appear from Livy's narrative......Livy's account of the manner in which Hannibal established himself in the city, of the repast, and of the attempt to murder him, is exquisitely beautiful, but is no doubt a romance. The story of Decius Magius, the only man at Capua, who recommended the people to remain faithful to Rome, seems to have some real foundation, however much it may be embellished......The taking of Capua forms the conclusion of the second period of the war. Hannibal had now reached the highest point of his glory. Whether it be true that his winter quarters in the luxurious city of Capua destroyed the character and discipline of his army, or whether this statement be a mere rhetorical declamation, is a point concerning which I prefer to be silent. This much is certain, that when after extraordinary exertions men betake themselves to rest, they lose their disposition for great and energetic action, and sometimes never acquire it again......But there is another circumstance which is usually overlooked, namely that he could not recruit his army either from Africa, or from Spain or Gaul. Every battle cost him a number of men; his being in the heart of a foreign country rendered a constant succession of little skirmishes unavoidable; many also must have perished by diseases, and the greatest loss is always that which is sustained in a foreign land. When Hannibal descended from the Alps he had only 20,000 foot and 6000 horse; since then he had fought three great battles, and had not received a single man to reinforce his army. He had no choice but to recruit his forces by Italicans. We know that he drew soldiers from Bruttium, and we may suppose that he strengthened himself by levies in other parts also."

The historian proceeds to point out that all the Latin colonies remained faithful to Rome, and that if he wished to advance in any direction he had to break through a whole series of fortresses: that the Romans lost only those districts which actually surrendered to Hannibal, while Hannibal was unable to obtain a seaport town in Campania, so that though he was the general of a maritime state, yet he was in the midst of a foreign country, and shut out from the sea. (*Lecture* LXIII.)

On the military and financial position of Rome in the year after the battle of Cannae, Arnold says, "Seventy thousand men were thus in arms, besides the seamen, out of a population of citizens which at the last census before the war had amounted only to 270,213, and which had since been thinned by so many disastrous battles. Nor was the drain on the finances of Rome less extraordinary. The legions in the provinces had indeed been left to their own resources as to money; but the nine legions serving in Italy, must have been paid regularly; for war could not there be made to support war; and if the Romans had been left to live in free quarters upon their Italian allies, they would have driven them to join Hannibal in mere self-defence. Yet the legions in Italy cost the government in pay, food, and clothing, at the rate of 541,800 denarii a month; and as they were kept on service throughout the year, the annual expense was 6,501,600 denarii, or in Greek money, reckoning the denarius as equal to the drachma, 1083 Euboic talents. To meet these enormous demands on the treasury, the government resorted to the simple expedient of doubling the year's taxes, and calling at once for the payment of one half of this amount, leaving the other to be paid at the end of the year. It was a struggle for life and death; and the people were in a mood to refuse no sacrifices, however costly: but the war must have cut off so many sources of wealth, and agriculture itself must have so suffered from the calling away of so many hands from the cultivation of the land, that we wonder how the money could be found, and how many of the poorer citizens' families could be provided with daily bread." (*Hist. of Rome*, Vol. III. p. 177.)

Mommsen thus reviews the situation after the battle of Cannae: "The aim of Hannibal in his expedition to Italy had been to break up the Italian confederacy: after three campaigns that aim had been attained, so far as it was at all attainable. It was clear that the Greek and Latin or Latinized communities of Italy, since they had not been shaken in their allegiance by the day of Cannae, would not yield to terror, but only to force; and the desperate courage with which even in southern Italy, isolated little country towns, such as the Bruttian Petelia, conducted their forlorn defence against the Phoenicians, showed very plainly what awaited them among the Marsians and Latins. If Hannibal had expected to accomplish greater results in this direction, and to lead even the Latins against Rome, these hopes had proved vain. But it appears as if even in other respects the Italian coalition had by no means produced the results which Hannibal hoped for. Capua had at once stipulated that Hannibal should not have the right to call Campanian citizens compulsorily to arms; the citizens had not forgotten how Pyrrhus had acted in Tarentum, and they foolishly imagined that they should be able to withdraw at once from the Roman and from the Phoenician rule. Samnium and Luceria were no longer what they had been, when King Pyrrhus had thought of marching into Rome at the head of the Sabellian youth. Not only did the chain of Roman fortresses everywhere cut the nerves and sinews of the land, but the Roman rule for many years had rendered the inhabitants unused to arms—they furnished only a moderate contingent to the Roman armies—had appeased their ancient hatred, and had gained over a number of individuals everywhere to the interest of the ruling community. They joined the conquerors of the Romans indeed after the cause of Rome seemed fairly lost, but they felt that the question was no longer one of liberty; it was simply the exchange of an Italian for a Phoenician master, and it was not enthusiam but despair that threw the Sabellian communities into the arms of the victor. Hannibal, who commanded the southern part of the peninsula as far up as the Volturnus and Garganus, and who could not simply abandon these lands again as he had abandoned that of the Celts, had now a frontier to protect, which could not be left uncovered with impunity; and for the purpose of defending the districts he had gained against the fortresses which everywhere defied him and the armies advancing from the north, and at the same time of resuming the difficult offensive against central Italy, his forces—an army of about 40,000 men, without reckoning the Italian contingents—were far from sufficient."

Moreover, the Romans had adopted a more judicious system, appointed none but experienced generals such as Fabius and Marcellus, and left them in command for longer periods: the rapid marches and romantic shifting of the war hither and thither were no longer possible: it was necessary to stand on the defensive: in short the accomplishment of Hannibal's design now depended not so much upon his own efforts as upon the support which he could obtain from Carthage, Spain, Sicily, or Macedonia; and the unpatriotic factiousness of the peace party at Carthage supported as it was by the indolence of the citizens contributed almost as much as the Roman senate to save Rome. (*History of Rome*, Book 3, ch. VI.)

LIBER XXIII.

B.C. 216.

After the battle of Cannae Hannibal goes through Samnium into Campania.

HANNIBAL post Cannensem pugnam *castraque* capta 1
ac direpta confestim ex Apulia in Samnium moverat, accitus in Hirpinos a
Statio *Trebio*, pollicente se Compsam tra-
diturum. Compsanus erat Trebius nobilis inter suos; 2
sed premebat eum Mopsiorum factio, familiae per
gratiam Romanorum potentis. Post famam Cannen- 3
sis pugnae vulgatumque Trebii sermonibus adventum
Hannibalis quum Mopsiani urbem excessissent, sine
certamine tradita urbs Poeno praesidiumque acceptum
est. Ibi praeda omni atque impedimentis relictis, 4
exercitu partito, Magonem regionis eius urbes aut
deficientes ab Romanis accipere aut detrectantes cogere ad defectionem iubet, ipse per agrum Campanum 5
mare inferum petit, oppugnaturus Neapolim, ut urbem
maritimam haberet. Ubi fines Neapolitanorum intra- 6
vit, Numidas partim in insidiis (et pleraeque cavae
sunt viae sinusque occulti), quacunque apte poterat,
disposuit, alios prae se actam praedam ex agris osten-
tantes obequitare portis iussit. In quos, quia nec 7
multi et incompositi videbantur, quum turma equitum erupisset, ab cedentibus consulto tracta in insi-

A.U.C. 538.

8 dias circumventa est; nec evasisset quisquam, ni mare
propinquum et haud procul litore naves, piscatoriae
pleraeque, conspectae peritis nandi dedissent effugium.
9 Aliquot tamen eo proelio nobiles iuvenes capti caesique, inter quos et Hegeas, praefectus equitum, intem-
10 perantius cedentes secutus cecidit. Ab urbe oppugnanda Poenum absterruere conspecta moenia haud-
quaquam prompta oppugnanti.

State of things in Capua before his arrival.

2 Inde Capuam flectit iter, luxuriantem longa felici-
tate atque indulgentia fortunae, maxime
tamen inter corrupta omnia licentia
2 plebis sine modo libertatem exercentis. Senatum et
sibi et plebi obnoxium Pacuvius Calavius fecerat,
nobilis idem ac popularis homo, ceterum malis artibus
3 nanctus opes. Is quum eo forte anno, quo res male
gesta ad Trasumennum est, in summo magistratu
esset, iam diu infestam senatui plebem ratus per
occasionem novandi res magnum ausuram facinus,
ut, si in ea loca Hannibal cum victore exercitu venis-
4 set, trucidato senatu traderet Capuam Poenis, improbus homo, sed non ad extremum perditus, quum mallet
incolumi quam eversa re publica dominari, nullam
autem incolumem esse orbatam publico consilio crede-
ret, rationem iniit, qua et senatum servaret et obnox-
5 ium sibi ac plebi faceret. Vocato senatu, quum sibi
defectionis ab Romanis consilium placiturum nullo
6 modo, nisi necessarium fuisset, praefatus esset, quippe
qui liberos ex App. Claudii filia haberet filiamque
Romam nuptum *M.* Livio dedisset; ceterum maiorem
7 multo rem magisque timendam instare; non enim per
defectionem ad tollendum ex civitate senatum plebem
spectare, sed per caedem senatus vacuam rem publicam

tradere Hannibali ac Poenis velle; eo se periculo 8 B.C. 216.
posse liberare eos, si permittant sibi et certaminum
in re publica obliti credant,—quum omnes victi metu
permitterent, "Claudam" inquit "in curia vos et, 9
tanquam et ipse cogitati facinoris particeps, appro-
bando consilia, quibus nequicquam adversarer, viam
saluti vestrae inveniam. In hoc fidem, quam vultis
ipsi, accipite." Fide data egressus claudi curiam iubet, 10
praesidiumque in vestibulo relinquit, ne quis adire
curiam iniussu suo neve inde egredi possit. Tum 3
vocato ad contionem populo, "Quod saepe" inquit
"optastis, Campani, ut supplicii sumendi vobis ex
improbo ac detestabili senatu potestas esset, eam non 2
per tumultum expugnantes domos singulorum, quas
praesidiis clientium servorumque tuentur, cum summo
vestro periculo, sed tutam habetis ac liberam; clausos
omnes in curia accipite, solos, inermes. Nec quic- 3
quam raptim aut forte temere egeritis; de singulorum
capite vobis ius sententiae dicendae faciam, ut, quas
quisque meritus est, poenas pendat; sed ante omnia 4
ita vos irae indulgere oportet, ut potiorem ira salutem
atque utilitatem vestram habeatis. Etenim hos, ut
opinor, odistis senatores, non senatum omnino habere
non vultis; quippe aut rex, quod abominandum, aut, 5
quod unum liberae civitatis consilium est, senatus
habendus est. Itaque duae res simul agendae vobis
sunt, ut et veterem senatum tollatis et novum cooptetis. Citari singulos senatores iubebo deque eorum 6
capite vos consulam; quod de quoque censueritis,
fiet; sed prius in eius locum virum fortem ac strenuum novum senatorem cooptabitis, quam de noxio
supplicium sumatur." Inde consedit et, nominibus 7

A.U.C. 538. in urnam coniectis, citari, quod primum sorte nomen
8 excidit, ipsumque e curia produci iussit. Ubi audi-
tum est nomen, malum et improbum pro se quisque
9 clamare et supplicio dignum. Tum Pacuvius: "Video,
quae de hoc sententia sit; date igitur pro malo atque
10 improbo bonum senatorem et iustum." Primo silentium erat inopia potioris subiiciundi; deinde quum
aliquis omissa verecundia quempiam nominasset, multo
11 maior extemplo clamor oriebatur, quum alii negarent
nosse, alii nunc probra, nunc humilitatem sordidam-
que inopiam et pudendae artis aut quaestus genus
12 obiicerent. Hoc multo magis in secundo ac tertio
citato senatore est factum, ut ipsius paenitere homines
appareret, quem autem in eius substituerent locum,
13 deesse, quia nec eosdem nominari attinebat, nihil aliud
quam ad audienda probra nominatos, et multo humi-
liores obscurioresque ceteri erant eis, qui primi me-
14 moriae occurrebant. Ita dilabi homines, notissimum
quodque malum maxime tolerabile dicentes esse, iu-
bentesque senatum ex custodia dimitti.

4 Hoc modo Pacuvius quum obnoxium vitae beneficio senatum multo sibi magis quam plebi fecisset,
sine armis, iam omnibus concedentibus, dominabatur.
2 Hinc senatores, omissa dignitatis libertatisque memo-
3 ria, plebem adulari; salutare, benigne invitare, apparatis accipere epulis, eas causas suscipere, ei semper
parti adesse, secundum eam litem iudices dare, quae
magis popularis aptiorque in vulgus favori conciliando
4 esset; iam vero nihil in senatu agi aliter, quam si
plebis ibi esset concilium. Prona semper civitas in
luxuriam non ingeniorum modo vitio, sed affluenti
copia voluptatium et illecebris omnis amoenitatis mari-

B.C. 216.

timae terrestrisque, tum vero ita obsequio principum 5
et licentia plebei lascivire, ut nec libidini nec sumpti-
bus modus esset. Ad contemptum legum, magistra- 6
tuum, senatus accessit tum, post Cannensem cladem,
ut, cuius aliqua verecundia erat, Romanum quoque
spernerent imperium. Id modo erat in mora, ne ex- 7
templo deficerent, quod connubium vetustum multas
familias claras ac potentes Romanis miscuerat, et quod, 8
quum militarent aliquot apud Romanos, maximum
vinculum erant trecenti equites, nobilissimus quisque
Campanorum, in praesidia Sicularum urbium delecti
ab Romanis ac missi. Horum parentes cognatique 5
aegre pervicerunt, ut legati ad consulem Romanum
mitterentur.

Embassy sent from Capua to the Roman camp.

Ii nondum Canusium profectum, sed Venusiae cum
paucis ac semiermibus consulem invene-
runt, quam poterat maxime miserabilem
bonis sociis, superbis atque infidelibus, ut erant Campani, spernendum. Et auxit rerum suarum suique 2
contemptum consul nimis detegendo cladem nudando-
que. Nam quum legati, aegre ferre senatum popu- 3
lumque Campanum, adversi quicquam evenisse Romanis, nuntiassent pollicerenturque omnia, quae ad
bellum opus essent, "Morem magis" inquit "loquendi 4
cum sociis servastis, Campani, iubentes,
quae opus essent ad bellum, imperare,
quam convenienter ad praesentem fortunae nostrae
statum locuti estis. Quid enim nobis ad Cannas 5
relictum est, ut, quia aliquid habeamus, id, quod
deest, expleri ab sociis velimus? Pedites vobis im-
peremus, tanquam equites habeamus? Pecuniam deesse
dicamus, tanquam ea tantum desit? Nihil, ne quod 6

Reply of Varro.

A.U.C. 538. suppleremus quidem, nobis reliquit fortuna. Legiones, equitatus, arma, signa, equi virique, pecunia, commeatus aut in acie aut binis postero die amissis
7 castris perierunt. Itaque non iuvetis nos in bello oportet, Campani, sed paene bellum pro nobis susci-
8 piatis. Veniat in mentem, ut trepidos quondam maiores vestros intra moenia compulsos, nec Samnitem modo hostem, sed etiam Sidicinum paventes, receptos in fidem *ad* Saticulam defenderimus, coeptumque propter vos cum Samnitibus bellum per centum prope
9 annos, variante fortuna eventum, tulerimus. Adiicite ad haec, quod foedus aequum deditis, quod leges vestras, quod ad extremum, id quod ante Cannensem certe cladem maximum fuit, civitatem nostram magnae parti vestrum dedimus communicavimusque vobiscum.
10 Itaque communem vos hanc cladem, quae accepta est, credere, Campani, oportet, communem patriam tuen-
11 dam arbitrari esse. Non cum Samnite aut Etrusco res est, ut, quod a nobis ablatum sit, in Italia tamen imperium maneat; Poenus hostis ne Africae quidem indigena ab ultimis terrarum oris, freto Oceani Herculisque columnis, expertem omnis iuris et condicio-
12 nis et linguae prope humanae militem trahit. Hunc natura et moribus immitem ferumque insuper dux ipse efferavit, pontibus ac molibus ex humanorum corporum strue faciendis et, quod proloqui etiam piget,
13 vesci corporibus humanis docendo. His infandis pastos epulis, quos contingere etiam nefas sit, videre atque habere dominos et ex Africa et a Carthagine iura petere et Italiam Numidarum ac Maurorum pati provinciam esse, cui non, genito modo in Italia, detesta-
14 bile sit? Pulchrum erit, Campani, prolapsum clade

Romanorum imperium vestra fide, vestris viribus re- B.C. 216.
tentum ac recuperatum esse. Triginta millia peditum,
quattuor equitum arbitror ex Campania scribi posse;
iam pecuniae affatim est frumentique. Si parem fortunae vestrae fidem habetis, nec Hannibal se vicisse
sentiet nec Romani victos esse."

Ab hac oratione consulis dimissis redeuntibusque **6**
domum legatis, unus ex iis Vibius Virrius tempus
venisse ait, quo Campani non agrum solum ab Romanis quondam per iniuriam ademptum recuperare, sed
imperio etiam Italiae potiri possint; foedus enim cum 2
Hannibale, quibus velint legibus, facturos; neque
controversiam fore, quin, quum ipse confecto bello
Hannibal victor in Africam decedat exercitumque de-
portet, Italiae imperium Campanis relinquatur. Haec 3
Virrio loquenti assensi omnes ita renuntiant legationem, uti deletum omnibus videretur nomen Romanum.
Extemplo plebs ad defectionem ac pars maior senatus 4
spectare; extracta tamen auctoritatibus seniorum per 5
paucos dies est res. Postremo vicit sententia plurium,
ut iidem legati, qui ad consulem Romanum ierant,
ad Hannibalem mitterentur. Quo priusquam iretur 6
certumque defectionis consilium esset, Romam legatos
missos a Campanis in quibusdam annalibus invenio,
postulantes, ut alter consul Campanus fieret, si rem
Romanam adiuvari vellent; indignatione orta, sum- 7
moveri a curia iussos esse, missumque lictorem, qui
ex urbe educeret eos atque eo die manere extra fines
Romanos iuberet. Quia nimis compar Latinorum 8
quondam postulatio erat, Caeliusque et alii id haud
sine causa praetermissuri erant scriptores, ponere pro
certo sum veritus.

A.U.C. 538.

Embassy of the Capuans to Hannibal.

7 Legati ad Hannibalem venerunt pacemque cum eo
condicionibus *iis* fecerunt, ne quis imperator magistratusve Poenorum ius ullum
in civem Campanum haberet, neve civis Campanus invi-
2 tus militaret munusve faceret; ut suae leges, sui magistratus Capuae essent; ut trecentos ex Romanis captivis
Poenus daret Campanis, quos ipsi elegissent, cum
quibus equitum Campanorum, qui in Sicilia stipendia
3 facerent, permutatio fieret. Haec pacta; illa insuper,
quam quae pacta erant, facinora Campani ediderunt:
nam praefectos socium civesque Romanos alios, partim
aliquo militiae munere occupatos, partim privatis
negotiis implicitos, plebs repente omnes comprehensos
velut custodiae causa balneis includi iussit, ubi fervore
atque aestu anima interclusa foedum in modum exspirarent.

Opposition of Decius Magius.

4 Ea ne fierent neu legatio mitteretur ad Poenum,
summa ope Decius Magius, vir, cui ad
summam auctoritatem nihil praeter sanam
5 civium mentem defuit, restiterat. Ut vero praesidium
mitti ab Hannibale audivit, Pyrrhi superbam dominationem miserabilemque Tarentinorum servitutem exempla referens, primo, ne reciperetur praesidium, palam
6 vociferatus est, deinde, ut receptum aut eiiceretur
aut, si malum facinus, quod a vetustissimis sociis
consanguineisque defecissent, forti ac memorabili
facinore purgare vellent, ut interfecto Punico praesidio
7 restituerent Romanis se. Haec (nec enim occulte
agebantur) quum relata Hannibali essent, primo misit,
qui vocarent Magium ad sese in castra; deinde, quum
is ferociter negasset se iturum, nec enim Hannibali
ius esse in civem Campanum, concitatus ira Poenus

B.C. 216.

comprehendi hominem vinctumque attrahi ad sese
iussit. Veritus deinde, ne quid inter vim tumultus 8
atque ex concitatione animorum inconsulti certaminis oreretur, ipse, praemisso nuntio ad Marium
Blossium, praetorem Campanum, postero die se Capuae
futurum, proficiscitur e castris cum modico praesidio. Marius, contione advocata, edicit, ut fre- 9
quentes cum coniugibus ac liberis obviam irent
Hannibali. Ab universis id non obedienter modo,
sed enixe, favore etiam vulgi et studio visendi tot iam
victoriis clarum imperatorem, factum est. Decius 10
Magius nec obviam egressus est nec, quo timorem
aliquem ex conscientia significare posset, privato se
tenuit; in foro cum filio clientibusque paucis otiose
inambulavit, trepidante tota civitate ad excipiendum
Poenum visendumque. Hannibal ingressus urbem 11
senatum extemplo postulat, precantibus-
que inde primoribus Campanorum, ne

Arrival of Hannibal at Capua.

quid eo die seriae rei gereret diemque et ipse adventu
suo festum laetus ac libens celebraret, quanquam 12
praeceps ingenio in iram erat, tamen, ne quid in
principio negaret, visenda urbe magnam partem diei
consumpsit.

Deversatus est apud Ninnios Celeres, Sthenium 8
Pacuviumque, inclitos nobilitate ac divitiis. Eo 2
Pacuvius Calavius, de quo ante dictum est, princeps
factionis eius, quae traxerat rem ad Poenos, filium
iuvenem adduxit, abstractum a Decii Magii latere, 3
cum quo ferocissime pro Romana societate adversus
Punicum foedus steterat, nec eum aut inclinata in
partem alteram civitas aut patria maiestas sententia
depulerat. Huic tum pater iuveni Hannibalem 4

A.U.C. 538.

deprecando magis quam purgando placavit, victusque
patris precibus lacrimisque etiam ad cenam eum cum
5 patre vocari iussit, cui convivio neminem Campanum
praeterquam hospites Vibelliumque Tauream, insignem
6 bello virum, adhibiturus erat. Epulari coeperunt de

Incidents of the banquet.

die, et convivium non ex more Punico
aut militari disciplina esse, sed, ut in
civitate atque etiam domo diti ac luxuriosa, omnibus
7 voluptatium illecebris instructum. Unus nec domi-
norum invitatione nec ipsius interdum Hannibalis
Calavius filius per*pelli ad* potandum potuit, ipse vale-
tudinem excusans, patre animi quoque eius haud
8 mirabilem perturbationem causante. Solis ferme
occasu patrem Calavium ex convivio egressum secutus
filius, ubi in secretum (hortus erat posticis aedium
9 partibus) pervenerunt, "Consilium" inquit "affero,
pater, quo non veniam solum peccati, quod defecimus
ad Hannibalem, impetraturi ab Romanis, sed in multo
maiore dignitate et gratia simus Campani, quam un-
10 quam fuimus, *futuri.*" Quum mirabundus pater,
quidnam id esset consilii, quaereret, toga reiecta ab
11 humero, latus succinctum gladio nudat. "Iam ego"
inquit "sanguine Hannibalis sanciam Romanum
foedus. Te id prius scire volui, si forte abesse, dum
9 facinus patratur, malles." Quae ubi vidit audivitque
senex, velut si iam agendis, quae audiebat, interesset,
2 amens metu "Per ego te" inquit, "fili, quaecunque
iura liberos iungunt parentibus, precor quaesoque, ne
ante oculos patris facere et pati omnia infanda velis.
3 Paucae horae sunt, intra quas iurantes per quicquid
deorum est, dextrae dextras iungentes, fidem obstrinximus,—ut sacratas fide manus, digressi a colloquio,

extemplo in eum armaremus? Ab hospitali mensa 4 B.C. 216.
surgis, ad quam tertius Campanorum adhibitus es ab
Hannibale,—ut eam ipsam mensam cruentares hospitis
sanguine? Hannibalem pater filio meo potui placare,
filium Hannibali non possum? Sed sit nihil sancti, 5
non fides, non religio, non pietas; audeantur infanda,
si non perniciem nobis cum scelere ferunt. Unus 6
aggressurus es Hannibalem? Quid illa turba tot
liberorum servorumque? quid in unum intenti omnium
oculi? quid tot dextrae? torpescent*ne* in amentia illa?
Vultum ipsius Hannibalis, quem armati exercitus 7
sustinere *nequeunt*, quem horret populus Romanus, tu
sustinebis? Ut alia auxilia desint, me ipsum ferire,
corpus meum opponentem pro corpore Hannibalis,
sustinebis? Atqui per meum pectus petendus ille 8
tibi transfigendusque est. Sed hic te deterreri sine
potius quam illic vinci. Valeant preces apud te meae,
sicut pro te hodie valuerunt." Lacrimantem inde 9
iuvenem cernens medium complectitur atque osculo
haerens non ante precibus abstitit, quam pervicit, ut
gladium poneret fidemque daret, nihil facturum tale.
Tum iuvenis "Ego quidem" inquit, "quam patriae 10
debeo pietatem, exsolvam patri. Tuam doleo vicem,
cui ter proditae patriae sustinendum est crimen, semel, 11
quum defectionis ab Romanis, iterum, quum pacis cum
Hannibale fuisti auctor, tertio hodie, quum restituendae
Romanis Capuae mora atque impedimentum es. Tu, 12
patria, ferrum, quo pro te armatus hanc arcem hostium
inii, quoniam parens extorquet, recipe." Haec quum 13
dixisset, gladium in publicum trans maceriam horti
abiecit et, quo minus res suspecta esset, se ipse convivio
reddidit.

A.U.C. 538.

10 Postero die senatus frequens datus Hannibali; ubi
Hannibal's speech to the Senate.
prima eius oratio perblanda ac benigna
fuit, qua gratias egit Campanis, quod
2 amicitiam suam Romanae societati praeposuissent, et
inter cetera magnifica promissa pollicitus *est*, brevi
caput Italiae omni Capuam fore iuraque inde cum
3 ceteris populis Romanum etiam petiturum. Unum
esse exsortem Punicae amicitiae foederisque secum
facti, quem neque esse Campanum neque dici debere,
Magium Decium; eum postulare, ut sibi dedatur, ac
se praesente de eo referatur senatusque consultum fiat.
4 Omnes in eam sententiam ierunt, quanquam magnae
parti et vir indignus ea calamitate et haud parvo initio
5 minui videbatur ius libertatis. Egressus curia in
templo magistratuum consedit, comprehendique Decium
Arrest of Decius Magius.
Magium atque ante pedes destitutum
6 causam dicere iussit. Qui quum, manente
ferocia animi, negaret lege foederis id cogi posse, tum
iniectae catenae ducique ante lictorem in castra est
7 iussus. Quoad capite aperto est ductus, contiona-
bundus incessit, ad circumfusam undique multitudinem
vociferans: "Habetis libertatem, Campani, quam
petistis. Foro medio, luce clara, videntibus vobis,
nulli Campanorum secundus, vinctus ad mortem
8 rapior. Quid violentius capta Capua fieret? Ite
obviam Hannibali, exornate urbem, diemque adventus
eius consecrate, ut hunc triumphum de cive vestro
9 spectetis." Haec vociferanti, quum moveri vulgus
videretur, obvolutum caput est, ociusque rapi extra
portam iussus. Ita in castra perducitur, extemploque
10 impositus in navem et Carthaginem missus, ne, motu
aliquo Capuae ex indignitate rei orto, senatum quoque

paeniteret dediti principis, et, legatione missa ad repe- B.C. 216.
tendum eum, aut negando rem, quam primam peterent,
offendendi sibi novi socii, aut tribuendo habendus
Capuae esset seditionis ac turbarum auctor. Navem 11
Cyrenas detulit tempestas, quae tum in dicione regum
erant. Ibi quum Magius ad statuam Ptolomaei regis
confugisset, deportatus a custodibus Alexandream ad
Ptolomaeum, quum eum docuisset, contra ius foederis 12
vinctum se ab Hannibale esse, vinclis liberatur, per-
missumque, ut rediret, seu Romam seu Capuam mallet.
Nec Magius Capuam sibi tutam dicere et Romam eo 13
tempore, quo inter Romanos Campanosque bellum sit,
transfugae magis quam hospitis fore domicilium;
nusquam malle quam in regno eius vivere, quem
vindicem atque auctorem habeat libertatis.

Dum haec geruntur, Q. Fabius Pictor legatus a **11**
Delphis Romam rediit, responsumque ex
scripto recitavit. Divi divaeque in eo

Return of Fabius Pictor from Delphi.

erant, quibus quoque modo supplicaretur; tum: "Si 2
ita faxitis, Romani, vestrae res meliores facilioresque
erunt, magisque ex sententia res publica vestra vobis
procedet, victoriaque duelli populi Romani erit.
Pythio Apollini, re publica vestra bene gesta serva- 3
taque, lucris meritis, donum mittitote, deque praeda,
manubiis spoliisque honorem habetote; lasciviam a
vobis prohibetote." Haec ubi ex Graeco carmine 4
interpretata recitavit, tum dixit, se oraculo egressum
extemplo his omnibus divis rem divinam ture ac vino
fecisse, iussumque a templi antistite, sicut coronatus 5
laurea corona et oraculum adisset et rem divinam
fecisset, ita coronatum navem adscendere nec ante
deponere eam, quam Romam pervenisset; se, quae- 6

A.U.C. 538.

cunque imperata sint, cum summa religione ac dili-
gentia exsecutum coronam Romae in ara Apollinis
deposuisse. Senatus decrevit, ut eae res divinae sup-
plicationesque primo quoque tempore cum cura fierent.
7 Dum haec Romae atque in Italia geruntur, nuntius
victoriae ad Cannas Carthaginem venerat
Mago Hamilcaris filius, non ex ipsa acie
a fratre missus, sed retentus aliquot dies
in recipiendis civitatibus Bruttiorum, *ut* quaeque
8 deficiebant. Is, quum ei senatus datus esset, res
gestas in Italia a fratre exponit: cum sex imperatoribus eum, quorum quattuor consules, duo dictator ac
magister equitum fuerint, cum sex consularibus exerci-
9 tibus acie conflixisse; occidisse supra ducenta millia
hostium, supra quinquaginta cepisse. Ex quattuor
consulibus duos occidisse; ex duobus saucium alterum,
alterum toto amisso exercitu vix cum quinquaginta
10 hominibus effugisse. Magistrum equitum, quae consularis potestas sit, fusum fugatum*que*; dictatorem,
quia se in aciem nunquam commiserit, unicum haberi
11 imperatorem. Bruttios Apulosque, partim Samnitium
ac Lucanorum defecisse ad Poenos. Capuam, quod
caput non Campaniae modo, sed post afflictam rem
Romanam Cannensi pugna Italiae sit, Hannibali se
12 tradidisse. Pro his tantis totque victoriis verum esse
12 grates deis immortalibus agi haberique. Ad fidem
deinde tam laetarum rerum effundi in vestibulo curiae
iussit anulos aureos, qui tantus acervus fuit, ut
metientibus supra tres modios explesse sint quidam
2 auctores; fama tenuit, quae propior vero est, haud
plus fuisse modio. Adiecit deinde verbis, quo maioris
cladis indicium esset, neminem nisi equitem, atque

Mago brings the report of Hannibal's victories to Carthage,

B.C. 216.

eorum ipsorum primores, id gerere insigne. Summa 3
fuit orationis, quo propius spem belli perficiendi sit,
eo magis omni ope iuvandum Hannibalem esse; procul
enim ab domo militiam esse, in media hostium terra;
magnam vim frumenti *et* pecuniae absumi, et tot acies, 4
ut hostium exercitus delesse, ita victoris
etiam copias parte aliqua minuisse; mit- 5
tendum igitur supplementum esse, mittendam in
stipendium pecuniam frumentumque tam bene meritis
de nomine Punico militibus.

and asks for reinforcements.

Secundum haec dicta Magonis laetis omnibus, 6
Himilco, vir factionis Barcinae, locum Hannonis
increpandi esse ratus, "Quid est, Hanno?" inquit;
"etiam nunc paenitet belli suscepti adversus Romanos?
Iube dedi Hannibalem; veta in tam prosperis rebus 7
grates deis immortalibus agi; audiamus Romanum
senatorem in Carthaginiensium curia." Tum Hanno: 8
"Tacuissem hodie, patres conscripti, ne
quid in communi omnium gaudio, minus
laetum quod esset vobis, loquerer; nunc interroganti 9
senatori, paeniteatne adhuc suscepti adversus Romanos
belli, si reticeam, aut superbus aut obnoxius videar,
quorum alterum est hominis alienae libertatis obliti,
alterum suae. Respondeo" inquit "Himilconi, non 10
desisse paenitere me belli, neque desiturum ante in-
victum vestrum imperatorem incusare, quam finitum
aliqua tolerabili condicione bellum videro; nec mihi
pacis antiquae desiderium ulla alia res
quam pax nova finiet. Itaque ista, quae 11
modo Mago iactavit, Himilconi ceterisque
Hannibalis satellitibus iam laeta sunt; mihi possunt
laeta esse, quia res bello bene gestae, si volumus

Speech of Hanno.

"If Hannibal is victorious, why does he ask for more troops?

A.U.C. 538.

12 fortuna uti, pacem nobis aequiorem dabunt; nam si
praetermittimus hoc tempus, quo magis dare quam
accipere possumus videri pacem, vereor, ne haec
13 quoque laetitia luxuriet nobis ac vana evadat. Quae
tamen nunc quoque qualis est? Occidi exercitus
hostium; mittite milites mihi. Quid aliud rogares,
14 si esses victus? Hostium cepi bina castra, praedae
videlicet plena et commeatuum; frumentum et pecuniam date. Quid aliud, si spoliatus, si exutus castris esses,
15 peteres? Et ne omnia ipse mirer (mihi quoque enim,
quoniam respondi Himilconi, interrogare ius fasque
est), velim seu Himilco seu Mago respondeat, quum ad
internecionem Romani imperii pugnatum ad Cannas
sit, constetque in defectione totam Italiam esse,
16 primum, ecquis Latini nominis populus
defecerit ad nos, deinde, ecquis homo ex
quinque et triginta tribubus ad Hannibalem trans-
17 fugerit." Quum utrumque Mago negasset, "Hostium
quidem ergo" inquit "adhuc nimis multum superest.
Sed multitudo ea quid animorum quidve spei habeat,
13 scire velim." Quum id nescire Mago diceret, "Nihil
facilius scitu est" inquit. "Ecquos legatos ad Hannibalem Romani miserunt de pace? Ecquam
denique mentionem pacis Romae factam
2 esse allatum ad vos est?" Quum id quoque negasset,
"Bellum igitur" inquit "tam integrum habemus,
quam habuimus, qua die Hannibal in Italiam est
3 transgressus. Quam varia victoria priore Punico bello
fuerit, plerique, qui meminerimus, supersumus. Nunquam terra marique magis prosperae res nostrae visae
sunt, quam ante consules C. Lutatium et A. Postumium
4 fuerunt; Lutatio et Postumio consulibus devicti ad

Have any Latins revolted from Rome?

Has Rome asked for terms of peace?"

B.C. 216.

Aegates insulas sumus. Quod si, id quod di omen
avertant, nunc quoque fortuna aliquid variaverit, tum
pacem speratis, quum vincemur, quam nunc, quum
vincimus, dat nemo? Ego, si quis de pace consulet 5
seu deferenda hostibus seu accipienda, habeo, quid
sententiae dicam; si de iis, quae Mago postulat,
refertis, nec victoribus mitti attinere puto, et frustrantibus
nos falsa atque inani spe multo minus censeo
mittenda esse."

The Senate resolves to send reinforcements.

Haud multos movit Hannonis oratio; nam et 6
simultas cum familia Barcina leviorem
auctorem faciebat, et occupati animi
praesenti laetitia nihil, quo vanius fieret gaudium
suum, auribus admittebant, debellatumque mox fore,
si anniti paulum voluissent, rebantur. Itaque ingenti 7
consensu fit senatus consultum, ut Hannibali quattuor
millia Numidarum in supplementum mitterentur et
quadraginta elephanti et argenti talenta †dictatorque 8
cum Magone in Hispaniam praemissus est ad conducenda
viginti millia peditum, quattuor equitum,
quibus exercitus, qui in Italia quique in Hispania
erant, supplerentur.

Troops raised at Rome.

Ceterum haec, ut in secundis rebus, segniter 14
otioseque gesta; Romanos praeter insitam
industriam animis fortuna etiam cunctari
prohibebat. Nam nec consul ulli rei, quae per eum 2
agenda esset, deerat, et dictator M. Iunius Pera, rebus
divinis perfectis latoque, ut solet, ad populum, ut
equum escendere liceret, praeter duas urbanas legiones,
quae principio anni a consulibus conscriptae fuerant,
et servorum dilectum cohortesque ex agro Piceno et
Gallico collectas, ad ultimum prope desperatae rei 3

A.U.C. 538.

publicae auxilium, quum honesta utilibus cedunt,
descendit, edixitque, qui capitalem fraudem ausi quique
pecuniae iudicati in vinculis essent, qui eorum apud se
milites fierent, eos noxa pecuniaque sese exsolvi
4 iussurum. Ea sex millia hominum Gallicis spoliis,
quae triumpho C. Flaminii translata erant, armavit,
itaque cum viginti quinque millibus armatorum ab
urbe proficiscitur.

5 Hannibal, Capua recepta, quum iterum Neapolitanorum animos partim spe, partim metu
nequicquam tentasset, in agrum Nolanum
6 exercitum traducit, ut non hostiliter statim, quia non
desperabat voluntariam deditionem, ita, si morarentur
spem, nihil eorum, quae pati aut timere possent, prae-
7 termissurus. Senatus, ac maxime primores eius, in
societate Romana cum fide perstare; plebs novarum,
ut solet, rerum atque Hannibalis tota esse metumque
agrorum populationis et patienda in obsidione multa
gravia indignaque proponere animo; neque auctores
8 defectionis deerant. Itaque ubi senatum metus cepit,
si propalam tenderent, resisti multitudini concitatae non
posse, secunda simulando dilationem mali inveniunt.
9 Placere enim sibi defectionem ad Hannibalem simulant;
quibus autem condicionibus in foedus amicitiamque
10 novam transeant, parum constare. Ita spatio sumpto
legatos propere ad praetorem Romanum Marcellum
Claudium, qui Casilini cum exercitu erat, mittunt
docentque, quanto in discrimine sit Nolana res: agrum
Hannibalis esse et Poenorum, urbem
11 extemplo futuram, ni subveniatur; con-
cedendo plebei senatum, ubi velint, defecturos se,
12 ne deficere praefestinarent, effecisse. Marcellus, col-

Hannibal attempts to gain Nola,

but is prevented by the arrival of Marcellus.

laudatis Nolanis, eadem simulatione extrahi rem B.C. 216.
in suum adventum iussit; interim celari, quae secum acta essent, spemque omnem auxilii Romani.
Ipse a Casilino Caiatiam petit, atque inde Vul- 13
turno amni traiecto, per agrum Saticulanum Tre-
bianumque super Suessulam per montes Nolam pervenit.

Sub adventum praetoris Romani Poenus agro 15
Nolano excessit et ad mare proxime Neapolim descendit, cupidus maritimi oppidi potiundi, quo cursus
navibus tutus ex Africa esset; ceterum postquam 2
Neapolim a praefecto Romano teneri accepit (M. Iunius
Silanus erat, ab ipsis Neapolitanis accitus), Neapoli quoque, sicut Nola, omissa petit Nuceriam. Eam quum 3
aliquamdiu circumsedisset, saepe vi, saepe
sollicitandis nequicquam nunc plebe, nunc
principibus, fame demum in deditionem accepit, pactus,
ut inermes cum singulis abirent vestimentis. Deinde, 4
ut qui a principio mitis omnibus Italicis praeter
Romanos videri vellet, praemia atque honores, qui
remanserint ac militare secum voluissent, proposuit.
Nec ea spe quemquam tenuit; dilapsi omnes, quo- 5
cunque hospitia aut fortuitus animi impetus tulit, per
Campaniae urbes, maxime Nolam Neapolimque. Quum 6
ferme triginta senatores, ac forte primus quisque,
Capuam petissent, exclusi inde, quod portas Hannibali
clausissent, Cumas se contulerunt. Nuceriae praeda
militi data est, urbs direpta atque incensa.

Surrender of Nuceria to Hannibal.

Nolam Marcellus non sui magis fiducia praesidii 7
quam voluntate principum habebat; plebs
timebatur, et ante omnes L. Bantius,
quem conscientia tentatae defectionis ac metus a

Marcellus at Nola.

A.U.C. 538. praetore Romano nunc ad proditionem patriae, nunc,
si ad id fortuna defuisset, ad transfugiendum stimu-
8 labat. Erat iuvenis acer et sociorum ea tempestate
prope nobilissimus eques. Seminecem eum ad Cannas
in acervo caesorum corporum inventum curatumque
benigne, etiam cum donis Hannibal domum remiserat.
9 Ob eius gratiam meriti rem Nolanam in ius dicio-
nemque dare voluerat Poeno, anxiumque eum et
10 sollicitum cura novandi res praetor cernebat. Ceterum
quum aut poena cohibendus esset aut beneficio con-
ciliandus, sibi assumpsisse quam hosti ademisse fortem
ac strenuum maluit socium, accitumque ad se benigne
11 appellat: Multos eum invidos inter populares habere,
inde existimatu facile esse, quod nemo civis Nolanus
sibi indicaverit, quam multa eius egregia facinora
12 militaria essent; sed qui in Romanis militaverit
castris, non posse obscuram eius virtutem esse. Multos
sibi, qui cum eo stipendia fecerint, referre, qui vir
esset ille, quaeque et quoties pericula pro salute ac
13 dignitate populi Romani adisset, utique Cannensi
proelio non prius pugna abstiterit, quam prope ex-
sanguis ruina superincidentium virorum, equorum
14 armorumque sit oppressus. "Itaque macte virtute
esto" inquit. "Apud me tibi omnis honos atque
omne praemium erit, et quo frequentior mecum fueris,
senties eam rem tibi dignitati atque emolumento esse."
15 Laetoque iuveni promissis equum eximium dono dat
bigatosque quingentos quaestorem numerare iubet;
lictoribus imperat, ut eum se adire, quoties velit,
16 patiantur. Hac comitate Marcelli ferocis iuvenis
animus adeo est mollitus, ut nemo inde sociorum rem
Romanam fortius ac fidelius iuverit.

B.C. 216.

Engagements before Nola between Marcellus and Hannibal.

Quum Hannibal ad portas esset (Nolam enim 2
rursus a Nuceria movit castra) plebesque
Nolana de integro ad defectionem spectaret, Marcellus sub adventum hostium 3
intra muros se recepit, non castris metuens, sed ne
prodendae urbis occasionem nimis multis in eam
imminentibus daret. Instrui deinde utrinque acies 4
coeptae, Romanorum pro moenibus Nolae, Poenorum
ante castra sua. Proelia hinc parva inter urbem
castraque et vario eventu fiebant, quia duces nec
prohibere paucos temere provocantes nec dare signum
universae pugnae volebant. In hac quotidiana iam 5
duorum exercituum statione principes Nolanorum
nuntiant Marcello, nocturna colloquia inter plebem ac 6
Poenos fieri, statutumque esse, ut, quum Romana
acies egressa portis staret, impedimenta eorum ac
sarcinas diriperent, clauderent deinde portas murosque
occuparent, ut potentes rerum suarum atque urbis
Poenum inde pro Romano acciperent. Haec ubi 7
nuntiata Marcello sunt, collaudatis senatoribus Nolanis,
priusquam aliqui motus in urbe oreretur, fortunam
pugnae experiri statuit. Ad tres portas in hostes 8
versas tripertito exercitum instruxit; impedimenta
subsequi iussit, calones lixasque et invalidos milites
vallum ferre. Media porta robora legionum et Romanos
equites, duabus circa portis novos milites levemque
armaturam ac sociorum equites statuit. Nolani muros 9
portasque adire vetiti, subsidiaque destinata impedimentis data, ne occupatis proelio legionibus in ea
impetus fieret. Ita instructi intra portas stabant.
Hannibali sub signis, id quod per aliquot dies fecerat, 10
ad multum diei in acie stanti primo miraculo esse,

A.U.C. 538.

quod nec exercitus Romanus porta egrederetur nec
11 armatus quisquam in muris esset. Ratus deinde,
prodita colloquia esse, metuque resides factos, partem
militum in castra remittit iussos propere apparatum
omnem oppugnandae urbis in primam aciem afferre,
satis fidens, si cunctantibus instaret, tumultum aliquem
12 in urbe plebem moturam. Dum in sua quisque minis-
teria discursu trepidat ad prima signa succeditque ad
muros acies, patefacta repente porta Marcellus signa
canere clamoremque tolli ac pedites primum, deinde
equites, quanto maximo possent impetu, in hostem
13 erumpere iubet. Satis terroris tumultusque in aciem
mediam intulerant, quum duabus circa portis P.
Valerius Flaccus et C. Aurelius legati in cornua
14 hostium erupere. Addidere clamorem lixae calonesque
et alia turba custodiae impedimentorum apposita, ut
paucitatem maxime spernentibus Poenis ingentis
15 repente exercitus speciem fecerit. Vix equidem ausim
affirmare, quod quidam auctores sunt, duo millia et
octingentos hostium caesos, non plus quingentis Roma-
16 norum amissis; sed, sive tanta sive minor victoria
fuit, ingens eo die res ac nescio an maxima illo bello
gesta est; non vinci enim ab Hannibale †vincentibus
difficilius fuit quam postea vincere.

17 Hannibal, spe potiundae Nolae adempta, quum

Hannibal retires from Nola,

Acerras recessisset, Marcellus extemplo
clausis portis custodibusque dispositis,
ne quis egrederetur, quaestionem in foro de iis, qui
2 clam in colloquiis hostium fuerant, habuit. Supra
septuaginta damnatos proditionis securi percussit,
3 bonaque eorum iussit publica populi Romani esse, et,
summa rerum senatui tradita, cum exercitu omni

profectus supra Suessulam castris positis consedit. B.C. 216.
Poenus Acerras primum ad voluntariam deditionem 4
conatus pellicere, postquam obstinatos in fide videt,
obsidere atque oppugnare parat. Ceterum Acerranis
plus animi quam virium erat; itaque desperata tutela 5
urbis, ut circumvallari moenia viderunt, priusquam
continuarentur hostium opera, per intermissa munimenta neglectasque custodias silentio noctis dilapsi,
per vias inviaque, qua quemque aut consilium aut 6
error tulit, in urbes Campaniae, quas satis certum erat
non mutasse fidem, perfugerunt.

Hannibal, Acerris direptis atque incensis, quum a 7
Casino dictatorem Romanum legionesque
†nimis accipi nuntiassent, ne quid, tam

captures Acerrae and marches on Casilinum.

propinquis hostium castris, Capuae quoque moveretur,
exercitum ad Casilinum ducit. Casilinum eo tempore 8
quingenti Praenestini habebant cum paucis Romanis
Latinique nominis, quos eodem audita Cannensis
clades contulerat. Hi, non confecto Praeneste ad 9
diem dilectu, serius profecti domo quum Casilinum
ante famam adversae pugnae venissent et, aliis aggre-
gantibus sese Romanis sociisque, profecti a Casilino
quum satis magno agmine irent, avertit eos retro
Casilinum nuntius Cannensis pugnae. Ibi quum dies 10
aliquot, suspecti Campanis timentesque, cavendis ac
struendis in vicem insidiis traduxissent, ut de Capuae
defectione agi accipique Hannibalem satis pro certo
habuere, interfectis nocte oppidanis, partem urbis, quae
cis Vulturnum est (eo enim dividitur amni), occupavere,
idque praesidii Casilini habebant Romani. Additur 11
et Perusina cohors, homines quadringenti sexaginta,
eodem nuntio, quo Praenestini paucos ante dies,

A.U.C. 538.

12 Casilinum compulsi. Et satis ferme armatorum ad
tam exigua moenia et flumine altera parte cincta
tuenda erat; penuria frumenti, nimium etiam ut videretur hominum, efficiebat.

18 Hannibal quum iam inde haud procul esset,

Attacks of Hannibal on Casilinum repulsed.

Gaetulos cum praefecto nomine Isalca
praemittit ac primo, si fiat colloquii
copia, verbis benignis ad portas aperiundas praesidiumque accipiendum pellicere iubet, si in pertinacia perstent,
vi rem gerere ac tentare, si qua parte invadere urbem
2 possit. Ubi ad moenia accessere, quia silentium erat,
solitudo visa; metuque concessum barbarus ratus
3 moliri portas et claustra refringere parat, quum
patefactis repente portis cohortes duae, ad id ipsum
instructae intus, ingenti cum tumultu erumpunt
4 stragemque hostium faciunt. Ita primis repulsis,
Maharbal cum maiore robore virorum missus nec ipse
5 eruptionem cohortium sustinuit. Postremo Hannibal,
castris ante ipsa moenia oppositis, parvam urbem par-
vumque praesidium summa vi atque omnibus copiis oppugnare parat, ac dum instat lacessitque, corona undique
circumdatis moenibus, aliquot milites et promptissimum
6 quemque e muro turribusque ictos amisit. Semel
ultro erumpentes agmine elephantorum opposito prope
interclusit, trepidosque compulit in urbem, satis multis
ut ex tanta paucitate interfectis; plures cecidissent,
7 ni nox proelio intervenisset. Postero die omnium
animi ad oppugnandum accenduntur, utique postquam
corona aurea muralis proposita est atque ipse dux
castelli plano loco positi segnem oppugnationem
Sagunti expugnatoribus exprobrabat, Cannarum Trasu-
mennique et Trebiae singulos admonens universosque.

B.C. 216.

Inde vineae quoque coeptae agi cuniculique; nec ad 8
varios conatus hostium aut vis ulla aut ars deerat
sociis Romanorum. Propugnacula adversus vineas 9
statuere, transversis cuniculis hostium cuniculos exci-
pere, et palam et clam coeptis obviam ire, donec pudor
etiam Hannibalem ab incepto avertit, castrisque communitis ac praesidio modico imposito, ne omissa res
videretur, in hiberna Capuam concessit.

Winter-quarters of Hannibal at Capua.

Ibi partem maiorem hiemis exercitum in tectis 10
habuit, adversus omnia humana mala
saepe ac diu duratum, bonis inexpertum
atque insuetum. Itaque, quos nulla mali vicerat vis, 11
perdidere nimia bona ac voluptates immodicae, et eo
impensius, quo avidius ex insolentia in eas se merse-
rant. Somnus enim et vinum et epulae et scorta 12
balineaque et otium consuetudine in dies blandius
ita enervaverunt corpora animosque, ut magis deinde
praeteritae victoriae eos quam praesentes tutarentur
vires, maiusque id peccatum ducis apud peritos artium 13
militarium haberetur, quam quod non ex Cannensi
acie protinus ad urbem Romanam duxisset; illa enim
cunctatio distulisse modo victoriam videri potuit, hic
error vires ademisse ad vincendum. Itaque hercule, 14
velut si cum alio exercitu a Capua exiret, nihil
usquam pristinae disciplinae tenuit. Nam et redi- 15
erunt plerique scortis impliciti et, ubi primum sub
pellibus haberi coepti sunt, viaque et alius militaris
labor excepit, tironum modo corporibus animisque
deficiebant, et deinde per omne aestivorum tempus 16
magna pars sine commeatibus ab signis dilabeban-
tur, neque aliae latebrae quam Capua desertoribus
erant.

A.U.C. 538. 19 Ceterum mitescente iam hieme, educto ex hibernis
2 Siege of Casilinum. milite, Casilinum redit, ubi, quanquam ab
oppugnatione cessatum erat, obsidio tamen
continua oppidanos praesidiumque ad ultimum inopiae
3 adduxerat. Castris Romanis Ti. Sempronius praeerat, dictatore auspiciorum repetendorum causa profecto
4 Romam. Marcellum et ipsum cupientem ferre auxilium
obsessis et Vulturnus amnis inflatus aquis et preces
Nolanorum atque Acerranorum tenebant, Campanos
timentium, si praesidium Romanum abscessisset.
5 Gracchus assidens tantum Casilino, quia praedictum
erat dictatoris, ne quid absente eo rei gereret, nihil
movebat, quanquam, quae facile omnem patientiam
6 vincerent, nuntiabantur a Casilino; nam et praecipitasse se quosdam non tolerantes famem constabat, et
stare inermes in muris, nuda corpora ad missilium
7 telorum ictus praebentes. Ea aegre patiens Gracchus,
quum neque pugnam conserere dictatoris iniussu
auderet (pugnandum autem esse, si palam frumentum
importaret, videbat) neque clam importandi spes esset,
8 farre ex agris circa undique convecto quum complura
dolia complesset, nuntium ad magistratum Casilinum
9 misit, ut exciperent dolia, quae amnis deferret. Insequenti nocte, intentis omnibus in flumen ac spem ab
nuntio Romano factam, dolia medio missa amni
defluxerunt; aequaliterque inter omnes frumentum
10 divisum. Id postero quoque die ac tertio factum est;
nocte et mittebantur et perveniebant; eo custodias
11 hostium fallebant. Imbribus deinde continuis citatior
solito amnis transverso vertice dolia impulit ad ripam,
quam hostes servabant. Ibi haerentia inter obnata
ripis salicta conspiciuntur, nuntiatumque Hannibali

B.C. 216.

est, et deinde intentiore custodia cautum, ne quid
falleret Vulturno ad urbem missum. Nuces tamen 12
fusae ab Romanis castris, quum medio amni ad Casilinum defluerent, cratibus excipiebantur. Postremo 13
ad id ventum inopiae est, ut lora detractasque scutis
pelles, ubi fervida mollissent aqua, mandere conarentur
nec muribus aliove animali abstinerent et omne herba-
rum radicumque genus aggeribus infimis muri eruerent.
Et quum hostes obarassent, quicquid herbidi terreni 14
extra murum erat, raporum semen iniecerunt, ut
Hannibal "Eone usque, dum ea nascantur, ad Casilinum sessurus sum?" exclamaret; et qui nullam antea 15
pactionem auribus admiserat, tum demum agi secum
est passus de redemptione liberorum capitum. Sept- 16
unces auri in singulos pretium convenit. Fide accepta
tradiderunt sese. Donec omne aurum
persolutum est, in vinculis habiti; tum

Terms of capitulation.

remissi summa cum fide. Id verius est quam ab equite 17
in abeuntes immisso interfectos. Praenestini maxima
pars fuere. Ex quingentis septuaginta, qui in praesidio
fuerunt, *haud* minus dimidium ferrum famesque absumpsit; ceteri incolumes Praeneste cum praetore suo
M. Anicio (scriba is antea fuerat) redierunt. Statua 18
eius indicio fuit, Praeneste in foro statuta, loricata,
amicta toga, velato capite, et tria signa cum titulo
lamnae aeneae inscripto, M. Anicium pro militibus,
qui Casilini in praesidio fuerint, votum solvisse. Idem
titulus tribus signis in aede Fortunae positis fuit
subiectus. Casilinum oppidum redditum Campanis 20
est, firmatum septingentorum militum de exercitu
Hannibalis praesidio, ne, ubi Poenus inde abscessisset, Romani oppugnarent. Praenestinis militibus 2

A.U.C. 538.

senatus Romanus duplex stipendium et quinquennii
militiae vacationem decrevit; civitate quum dona-
3 rentur ob virtutem, non mutaverunt. Perusinorum
casus obscurior fama est, quia nec ipsorum mo-
numento ullo est illustratus nec decreto Romanorum.

4 Eodem tempore Petelinos, qui uni ex Bruttiis man-

Embassy of the Petelini to Rome.

serant in amicitia Romana, non Carthaginienses modo, qui regionem obtine-
bant, sed Bruttii quoque ceteri ob separata ab se
5 consilia oppugnabant. Quibus quum obsistere malis
nequirent Petelini, legatos Romam ad praesidium
petendum miserunt. Quorum preces lacrimaeque (in
questus enim flebiles, quum sibimet ipsi consulere
iussi sunt, sese in vestibulo curiae profuderunt) ingentem misericordiam patribus ac populo moverunt,
6 consultique iterum a M. Æmilio praetore patres,
circumspectis omnibus imperii viribus, fateri coacti,
nihil iam longinquis sociis in se praesidii esse, redire domum, fideque ad ultimum expleta, consulere
sibimet ipsos in reliquum *pro* praesenti fortuna iusse-
7 runt. Haec postquam renuntiata legatio Petelinis
est, tantus repente maeror pavorque senatum eorum
cepit, ut pars profugiendi, qua quisque posset, ac
8 deserendae urbis auctores essent, pars, quando deserti
a veteribus sociis essent, adiungendi se ceteris Brut-
9 tiis ac per eos dedendi Hannibali. Vicit tamen ea
pars, quae nihil raptim nec temere agendum consu-
10 lendumque de integro censuit. Relata postero die
per minorem trepidationem re, tenuerunt optimates,
ut, convectis omnibus ex agris, urbem ac muros fir-
marent.

B.C. 216.

Affairs in Sicily and Sardinia.

Per idem fere tempus litterae ex Sicilia Sardinia- 21
que Romam allatae. Priores ex Sicilia
T. Otacilii propraetoris in senatu recitatae
sunt: P. Furium praetorem cum classe ex Africa 2
Lilybaeum venisse; ipsum graviter saucium in discrimine ultimo vitae esse; militi ac navalibus sociis
neque stipendium neque frumentum ad diem dari
neque, unde detur, esse; magnopere suadere, ut quam 3
primum ea mittantur, sibique, si ita videatur, ex novis
praetoribus successorem mittant. Eademque ferme de 4
stipendio frumentoque ab A. Cornelio Mammula propraetore ex Sardinia scripta. Responsum utrique,
non esse, unde mitteretur, iussique ipsi classibus atque
exercitibus suis consulere. T. Otacilius ad unicum 5
subsidium populi Romani, Hieronem, legatos quum
misisset, in stipendium quanti argenti opus fuit, et
sex mensum frumentum accepit; Cornelio in Sardinia
civitates sociae benigne contulerunt. Et Romae quo- 6
que propter penuriam argenti triumviri
mensarii rogatione M. Minucii tribuni
plebis facti, L. Aemilius Papus, qui consul censorque
fuerat, et M. Atilius Regulus, qui bis consul fuerat,
et L. Scribonius Libo, qui tum tribunus plebis erat.
Et duumviri creati M. et C. Atilii aedem Concordiae, 7
quam L. Manlius praetor voverat, dedicaverunt; et
tres pontifices creati, Q. Caecilius Metellus et Q. Fabius
Maximus et Q. Fulvius Flaccus, in locum P. Scantinii
demortui et L. Aemilii Pauli consulis et Q. Aelii Paeti,
qui ceciderant pugna Cannensi.

"Triumviri mensarii" appointed at Rome.

Quum cetera, quae continuis cladibus fortuna 22
minuerat, quantum consiliis humanis as-
sequi poterant, patres explessent, tandem 2

Question of filling up vacancies in the Senate.

A. U. C. 538. se quoque et solitudinem curiae paucitatemque con-
3 venientium ad publicum consilium respexerunt; neque
enim post L. Aemilium et C. Flaminium censores
senatus lectus fuerat, quum tantum senatorum adversae pugnae, ad hoc sui quemque casus per quin-
4 quennium absumpsissent. Quum de ea re M. Aemilius
praetor, dictatore post Casilinum amissum profecto
iam ad exercitum, exposcentibus cunctis rettulisset,
tum Sp. Carvilius quum longa oratione non solum
inopiam *senatorum*, sed paucitatem etiam civium, ex
Proposal of Sp. Carvilius. quibus in patres legerentur, conquestus
5 esset, explendi senatus causa et iungendi
artius Latini nominis cum populo Romano magnopere
se suadere dixit, ut ex singulis populis Latinorum
binis senatoribus, *quibus* patres Romani censuissent,
civitas daretur, atque *ei* in demortuorum locum in
6 senatum legerentur. Eam sententiam haud aequiori-
bus animis quam ipsorum quondam postulatum Lati-
7 norum patres audierunt; et quum fremitus indignan-
tium tota curia esset, et praecipue T. Manlius esse
etiam nunc eius stirpis virum diceret, ex qua quondam
in Capitolio consul minatus esset, quem Latinum in
8 curia vidisset, eum sua manu se interfecturum, Q. Fabius
Maximus nunquam rei ullius alieniore tempore mentionem factam in senatu dicit, quam inter tam suspen-
sos sociorum animos incertamque fidem id iactum,
9 quod insuper sollicitaret eos; eam unius hominis
temerariam vocem silentio omnium exstinguendam
esse, et, si quid unquam arcani sanctive ad silendum
in curia fuerit, id omnium maxime tegendum, occu-
lendum, obliviscendum, pro non dicto habendum esse.
10 Ita eius rei oppressa mentio est. Dictatorem, qui

M. Fabius Buteo appointed dictator to discharge the functions of censor.

B.C. 216.

censor ante fuisset vetustissimusque ex
iis, qui viverent, censoriis esset, creari
placuit, qui senatum legeret, acciririque
C. Terentium consulem ad dictatorem dicendum iusserunt. Qui ex Apulia, relicto ibi praesidio, quum 11
magnis itineribus Romam redisset, nocte proxima,
ut mos erat, M. Fabium Buteonem ex senatus consulto sine magistro equitum dictatorem in sex menses
dixit. *Is* ubi cum lictoribus in rostra escendit, neque 23
duos dictatores tempore uno, quod nunquam antea
factum esset, probare se dixit, neque dictatorem [se] 2
sine magistro equitum, nec censoriam vim uni permissam et eidem iterum, nec dictatori, nisi rei gerendae
causa creato, in sex menses datum imperium. Quae 3
immoderata fors*an* tempus ac necessitas fecerit, iis se
modum impositurum; nam neque senatu quemquam
moturum ex *iis*, quos C. Flaminius, L. Aemilius censores in senatum legissent; transcribi tantum recitari- 4
que eos iussurum, ne penes unum hominem iudicium
arbitriumque de fama ac moribus senatoris fuerit;
et ita in demortuorum locum sublecturum, ut ordo
ordini, non homo homini praelatus videretur. Reci- 5
tato vetere senatu, inde primos in demortuorum locum
legit, qui post L. Aemilium, C. Flaminium censores
curulem magistratum cepissent necdum in senatum
lecti essent, ut quisque eorum primus creatus erat;
tum legit, qui aediles, tribuni plebis quaestoresve 6
fuerant; tum ex iis, qui magistratus *non* cepissent,
qui spolia ex hoste fixa domi haberent aut civicam
coronam accepissent. Ita centum septuaginta septem 7
cum ingenti approbatione hominum in senatum lectis,
extemplo se magistratu abdicavit, privatusque de ros-

A.U.C. 538. 8 tris descendit, lictoribus abire iussis, turbaeque se immiscuit privatas agentium res, tempus hoc sedulo terens, ne deducendi sui causa populum de foro abduceret. Neque tamen elanguit cura hominum ea mora,
9 frequentesque eum domum deduxerunt. Consul nocte insequenti ad exercitum rediit, non facto certiore senatu, ne comitiorum causa in urbe retineretur.

Election of consuls and praetors.

24 Postero die consultus a M. Pomponio praetore senatus decrevit, dictatori scribendum, uti, si e re publica censeret esse, ad consules subrogandos veniret cum magistro equitum et
2 praetore M. Marcello, ut ex iis praesentibus noscere patres possent, quo statu res publica esset, consiliaque ex rebus caperent. Qui acciti erant, omnes venerunt,
3 relictis legatis, qui legionibus praeessent. Dictator de se pauca ac modice locutus, in magistrum equitum Ti. Sempronium Gracchum magnam partem gloriae vertit, comitiaque edixit, quibus L. Postumius tertium absens, qui tum Galliam provinciam obtinebat, et Ti. Sempronius Gracchus, qui tum magister equitum
4 et aedilis curulis erat, consules creantur. Praetores inde creati M. Valerius Laevinus iterum, App. Claudius Pulcher, Q. Fulvius Flaccus, Q. Mucius Scaevola.
5 Dictator, creatis magistratibus, Teanum in hiberna ad exercitum redit, relicto magistro equitum Romae, qui, quum post paucos dies magistratum initurus esset, de exercitibus scribendis comparandisque in annum patres consuleret.

6 Quum eae res maxime agerentur, nova clades nuntiata, aliam super aliam cumulante in eum annum fortuna, L. Postumium consulem designatum in Gallia
7 ipsum atque exercitum deletos. Silva erat vasta

B.C. 216.

Disaster to the Roman army in North Italy; death of the consul elect Postumius.

(Litanam Galli vocabant), qua exercitum traducturus
erat. Eius silvae dextra laevaque circa
viam Galli arbores ita inciderunt, ut im-
motae starent, momento levi impulsae
acciderent. Legiones duas Romanas ha- 8
bebat Postumius, sociumque ab supero mari tantum
conscripserat, ut viginti quinque millia armatorum
in agros hostium induxerit. Galli oram extremae 9
silvae quum circumsedissent, ubi intravit agmen saltum, tum extremas arborum succisarum impellunt;
quae alia in aliam, instabilem per se ac male haerentem,
incidentes ancipiti strage arma, viros, equos obrue-
runt, ut vix decem homines effugerent. Nam quum 10
exanimati plerique essent arborum truncis fragmen-
tisque ramorum, ceteram multitudinem, inopinato
malo trepidam, Galli, saltum omnem armati circum-
sedentes, interfecerunt, paucis e tanto numero captis,
qui pontem fluminis petentes, obsesso ante ab hostibus
ponte, interclusi sunt. Ibi Postumius omni vi, ne 11
caperetur, dimicans occubuit. Spolia corporis caput-
que praecisum ducis Boii ovantes templo, quod sanc-
tissimum est apud eos, intulere. Purgato inde capite, 12
ut mos iis est, calvam auro caelavere, idque sacrum
vas iis erat, quo sollemnibus libarent, poculumque
idem sacerdotibus ac templi antistitibus. Praeda quo- 13
que haud minor Gallis quam victoria fuit; nam etsi
magna pars animalium strage silvae oppressa erat,
tamen ceterae res, quia nihil dissipatum fuga est,
stratae per omnem iacentis agminis ordinem inventae
sunt.

Hac nuntiata clade, quum per dies multos in tanto 25
pavore fuisset civitas, ut, tabernis clausis, velut noc-

A.U.C. 538.

turna solitudine per urbem acta, senatus aedilibus
2 negotium daret, ut urbem circumirent aperirique tabernas et maestitiae publicae speciem urbi demi iuberent, tum Ti. Sempronius senatum habuit, consola-
3 tusque patres est et adhortatus, ne, qui Cannensi ruinae non succubuissent, ad minores calamitates animos summitterent: quod ad Carthaginienses hostes Hannibalemque attineret, prospera modo essent, sicut
4 speraret futura, Gallicum bellum et omitti tuto et differri posse, ultionemque eam fraudis in deorum ac populi Romani potestate fore; de hoste Poeno exercitibusque, per quos id bellum gereretur, consul-
5 tandum atque agitandum. Ipse primum, quid peditum equitumque, quid civium, quid sociorum in exercitu esset dictatoris, disseruit; tum Marcellus suarum copiarum sum-

Distribution of Roman troops for the next campaign.

6 mam exposuit. Quid in Apulia cum C. Terentio consule esset, a peritis quaesitum est, nec, unde duo consulares exercitus satis firmi ad tantum bellum efficerentur, inibatur ratio. Itaque Galliam, quanquam stimulabat iusta ira, omitti eo anno placuit.
7 Exercitus dictatoris consuli decretus est. De exercitu M. Marcelli, qui eorum ex fuga Cannensi essent, in Siciliam eos traduci atque ibi militare, donec *in* Italia
8 bellum esset, placuit. Eodem ex dictatoris legionibus reiici militem minimi quemque roboris, nullo praestituto militiae tempore, nisi quod stipendiorum legiti-
9 morum esset. Duae legiones urbanae alteri consuli, qui in locum L. Postumii suffectus esset, decretae sunt, eumque, quum primum salvis auspiciis posset,
10 creari placuit. Legiones praeterea duas primo quoque tempore ex Sicilia acciri, atque inde consulem, cui

B.C. 216.

legiones urbanae evenissent, militum sumere quantum
opus esset. C. Terentio consuli propagari in annum 11
imperium neque de eo exercitu, quem ad praesidium
Apuliae haberet, quicquam minui.

Dum haec in Italia geruntur apparanturque, nihilo 26
segnius in Hispania bellum erat, sed ad
eam diem magis prosperum Romanis. P. 2

Operations in Spain.

et Cn. Scipionibus inter se partitis copias, ut Gnaeus
terra, Publius navibus rem gereret, Hasdrubal, Poenorum imperator, neutri parti virium satis fidens, procul
ab hoste intervallo ac locis tutus tenebat se, quoad
multum ac diu obtestanti quattuor millia peditum,
mille equites in supplementum missi ex Africa sunt.
Tum refecta tandem spe, castra propius hostem movit, 3
classemque et ipse instrui pararique iubet ad insulas
maritimamque oram tutandam. In ipso impetu mo- 4
vendarum de integro rerum perculit eum praefectorum
navium transitio, qui post classem ad Hiberum per
pavorem desertam graviter increpiti nunquam deinde
satis fidi aut duci aut Carthaginiensium rebus fuerant.
Fecerant hi transfugae motum in Tartesiorum gente, 5
desciverantque iis auctoribus urbes aliquot; una etiam ab ipsis vi capta fuerat.

Attack of Hasdrubal on the Tartesii,

In eam gentem versum ab Romanis bellum est, infesto- 6
que exercitu Hasdrubal ingressus agrum hostium pro
captae ante dies paucos urbis moenibus Chalbum, nobilem Tartesiorum ducem, cum valido exercitu castris se
tenentem, aggredi statuit. Praemissa igitur levi arma- 7
tura, quae eliceret hostes ad certamen, equitum partem
ad populandum per agros passim dimisit *et* ut palantes
exciperent. Simul et ad castra tumultus erat et per agros 8
fugaque et caedes; deinde undique diversis itineribus

A.U.C. quum in castra se recepissent, adeo repente decessit
538. animis pavor, ut non ad munimenta modo defendenda
satis animorum esset, sed etiam ad lacessendum proelio
9 hostem. Erumpunt igitur agmine e castris, tripudi-
antes more suo, repentinaque eorum audacia terrorem
10 hosti paulo ante ultro lacessenti incussit. Itaque et
ipse Hasdrubal in collem satis arduum, flumine etiam
obiecto tutum, copias subducit, et praemissam levem
armaturam equitesque palatos eodem recipit, nec aut
colli aut flumini satis fidens, castra vallo permunit.
11 In hoc alterno pavore certamina aliquot sunt con-
tracta; nec Numida Hispano eques par fuit, nec
iaculator Maurus caetrato, velocitate pari, robore animi
27 viriumque aliquantum praestanti. Postquam neque
elicere Poenum ad certamen obversati castris poterant
2 neque castrorum oppugnatio facilis erat, urbem Ascuam, quo fines hostium ingrediens Hasdrubal frumentum commeatusque alios convexerat, vi capiunt omni-
que circa agro potiuntur; nec iam aut in agmine aut
3 in castris ullo imperio contineri. Quam ubi negligen-
tiam ex re, ut fit, bene gesta oriri senserat Hasdrubal,
cohortatus milites, ut palatos sine signis hostes aggrederentur, degressus colle pergit ire acie instructa ad
4 castra. Quem ut adesse tumultuose nuntii refugientes ex speculis stationibusque attulere, ad arma con-
5 clamatum est. Ut quisque arma ceperat, sine imperio,
sine signo, incompositi, inordinati in proelium ruunt.
Iam primi conseruerant manus, quum alii catervatim
6 currerent, alii nondum e castris exissent; tamen primo
ipsa audacia terruere hostem; deinde rari in confertos
illati, quum paucitas parum tuta esset, respicere alii
7 alios et undique pulsi coire in orbem, et dum *corpora*

B.C. 216.

corporibus applicant armaque armis iungunt, in artum
compulsi, quum vix movendis armis satis spatii esset,
corona hostium cincti ad multum diei
caeduntur; exigua pars eruptione facta 8
silvas ac montes petit. Parique terrore et castra sunt
deserta et universa gens postero die in deditionem
venit.

who finally surrender to the Carthaginians.

Nec diu in pacto mansit; nam subinde ab Cartha- 9
gine allatum est, ut Hasdrubal primo
quoque tempore in Italiam exercitum
duceret, quae vulgata res per Hispaniam omnium
ferme animos ad Romanos avertit. Itaque Hasdrubal 10
extemplo litteras Carthaginem mittit, indicans, quanto
fama profectionis suae damno fuisset; si vero inde
pergeret, priusquam Hiberum transiret, Romanorum
Hispaniam fore; nam praeterquam quod nec praesi- 11
dium nec ducem haberet, quem relinqueret pro se, eos
imperatores esse Romanos, quibus vix
aequis viribus resisti possit. Itaque si 12
ulla Hispaniae cura esset, successorem sibi cum valido
exercitu mitterent; cui *ut* omnia prospere evenirent,
non tamen otiosam provinciam fore. Eae litterae **28**
quanquam primo admodum moverunt senatum, tamen,
quia Italiae cura prior potiorque erat, nihil de Hasdrubale neque de copiis eius mutatum est; Himilco cum 2
exercitu iusto et aucta classe ad retinen-
dam terra marique ac tuendam Hispaniam
est missus. Qui ut pedestres navalesque copias traie- 3
cit, castris communitis navibusque subductis et vallo
circumdatis, cum equitibus delectis ipse, quantum
maxime accelerare poterat, per dubios infestosque
populos iuxta intentus ad Hasdrubalem pervenit.

Hasdrubal receives orders to march to Italy.

His objections.

Himilco sent to take his place in Spain.

A.U.C. 538.

4 Quum decreta senatus mandataque exposuisset atque
edoctus esset ipse in vicem, quemadmodum tractandum
bellum in Hispania foret, retro in sua castra rediit,
nulla re quam celeritate tutior, quod undique abierat,
5 antequam consentirent. Hasdrubal, priusquam move-
ret castra, pecunias imperat populis omnibus suae
dicionis, satis gnarus, Hannibalem transitus quosdam

Hasdrubal sets out.

pretio mercatum nec auxilia Gallica aliter
6 quam conducta habuisse; inopem tan-
tum iter ingressum vix penetraturum ad Alpes fuisse.
Pecuniis igitur raptim exactis, ad Hiberum descendit.
7 Decreta Carthaginiensium et Hasdrubalis iter ubi

The Romans prepare to oppose his march.

ad Romanos sunt perlata, omnibus omissis rebus, ambo duces iunctis copiis ire
8 obviam coeptis atque obsistere parant, rati, si Hannibali, vix per se ipsi tolerando Italiae hosti, Hasdrubal
dux atque Hispaniensis exercitus esset iunctus, illum
9 finem Romani imperii fore. His anxii curis ad Hiberum contrahunt copias, et transito amne, quum diu
consultassent, utrum castra castris conferrent an satis
haberent sociis Carthaginiensium oppugnandis morari
10 ab itinere proposito hostem, urbem a propinquo flumine Hiberam appellatam, opulentissimam ea tempes-
11 tate regionis eius, oppugnare parant. Quod ubi sensit
Hasdrubal, pro ope ferenda sociis pergit ire ipse ad
urbem deditam nuper in fidem Romanorum oppugnan-
12 dam. Ita iam coepta obsidio omissa ab Romanis est
29 et in ipsum Hasdrubalem versum bellum. Quinque
millium intervallo castra distantia habuere paucos
dies, nec sine levibus proeliis nec ut in aciem exirent;

Defeat of Hasdrubal.

2 tandem uno eodemque die velut ex composito utrinque signum pugnae proposi-

tum [est] atque omnibus copiis in campum descensum B.C. 216.
est. Triplex stetit Romana acies; velitum pars inter 3
antesignanos locata, pars post signa accepta; equites
cornua cinxere. Hasdrubal mediam aciem Hispanis 4
firmat; in cornibus, dextro Poenos locat, laevo Afros
mercenariorumque auxilia; equitum Numidas Poenorum peditibus, ceteros Afris pro cornibus apponit.
Nec omnes Numidae in dextro locati cornu, sed quibus 5
desultorum in modum binos trahentibus equos inter
acerrimam saepe pugnam in recentem equum ex fesso
armatis transultare mos erat; tanta velocitas ipsis
tamque docile equorum genus est. Quum hoc modo 6
instructi starent, imperatorum utriusque partis haud
ferme dispares spes erant; nam ne multum quidem
aut numero aut genere militum hi aut illi praestabant;
militibus longe dispar animus erat. Romanis enim, 7
quanquam procul a patria pugnarent, facile persuase-
rant duces, pro Italia atque urbe Romana eos pugnare; itaque, velut quibus reditus in patriam *in* eo
discrimine pugnae verteretur, obstinaverant animis
vincere aut mori. Minus pertinaces viros habebat 8
altera acies; nam maxima pars Hispani erant, qui
vinci in Hispania quam victores in Italiam trahi
malebant. Primo igitur concursu, quum vix pila con- 9
iecta essent, rettulit pedem media acies, inferentibus-
que se magno impetu Romanis, vertit terga. Nihilo 10
segnius *in* cornibus proelium fuit. Hinc Poenus, hinc
Afer urget, et velut in circumventos proelio ancipiti
pugnant; sed quum in medium tota iam coisset 11
Romana acies, satis virium ad dimovenda hostium
cornua habuit. Ita duo diversa proelia erant. Utro- 12
que Romani, ut qui, pulsis iam ante mediis, et numero

A.U.C. 538.

et robore virorum praestarent, haud dubie superant.
13 Magna vis hominum ibi occisa, et, nisi Hispani vixdum conserto proelio tam effuse fugissent, perpauci ex
14 tota superfuissent acie. Equestris pugna nulla admodum fuit, quia, simul inclinatam mediam aciem Mauri
Numidaeque viderunt, extemplo fuga effusa nuda cor-
15 nua, elephantis quoque prae se actis, deseruere. Hasdrubal usque ad ultimum eventum pugnae moratus
e media caede cum paucis effugit. Castra Romani
16 cepere atque diripuere. Ea pugna, si qua dubia *in*
Hispania erant, Romanis adiunxit, Hasdrubalique
non modo in Italiam traducendi exercitus, sed ne
manendi quidem satis tuto in Hispania spes reliqua
17 erat. Quae posteaquam litteris Scipionum Romae
vulgata sunt, non tam victoria quam prohibito Hasdrubalis in Italiam transitu laetabantur.

Events in the South of Italy.

30 Dum haec in Hispania geruntur, Petelia in Bruttiis
aliquot post mensibus, quam coepta oppugnari erat, ab Himilcone praefecto Han-
2 nibalis expugnata est. Multo sanguine ac vulneribus
ea Poenis victoria stetit, nec ulla magis vis obsessos
3 quam fames expugnavit. Absumptis enim frugum
alimentis carnisque omnis generis quadrupedum suetae *insuetae*que, postremo coriis herbisque et radicibus
4 et corticibus teneris strictisque foliis vixere, nec ante,
quam vires ad standum in muris ferendaque arma
5 deerant, expugnati sunt. Recepta Petelia, Poenus ad
Consentiam copias traducit, quam minus pertinaciter
defensam intra paucos dies in deditionem accepit.
6 Iisdem ferme diebus et Bruttiorum exercitus Crotonem, Graecam urbem, circumsedit, opulentam quondam armis virisque, tum iam adeo multis magnisque

cladibus afflictam, ut omnis aetatis minus duo millia B.C. 216.
civium superessent. Itaque urbe a defensoribus vasta 7
facile potiti hostes sunt; arx tantum retenta, in quam
inter tumultum captae urbis e media caede quidam
effugere. Et Locrenses descivere ad Bruttios Poenos- 8
que, prodita multitudine a principibus. Regini tan- 9
tummodo regionis eius et in fide erga Romanos et
potestatis suae ad ultimum manserunt. In Siciliam 10
quoque eadem inclinatio animorum pervenit, et ne
domus quidem Hieronis tota ab defectione abstinuit.
Namque Gelo, maximus stirpis, contempta simul se- 11
nectute patris, simul post Cannensem cladem Romana
societate, ad Poenos defecit, movissetque in Sicilia res, 12
nisi mors adeo opportuna, ut patrem quoque suspicione
aspergeret, armantem eum multitudinem sollicitan-
temque socios absumpsisset. Haec eo anno in Italia, 13
in Africa, in Sicilia, in Hispania vario eventu acta.

Religious and other observances at Rome.

Exitu anni Q. Fabius Maximus a senatu postulavit,
ut aedem Veneris Erycinae, quam dictator vovisset, dedicare liceret. Senatus 14
decrevit, ut Ti. Sempronius, consul designatus, quum
honorem inisset, ad populum ferret, ut Q. Fabium
duumvirum esse iuberent aedis dedicandae causa. Et 15
M. Aemilio Lepido, qui bis consul augurque fuerat,
filii tres, Lucius, Marcus, Quintus, ludos funebres per
triduum et gladiatorum paria duo et viginti in foro
dederunt. Aediles curules C. Laetorius et Ti. Sem- 16
pronius Gracchus, consul designatus, qui in aedilitate
magister equitum fuerat, ludos Romanos fecerunt, qui
per triduum instaurati sunt. Plebeii ludi aedilium 17
M. Aurelii Cottae et M. Claudii Marcelli ter instaurati.

A.U.C. 539.

The new magistrates.

Arrangements for the campaign.

The consul postpones the election of his colleague till the return of Marcellus,

18 Circumacto tertio anno Punici belli, Ti. Sempronius consul idibus Martiis magistratum init. Praetores Q. Fulvius Flaccus,
qui antea *bis* consul censorque fuerat, urbanam, M.
Valerius Laevinus peregrinam sortem in iurisdictione
habuit; App. Claudius Pulcher Siciliam, Q. Mucius
19 Scaevola Sardiniam sortiti sunt. M. Marcello pro
consule imperium esse populus iussit, quod post
Cannensem cladem unus Romanorum imperatorum in
31 Italia prospere rem gessisset. Senatus, quo die primum est in Capitolio consultus, decrevit, ut eo anno
2 duplex tributum imperaretur, simplex
confestim exigeretur, ex quo stipendium
praesens omnibus militibus daretur, praeterquam qui
3 milites ad Cannas fuissent. De exercitibus ita decreverunt, ut duabus legionibus urbanis Ti. Sempronius
consul Cales ad conveniendum diem ediceret; inde eae
legiones in castra Claudiana supra Suessulam deduce-
4 rentur. Quae ibi legiones essent (erant autem Cannensis maxime exercitus), eas App. Claudius Pulcher
praetor in Siciliam traiiceret, quaeque in Sicilia essent,
5 Romam deportarentur. Ad exercitum, cui ad conveniendum Cales edicta dies erat, M. Claudius Marcellus missus, isque iussus in castra Claudiana dedu-
6 cere urbanas legiones. Ad veterem exercitum accipiendum deducendumque inde in Siciliam Ti. Maecilius
7 Croto legatus ab App. Claudio est missus. Taciti
primo exspectaverant homines, uti consul
comitia collegae creando haberet; deinde,
ubi ablegatum velut de industria M.
Marcellum viderunt, quem maxime consulem in eum
annum ob egregie in praetura res gestas creari vole-

bant, fremitus in curia ortus. Quod ubi sensit con- 8 B.C. 215.
sul, "Utrumque" inquit "e re publica fuit, patres
conscripti, et M. Claudium ad permutandos exercitus
in Campaniam proficisci, et comitia non prius edici,
quam is inde confecto, quod mandatum est, negotio
revertisset, ut vos consulem, quem tempus rei publicae
postularet, quem maxime vultis, haberetis." Ita de 9
comitiis, donec rediit Marcellus, silentium fuit. In-
terea duumviri creati sunt Q. Fabius Maximus et T.
Otacilius Crassus aedibus dedicandis, Menti Otacilius,
Fabius Veneri Erycinae; utraque in Capitolio est,
canali uno discretae. Et de trecentis equitibus Cam- 10
panis, qui in Sicilia cum fide stipendiis emeritis Romam venerant, latum ad populum, ut cives Romani
essent; item ut municipes Cumani essent pridie, quam
populus Campanus a populo Romano defecisset.
Maxime, ut hoc ferretur, moverat, quod, quorum 11
hominum essent, scire se ipsi negabant, vetere patria
relicta, in eam, in quam redierant, nondum adsciti.
Postquam Marcellus ab exercitu rediit, comitia consuli 12
uni rogando in locum L. Postumii edicuntur. Creatur 13
ingenti consensu Marcellus, qui extemplo magistratum
occiperet. Cui ineunti consulatum quum
tonuisset vocati augures vitio creatum
videri pronuntiaverunt; vulgoque patres
ita fama ferebant, quod tum primum duo
plebeii consules facti essent, id deis cordi non esse.
In locum Marcelli, ubi is se magistratu abdicavit, suf- 14
fectus Q. Fabius Maximus tertium.

who is elected, but compelled by the augurs to resign. His place is supplied by Q. Fabius Maximus.

Mare arsit eo anno; ad Sinuessam bos eculeum 15
peperit; signa Lanuvii ad Iunonis Sospitae cruore manavere, lapidibusque circa

Portents.

A.U.C. 539.

id templum pluit, ob quem imbrem novendiale, ut
assolet, sacrum fuit; ceteraque prodigia cum cura
32 expiata. Consules exercitus inter sese diviserunt.
Fabio exercitus Teani, cui M. Iunius dictator praefuerat, evenit; Sempronio volones, qui
ibi erant, et sociorum viginti quinque

Distribution of the commands.

2 millia, M. Valerio praetori legiones, quae ex Sicilia
redissent, decretae; M. Claudius pro consule ad eum
exercitum, qui supra Suessulam Nolae praesideret,
missus; praetores in Siciliam ac Sardiniam profecti.
3 Consules edixerunt, quoties in senatum vocassent, uti
senatores, quibusque in senatu dicere sententiam lice-
4 ret, ad portam Capenam convenirent. Praetores, quorum iurisdictio erat, tribunalia ad Piscinam publicam
posuerunt; eo vadimonia fieri iusserunt, ibique eo
anno ius dictum est.

5 Interim Carthaginem, unde Mago, frater Hannibalis, duodecim millia peditum et mille quingentos equites, viginti elephantos, mille
argenti talenta in Italiam transmissurus

The reinforcements prepared for Hannibal are sent to Spain.

6 erat cum praesidio sexaginta navium longarum, nuntius
affertur, in Hispania rem male gestam omnesque ferme
7 eius provinciae populos ad Romanos defecisse. Erant,
qui Magonem cum classe ea copiisque, omissa Italia,
in Hispaniam averterent, quum Sardiniae recipiendae
8 repentina spes affulsit: parvum ibi exercitum Romanum esse; veterem praetorem inde A. Cornelium pro-
9 vinciae peritum decedere, novum exspectari; ad hoc
fessos iam animos Sardorum esse diuturnitate imperii
Romani, et proximo iis anno acerbe atque avare
imperatum; gravi tributo et collatione iniqua frumenti
pressos; nihil deesse aliud quam auctorem, ad quem

B.C. 215.

deficerent. Haec clandestina legatio per principes 10
missa erat, maxime eam rem moliente Hampsicora,
qui tum auctoritate atque opibus longe primus erat.
His nuntiis prope uno tempore turbati erectique Mago- 11
nem cum classe sua copiisque in Hispa-
niam mittunt, in Sardiniam Hasdrubalem 12
deligunt ducem et tantum ferme copiarum, quantum
Magoni, decernunt.

Other troops sent to Sardinia.

Et Romae consules, transactis rebus, quae in urbe 13
agendae erant, movebant iam sese ad
bellum. Ti. Sempronius militibus Sinu- 14
essam diem ad conveniendum edixit, et Q. Fabius,
consulto prius senatu, ut frumenta omnes ex agris
ante calendas Iunias primas in urbes munitas convehe-
rent; qui non invexisset, eius se agrum populaturum, 15
servos sub hasta venditurum, villas incensurum. Ne
praetoribus quidem, qui ad ius dicendum creati erant,
vacatio a belli administratione data est. Valerium 16
praetorem in Apuliam ire placuit ad exercitum a
Terentio accipiendum: quum ex Sicilia legiones
venissent, iis potissimum uti ad regionis eius praesidium, Terentianum *exercitum Tarentum* mitti cum
aliquo legatorum; et viginti quinque naves datae, 17
quibus oram maritimam inter Brundisium ac Tarentum tutari posset. Par navium numerus Q. Ful- 18
vio praetori urbano decretus ad suburbana litora
tutanda. C. Terentio proconsuli negotium datum, 19
ut in Piceno agro conquisitionem militum haberet
locisque his praesidio esset. Et T. Otacilius Cras- 20
sus, postquam aedem Mentis in Capitolio dedica-
vit, in Siciliam cum imperio, qui classi praeesset,
missus.

The Roman armies take the field.

A.U.C. 539.

The king of the Macedonians sends ambassadors to Hannibal,

33 In hanc dimicationem duorum opulentissimorum
in terris populorum omnes reges gentes-
2 que animos intenderant, inter quos Philippus Macedonum rex eo magis, quo
propior Italiae ac mari tantum Ionio discretus erat.
3 Is ubi primum fama accepit, Hannibalem Alpes trans-
gressum, ut bello inter Romanum Poenumque orto
laetatus erat, ita, utrius populi mallet victoriam esse,
4 incertis adhuc viribus fluctuatus animo fuerat. Postquam tertia iam pugna, tertia victoria cum Poenis
erat, ad fortunam inclinavit legatosque ad Hannibalem
misit; qui vitantes portus Brundisinum Tarentinum-
que, quia custodiis navium Romanarum tenebantur,
ad Laciniae Iunonis templum in terram egressi sunt.

who are intercepted by the Romans,

5 Inde per Apuliam petentes Capuam media
in praesidia Romana illati sunt deducti-
que ad Valerium Laevinum praetorem, circa Luceriam
6 castra habentem. Ibi intrepide Xenophanes, lega-
tionis princeps, a Philippo rege se missum ait ad
amicitiam societatemque iungendam cum populo Romano; mandata habere ad consules ac

but escape by a stratagem and make a treaty with Hannibal.

7 senatum populumque Romanum. Praetor
inter defectiones veterum sociorum nova
societate tam clari regis laetus admodum hostes pro
8 hospitibus comiter accepit. Dat, qui prosequantur;
itinera cum cura demonstrat, quae loca quosque saltus
9 aut Romanus aut hostes teneant. Xenophanes per
praesidia Romana in Campaniam, inde, qua proximum
fuit, in castra Hannibalis pervenit, foedusque cum
10 eo atque amicitiam iungit legibus his, ut Philippus
rex quam maxima classe (ducentas autem naves videbatur effecturus) in Italiam traiiceret et vastaret mari-

B.C. 215.

timam oram, bellum pro parte sua terra marique gereret; ubi debellatum esset, Italia omnis cum ipsa urbe 11
Roma Carthaginiensium atque Hannibalis esset, prae-
daque omnis Hannibali cederet; perdomita Italia, navi- 12
garent in Graeciam bellumque, cum quibus regi placeret,
gererent; quae civitates continentis quaeque insulae ad
Macedoniam vergunt, eae Philippi regnique eius essent.

In has ferme leges inter Poenum ducem legatos- **34**
que Macedonum ictum foedus; missique cum iis ad 2
regis ipsius firmandam fidem legati, Gisgo et Bostar
et Mago, eodem ad Iunonis Laciniae, ubi navis occulta
in statione erat, perveniunt. Inde profecti quum 3
altum tenerent, conspecti *a* classe Romana sunt, quae
praesidio erat Calabriae litoribus. Vale- 4
rius Flaccus cercuros ad persequendam
retrahendamque navem quum misisset,

On the way back their ship is captured by the Romans.

primo fugere regii conati, deinde, ubi celeritate vinci
se senserunt, tradunt se Romanis, et ad praefectum
classis adducti, quum quaereret, qui et unde et quo
tenderent cursum, Xenophanes primo satis iam semel 5
felix mendacium struere, a Philippo se ad Romanos
missum ad M. Valerium, ad quem unum iter tutum
fuerit, pervenisse, Campaniam superare nequisse, saeptam hostium praesidiis. Deinde ut Punicus cultus 6
habitusque suspectos legatos fecit Hannibalis, interro-
gatosque sermo prodidit, tum comitibus eorum seductis 7
ac metu territis, litterae quoque ab Hannibale ad
Philippum inventae et pacta inter regem Macedonum
Poenumque ducem. Quibus satis cognitis, optimum 8
visum est captivos comitesque eorum Romam ad senatum aut *ad* consules, ubicunque essent, quam primum
deportare. Ad id celerrimae quinque naves delectae 9

A.U.C. 539.

ac L. Valerius Antias, qui praeesset, missus, eique mandatum, ut in omnes naves legatos separatim custo-
diendos divideret daretque operam, ne quod iis colloquium inter se neve quae communicatio consilii esset.
10 Per idem tempus Romae quum A. Cornelius Mammula, ex Sardinia provincia decedens,
rettulisset, qui status rerum *in* insula
11 esset : bellum ac defectionem omnes spectare ; Q. Mu-
cium, qui successisset sibi, gravitate caeli aquarumque
advenientem exceptum, non tam in periculosum quam
longum morbum implicitum, diu ad belli munia susti-
12 nenda inutilem fore, exercitumque ibi ut satis firmum
pacatae provinciae praesidem esse, ita imparem bello,
13 quod motum iri videretur, decreverunt patres, ut
Q. Fulvius Flaccus quinque millia peditum, quad-
ringentos equites scriberet eamque legionem primo
quoque tempore in Sardiniam traiiciendam curaret,
14 mitteretque cum imperio, quem ipsi videretur, qui
15 rem gereret, quoad Mucius convaluisset. Ad eam rem
missus est T. Manlius Torquatus, qui bis consul et
16 censor fuerat subegeratque in consulatu Sardos. Sub
idem fere tempus et a Carthagine in Sardiniam classis
missa duce Hasdrubale, cui Calvo cognomen erat,
foeda tempestate vexata ad Baliares insulas deiicitur,
17 ibique (adeo non armamenta modo, sed etiam alvei
navium quassati erant) subductae naves, dum reficiun-
tur, aliquantum temporis triverunt.

Affairs in Sardinia.

35 In Italia quum post Cannensem pugnam, fractis
partis alterius viribus, alterius mollitis
2 animis, segnius bellum esset, Campani
per se adorti sunt rem Cumanam suae
dicionis facere, primo sollicitantes, ut ab

The Campanians try to induce the people of Cumae to revolt from the Romans, and, failing, lay a snare for their leaders.

B.C. 215.

Romanis deficerent; ubi id parum processit, dolum
ad capiendos eos comparant. Campanis omnibus statum 3
sacrificium ad Hamas *erat*. Eo senatum Campanum
venturum certiores Cumanos fecerunt, petieruntque,
ut et Cumanus eo senatus veniret ad consultandum
communiter, ut eosdem uterque populus socios hos-
tesque haberet; praesidium ibi armatum se habituros, 4
ne quid ab Romano Poenove periculi esset. Cumani,
quanquam suspecta fraus erat, nihil ab-
nuere, ita tegi fallax consilium posse rati.

The latter suspecting treachery give information to Gracchus,

Interim Ti. Sempronius consul Romanus 5
Sinuessae, quo ad conveniendum diem edixerat, exercitu lustrato, transgressus Vulturnum flumen circa
Liternum posuit castra. Ibi quia otiosa stativa erant, 6
crebro decurrere milites cogebat, ut tirones (ea maxima
pars volonum erant) assuescerent signa sequi et in
acie agnoscere ordines suos. Inter quae maxima erat 7
cura duci, itaque legatis tribunisque praeceperat, ne
qua exprobratio cuiquam veteris fortunae discordiam
inter ordines sereret; vetus miles tironi, liber voloni
sese exaequari sineret; omnes satis honestos gene- 8
rososque ducerent, quibus arma sua signaque populus
Romanus commisisset; quae fortuna coegisset ita fieri,
eandem cogere tueri factum. Ea non maiore cura 9
praecepta ab ducibus sunt quam *a* militibus observata,
brevique tanta concordia coaluerant omnium animi,
ut prope in oblivionem veniret, qua ex condicione
quisque esset miles factus. Haec agenti Graccho legati 10
Cumani nuntiarunt, quae a Campanis legatio paucos
ante dies venisset et quid iis ipsi respondissent:
triduo post eum diem festum esse; non senatum solum 11
omnem ibi futurum, sed castra etiam et exercitum

A.U.C. 539.

12 Campanum. Gracchus, iussis Cumanis omnia ex agris
in urbem convehere et manere intra muros, ipse pridie,
quam statum sacrificium Campanis esset, Cumas movet
13 castra. Hamae inde tria millia passuum absunt. Iam
Campani eo frequentes ex composito convenerant, nec
procul inde in occulto Marius Alfius medix tuticus
(*is* summus magistratus erat Campanis) cum quattu-
14 ordecim millibus armatorum habebat castra, sacrificio
apparando et inter id instruendae fraudi aliquanto
intentior quam muniendis castris aut ulli militari
15 operi. [Triduum sacrificatum ad Hamas.] Noctur-
num erat sacrum, ita ut ante mediam noctem com-
16 pleretur. Huic Gracchus insidiandum tempori ratus,

who surprises the Campanians at a religious festival, and slaughters them.

custodibus ad portas positis, ne quis enun-
tiare posset coepta, et a decima diei hora
coactis militibus corpora curare somnoque
17 operam dare, ut primis tenebris convenire ad signum
18 possent, vigilia ferme prima tolli iussit signa, silenti-
que profectus agmine quum ad Hamas media nocte
pervenisset, castra Campana ut in pervigilio neglecta
simul omnibus portis invadit; alios somno stratos,
alios perpetrato sacro inermes redeuntes obtruncat.
19 Hominum eo tumultu nocturno caesa plus duo millia
cum ipso duce Mario Alfio; capti * * et signa militaria quattuor et triginta.

36 Gracchus minus centum militum iactura castris

Gracchus retires to Cumae,

hostium potitus Cumas se propere recepit,
ab Hannibale metuens, qui super Capuam
2 in Tifatis habebat castra. Nec eum provida futuri
fefellit opinio. Nam simul Capuam ea clades est
nuntiata, ratus Hannibal, ab re bene gesta insolenter
laetum exercitum, tironum magna ex parte *et* servo-

rum, spoliantem victos praedasque agentem ad Hamas B.C.
se inventurum, citatum agmen praeter Capuam rapit, 3 215.
obviosque ex fuga Campanorum dato praesidio Capuam
duci, saucios vehiculis portari iubet. Ipse Hamis 4
vacua ab hostibus castra nec quicquam praeter recentis
vestigia caedis strataque passim corpora sociorum inve-
nit. Auctores erant quidam, ut protinus inde Cumas 5
duceret urbemque oppugnaret. Id quanquam haud 6
modice Hannibal cupiebat, ut, quia Neapolim non potuerat, Cumas saltem maritimam urbem haberet, tamen, quia praeter arma nihil
secum miles raptim acto agmine extulerat, retro in
castra super Tifata se recepit. Inde fatigatus Cam- 7
panorum precibus sequenti die cum omni apparatu
oppugnandae urbis Cumas redit, perpopulatoque agro
Cumano, mille passus ab urbe castra locat, quum 8
Gracchus magis verecundia in tali necessitate dese-
rendi socios implorantes fidem suam populique Romani
substitisset quam satis fidens exercitui. Nec alter 9
consul Fabius, qui ad Cales castra habebat, Vulturnum flumen traducere audebat exercitum, occupatus 10
primo auspiciis repetendis, dein prodigiis, quae alia
super alia nuntiabantur; expiantique ea haud facile
litari haruspices respondebant.

whither he is followed by Hannibal.

Eae causae quum Fabium tenerent, Sempronius 37
in obsidione erat et iam operibus oppugnabatur. Ad- 2
versus ligneam ingentem admotam urbi aliam turrem
ex ipso muro excitavit consul Romanus, aliquanto
altiorem, quia, muro satis per se alto,
subiectis validis sublicis pro solo usus
erat. Inde primum saxis sudibusque et ceteris missi- 3
libus propugnatores moenia atque urbem tuebantur;

Siege of Cumae.

A.U.C. 539.

4 postremo, ubi promovendo adiunctam muro viderunt
turrem, facibus ardentibus plurimum simul ignem
5 coniecerunt. Quo incendio trepida armatorum multitudo quum de turre sese praecipitaret, eruptio ex

Repulse of the Carthaginians.

oppido simul duabus portis stationes hostium fudit fugavitque in castra, ut eo
6 die obsesso quam obsidenti similior esset Poenus. Ad
mille trecenti Carthaginiensium caesi et undesexaginta
vivi capti, qui circa muros et in stationibus solute
ac negligenter agentes, quum nihil minus quam eruptionem timuissent, ex improviso oppressi fuerant.
7 Gracchus, priusquam se hostes ab repentino pavore
colligerent, receptui signum dedit ac suos intra muros
8 recepit. Postero die Hannibal, laetum secunda re
consulem iusto proelio ratus certaturum, aciem inter
9 castra atque urbem instruxit; ceterum, postquam
neminem moveri ab solita custodia urbis vidit nec
committi quicquam temerariae spei, ad Tifata redit
infecta re.

10 Quibus diebus Cumae liberatae sunt obsidione,

Success of the Romans in Lucania.

iisdem diebus et in Lucanis ad Grumentum Ti. Sempronius, cui Longo cognomen
11 erat, cum Hannone Poeno prospere pugnat. Supra
duo millia hominum occidit, et ducentos octoginta
milites, signa militaria ad quadraginta unum cepit.
Pulsus finibus Lucanis Hanno retro in Bruttios sese
12 recepit. Et ex Hirpinis oppida tria, quae a populo
Romano defecerant, vi recepta per M. Valerium praetorem, Vercellium, Vescellium, Sicilinum, et auctores
13 defectionis securi percussi. Supra quinque millia captivorum sub hasta venierunt; praeda alia militi concessa, exercitusque Luceriam reductus.

B.C. 215.

The captured Macedonian and Carthaginian ambassadors are sent to Rome.

Dum haec in Lucanis atque in Hirpinis geruntur, 38
quinque naves, quae Macedonum atque
Poenorum captos legatos Romam portabant, ab supero mari ad inferum circum-
vectae prope omnem Italiae oram, quum praeter Cumas 2
velis ferrentur neque, hostium an sociorum essent,
satis sciretur, Gracchus obviam ex classe sua naves
misit. Quum percontando in vicem cognitum esset, 3
consulem Cumis esse, naves Cumas appulsae captivique ad consulem deducti et litterae datae. Consul, 4
litteris Philippi atque Hannibalis perlectis, consignata
omnia ad senatum itinere terrestri misit, navibus
devehi legatos iussit. Quum eodem fere die litterae 5
legatique Romam venissent, et, percontatione facta,
dicta cum scriptis congruerent, primo gravis cura
patres incessit, cernentes, quanta vix tolerantibus
Punicum bellum Macedonici belli moles instaret;
cui tamen adeo non succubuerunt, ut extemplo agita- 6
retur, quemadmodum ultro inferendo bello averterent
ab Italia hostem. Captivis in vincula condi iussis 7
comitibusque eorum sub hasta venditis, ad naves viginti quinque, quibus P. Valerius Flaccus
praefectus praeerat, viginti *quinque* parari
alias decernunt. His comparatis deductisque et addi- 8
tis quinque navibus, quae advexerant captivos legatos,
triginta naves ab Ostia Tarentum profectae, iussusque 9
P. Valerius, militibus Varronianis, quibus L. Apustius
legatus Tarenti praeerat, in naves impositis, quinquaginta quinque navium classe non tueri modo Italiae
oram, sed explorare de Macedonico bello;
si congruentia litteris legatorumque indi- 10
ciis Philippi consilia essent, ut M. Valerium praetorem 11

The Roman fleet is strengthened

and precautions taken against the Macedonians.

A.U.C. 539. litteris certiorem faceret, isque, L. Apustio legato exercitui praeposito, Tarentum ad classem profectus primo
quoque tempore in Macedoniam transmitteret daretque
12 operam, ut Philippum in regno contineret. Pecunia
ad classem tuendam bellumque Macedonicum ea decreta est, quae App. Claudio in Siciliam missa erat,
ut redderetur Hieroni regi; ea per L. Antistium lega-
13 tum Tarentum est devecta. Simul ab Hierone missa
ducenta millia modium tritici et hordei centum.

39 Dum haec Romani parant aguntque, ad Philippum
captiva navis una ex iis, quae Romam
missae erant, ex cursu refugit; inde
2 scitum, legatos cum litteris captos. Itaque ignarus
rex, quae cum Hannibale legatis suis convenissent,
quaeque legati eius ad se allaturi fuissent, lega-
3 tionem aliam cum eisdem mandatis mittit. Legati
ad Hannibalem missi Heraclitus, cui Scotino cognomen erat, et Crito Boeotus et Sositheus Magnes.
4 Hi prospere tulerunt ac rettulerunt mandata; sed
prius se aestas circumegit, quam movere ac moliri
quicquam rex posset; tantum navis una capta cum
legatis momenti fecit ad dilationem imminentis Romanis belli.

Second embassy from Macedonia to Hannibal.

5 Et circa Capuam, transgresso Vulturnum Fabio
post expiata tandem prodigia, ambo con-
6 sules rem gerebant. Combulteriam et
Trebulam et Austiculam urbes, quae *ad* Poenum
defecerant, Fabius vi cepit, praesidiaque in iis Han-
7 nibalis Campanique permulti capti. Et Nolae, sicut
priore anno, senatus Romanorum, plebs Hannibalis
erat, consiliaque occulta de caede principum et pro-
8 ditione urbis inibantur. Quibus ne incepta procede-

Operations of the consuls in Campania.

rent, inter Capuam castraque Hannibalis, quae in Tifatis erant, traducto exercitu Fabius super Suessulam in castris Claudianis consedit; inde M. Marcellum propraetorem cum iis copiis, quas habebat, Nolam in praesidium misit. B.C. 215.

Et in Sardinia res per T. Manlium praetorem ad- **40**
ministrari coeptae, quae omissae erant, postquam Q. Mucius praetor gravi morbo
est implicitus. Manlius, navibus longis ad Carales 2
subductis navalibusque sociis armatis, ut terra rem
gereret, et a praetore exercitu accepto, duo et viginti
millia peditum, mille ducentos equites confecit. Cum 3
his equitum peditumque copiis profectus in agrum
hostium haud procul ab Hampsicorae castris castra
posuit. Hampsicora tum forte profectus erat in
Pellitos Sardos ad iuventutem armandam, qua copias
augeret; filius nomine Hostus castris praeerat. Is 4
adolescentia ferox temere proelio inito fusus fugatusque. Ad tria millia Sardorum eo proelio caesa,
octingenti ferme vivi capti; alius exercitus primo per 5
agros silvasque fuga palatus, dein, quo ducem fugisse
fama erat, ad urbem nomine Cornum, caput eius
regionis, confugit; debellatumque eo proelio in Sar- 6
dinia esset, ni classis Punica cum duce Hasdrubale,
quae tempestate deiecta ad Baliares erat, in tempore
ad spem rebellandi advenisset. Manlius post famam 7
appulsae Punicae classis Carales se recepit; ea occasio
Hampsicorae data est Poeno se iungendi. Hasdrubal, 8
copiis in terram expositis et classe remissa Carthaginem, duce Hampsicora ad sociorum populi Romani agrum populandum profectus, Carales perventurus erat, ni Manlius obvio exercitu ab effusa eum popu-

T. Manlius in Sardinia.

A.U.C. 539.

9 latione continuisset. Primo castra castris modico intervallo sunt obiecta; dein per procursationes levia
certamina vario eventu inita; postremo descensum
in aciem. Signis collatis iusto proelio per quattuor
10 horas pugnatum. Diu pugnam ancipi-
tem Poeni, Sardis facile vinci assuetis,
fecerunt; postremo et ipsi, quum omnia circa strage
11 ac fuga Sardorum repleta essent, fusi; ceterum terga
dantes circumducto cornu, quo pepulerat Sardos, in-
clusit Romanus. Caedes inde magis quam pugna
12 fuit. Duodecim millia hostium caesa, Sardorum simul Poenorumque, ferme tria millia et septingenti
41 capti et signa militaria septem et viginti. Ante
omnia claram et memorabilem pugnam fecit Hasdrubal imperator captus et Hanno et Mago, nobiles
2 Carthaginienses, Mago ex gente Barcina, propinqua
cognatione Hannibali iunctus, Hanno auctor rebel-
3 lionis Sardis bellique eius haud dubie concitor. Nec
Sardorum duces minus nobilem eam pugnam cladibus
suis fecerunt; nam et filius Hampsicorae Hostus in
4 acie cecidit, et Hampsicora cum paucis equitibus
fugiens, ut super afflictas res necem quoque filii audivit, nocte, ne cuius interventus coepta impediret,
5 mortem sibi conscivit. Ceteris urbs Cornus eadem,
quae ante, fugae receptaculum fuit; quam Manlius
victore exercitu aggressus intra dies paucos recepit.
6 Deinde aliae quoque civitates, quae ad Hampsicoram
Poenosque defecerant, obsidibus datis dediderunt sese;
quibus stipendio frumentoque imperato pro cuiusque
aut viribus aut delicto, Carales exercitum reduxit.
7 Ibi navibus longis deductis impositoque, quem secum
advexerat, milite, Romam navigat, Sardiniamque per-

Signal defeat of the Carthaginians in Sardinia.

B.C. 215.

domitam nuntiat patribus ; et stipendium quaestoribus,
frumentum aedilibus, captivos Q. Fulvio praetori tradit.

Per idem tempus T. Otacilius praetor ab Lilybaeo 8
classi in Africam transvectus depopula-
tusque agrum Carthaginiensem, quum 9
Sardiniam inde peteret, quo fama erat Hasdrubalem
a Baliaribus nuper traiecisse, classi Africam repetenti
occurrit, levique certamine in alto commisso, septem
inde naves cum sociis navalibus cepit. Ceteras metus
haud secus quam tempestas passim disiecit.

T. Otacilius defeats their returning fleet.

Per eosdem forte dies et Bomilcar cum militibus 10
ad supplementum Carthagine missis ele-
phantisque *et* commeatu Locros accessit.
Quem ut incautum opprimeret App. Claudius, per 11
simulationem provinciae circumeundae Messanam
raptim exercitu ducto, *vento* aestuque suo Locros
traiecit. Iam inde Bomilcar ad Hannonem in Brut- 12
tios profectus erat, et Locrenses portas Romanis clause-
runt ; Appius, magno conatu nulla re gesta, Messanam
repetit.

Reinforcements for Hannibal arrive in Italy.

Eadem aestate Marcellus ab Nola, quam praesidio 13
obtinebat, crebras excursiones in agrum
Hirpinum et Samnites Caudinos fecit,
adeoque omnia ferro atque igni vastavit, 14
ut antiquarum cladium Samnio memoriam renovaret.
Itaque extemplo legati ad Hannibalem missi simul 42
ex utraque gente ita Poenum allocuti sunt. "Hostes 2
populi Romani, Hannibal, fuimus primum per nos
ipsi, quoad nostra arma, nostrae vires nos tutari
poterant. Postquam iis parum fidebamus, Pyrrho
regi nos adiunximus ; a quo relicti pacem necessariam 3
accepimus, fuimusque in ea per annos prope quinqua-

Marcellus harasses the Samnites, who send to ask help from Hannibal.

A.U.C. 539. 4 ginta ad id tempus, quo tu in Italiam venisti. Tua
nos non magis virtus fortunaque quam unica comitas
ac benignitas erga cives nostros, quos captos nobis
remisisti, ita conciliavit tibi, ut, te salvo atque incolumi amico, non modo populum Romanum, sed ne
5 deos quidem iratos, si fas est dici, timeremus. At
hercule non solum incolumi et victore, sed praesente
te, quum ploratum prope coniugum ac liberorum
nostrorum exaudire et flagrantia tecta posses conspicere, ita sumus aliquoties hac aestate devastati, ut
M. Marcellus, non Hannibal vicisse ad Cannas videatur glorienturque Romani, te, ad unum modo ictum
6 vigentem, velut aculeo emisso torpere. Per annos
centum cum populo Romano bellum gessimus, nullo
externo adiuti nec duce nec exercitu, nisi quod per
biennium Pyrrhus nostro magis milite suas auxit
7 vires quam suis viribus nos defendit. Non ego secundis rebus nostris gloriabor, duos consules ac duos
consulares exercitus ab nobis sub iugum missos, et
si qua alia aut laeta aut gloriosa nobis evenerunt.
8 Quae aspera adversaque tunc acciderunt, minore indignatione referre possumus, quam quae hodie eve-
9 niunt. Magni dictatores cum magistris equitum, bini
consules cum binis consularibus exercitibus ingredie-
bantur fines nostros; ante explorato et subsidiis
10 positis et sub signis ad populandum ducebant; nunc
propraetoris unius et parvi ad tuendam Nolam praesidii praeda sumus; iam ne manipulatim quidem, sed
latronum modo percursant totis finibus nostris negli-
11 gentius, quam si in Romano vagarentur agro. Causa
autem haec est, quod neque tu defendis et nostra
iuventus, quae, si domi esset, tutaretur, omnis sub

signis militat tuis. Nec te nec exercitum tuum norim, 12 B.C. 215.
nisi, a quo tot acies Romanas fusas stratasque esse
sciam, ei facile esse ducam opprimere populatores
nostros vagos sine signis palatos, quo quemque trahit
quamvis vana praedae spes. Numidarum paucorum 13
illi quidem praeda erunt, praesidiumque *miseris* simul
nobis et Nolae ademeris, si modo, quos, ut socios ha-
beres, dignos duxisti, haud indignos iudicas, quos in
fidem receptos tuearis."

Ad ea Hannibal respondit, omnia simul facere 43
Hirpinos Samnitesque, et indicare clades
suas et petere praesidium et queri inde-
fensos se neglectosque. Indicandum autem primum 2
fuisse, dein petendum praesidium, postremo, ni impetraretur, tum denique querendum, frustra opem
imploratam. Exercitum sese non in agrum Hir- 3
pinum Samnitemve, ne et ipse oneri esset, sed in
proxima loca sociorum populi Romani adducturum.
Iis populandis et militem suum repleturum se et metu
procul ab iis summoturum hostes. Quod ad bellum 4
Romanum attineret, si Trasumenni quam Trebiae, si
Cannarum quam Trasumenni pugna nobilior esset,
Cannarum quoque se memoriam obscuram maiore et
clariore victoria facturum. Cum hoc responso mu- 5
neribusque amplis legatos dimisit; ipse, praesidio
modico relicto in Tifatis, profectus cetero exercitu
ire Nolam pergit. Eodem Hanno ex 6
Bruttiis cum supplemento Carthagine
advecto atque elephantis venit. Castris haud procul
positis, longe alia omnia inquirenti comperta sunt,
quam quae a legatis sociorum audierat. Nihil enim 7
Marcellus ita egerat, ut aut fortunae aut temere

Reply of Hannibal,

who proceeds to Nola,

A.U.C. 539.

hosti commissum dici posset. Explorato cum fir-
misque praesidiis, tuto receptu praedatum ierat, omniaque velut adversus praesentem Hannibalem cauta
8 provisaque fuerant. Tum, ubi sensit hostem adventare, copias intra moenia tenuit; per muros inam-
bulare senatores Nolanos iussit et omnia circa ex-
9 plorare, quae apud hostes fierent. Ex his Hanno,
quum ad murum successisset, Heren-
nium Bassum et Herium Pettium ad
colloquium evocatos permissuque Mar-
10 celli egressos per interpretem alloquitur. Hannibalis
virtutem fortunamque extollit; populi Romani obterit
11 senescentem cum viribus maiestatem. Quae si paria
essent, ut quondam fuissent, tamen expertis, quam
grave Romanum imperium sociis, quanta indulgentia
Hannibalis etiam in captivos omnes Italici nominis
fuisset, Punicam Romanae societatem atque amicitiam
12 praeoptandam esse. Si ambo consules cum suis exercitibus ad Nolam essent, tamen non magis pares
Hannibali futuros, quam ad Cannas fuissent, nedum
praetor unus cum paucis et novis militibus Nolam
13 tutari possit. Ipsorum quam Hannibalis *magis* in-
teresse, capta an tradita Nola poteretur; potiturum
enim, ut Capua Nuceriaque potitus esset; sed quid
inter Capuae ac Nuceriae fortunam interesset, ipsos
14 prope in medio sitos Nolanos scire. Nolle ominari,
quae captae urbi casura forent, et potius spondere,
si Marcellum cum praesidio ac Nolam tradidissent,
neminem alium quam ipsos legem, qua in societatem
44 amicitiamque Hannibalis venirent, dicturum. Ad
ea Herennius Bassus respondit, multos
annos iam inter Romanum Nolanumque

and attempts to persuade the leading men to surrender the town.

They refuse to break faith with Rome.

B.C. 215.

populum amicitiam esse, cuius neutros ad eam diem
paenitere, et sibi, si cum fortuna mutanda fides fuerit,
sero iam esse mutare. An dedituris se Hannibali 2
fuisse accersendum Romanorum praesidium? Cum
iis, qui ad sese tuendos venissent, omnia sibi et esse
consociata et ad ultimum fore.

Siege of Nola.

Hoc colloquium abstulit spem Hannibali per pro- 3
ditionem recipiendae Nolae. Itaque corona oppidum circumdedit, ut simul ab
omni parte moenia aggrederetur. Quem ut successisse 4
muris Marcellus vidit, instructa intra portam acie cum
magno tumultu erupit. Aliquot primo impetu perculsi caesique sunt; dein concursu ad pugnantes facto
aequatisque viribus atrox esse coepit pugna, memora-
bilisque inter paucas fuisset, ni ingentibus procellis
effusus imber diremisset pugnantes. Eo die commisso 5
modico certamine atque irritatis animis in urbem
Romani, Poeni in castra receperunt sese; nam Poenorum prima eruptione perculsi ceciderunt haud plus
quam triginta, Romani quinquaginta. Imber con- 6
tinens per noctem totam usque ad horam tertiam
diei insequentis tenuit. Itaque, quanquam utraque
pars avidi certaminis erant, eo die tenuerunt sese
tamen munimentis. Tertio die Hannibal partem copiarum praedatum in agrum Nolanum misit. Quod 7
ubi animadvertit Marcellus, extemplo in
aciem copias eduxit; neque Hannibal
detrectavit. Mille fere passuum inter urbem erant
castraque; eo spatio (et sunt omnia campi circa
Nolam) concurrerunt. Clamor ex parte utraque 8
sublatus proximos ex cohortibus iis, quae in agros
praedatum exierant, ad proelium iam commissum re-

Preparations for battle.

A.U.C. 539.

9 vocavit. Et Nolani aciem Romanam auxerunt, quos
collaudatos Marcellus in subsidiis stare et saucios ex
acie efferre iussit, pugna abstinere, ni ab se signum
45 accepissent. Proelium erat anceps; summa vi et
duces hortabantur et milites pugnabant. Marcellus

Speech of Marcellus,

victis ante diem tertium, fugatis ante
paucos dies a Cumis, pulsis priore anno
ab Nola ab eodem se duce, milite alio, instare iubet.
2 Non omnes esse in acie; praedantes vagari in agro;
et qui pugnent, marcere Campana luxuria, vino et
scortis omnibusque lustris per totam hiemem confec-
3 tos. Abisse illam vim vigoremque, dilapsa esse robora
corporum animorumque, quibus Pyrenaei Alpiumque
superata sint iuga. Reliquias illorum virorum vix
4 arma membraque sustinentes pugnare. Capuam Hannibali Cannas fuisse. Ibi virtutem bellicam, ibi militarem disciplinam, ibi praeteriti temporis famam, ibi
5 spem futuri exstinctam. Quum haec exprobrando

and of Hannibal.

hosti Marcellus suorum militum animos
erigeret, Hannibal multo gravioribus pro-
6 bris increpabat: Arma signaque eadem se noscere,
quae ad Trebiam Trasumennumque, postremo ad
Cannas viderit habueritque; militem alium profecto
se in hiberna Capuam duxisse, alium inde eduxisse.
7 "Legatumne Romanum et legionis unius atque alae
magno certamine vix toleratis pugnam, quos binae
8 acies consulares nunquam sustinuerunt? Marcellus
tirone milite ac Nolanis subsidiis inultus nos iam
iterum lacessit. Ubi ille miles meus est, qui derepto
ex equo C. Flaminio consuli caput abstulit? ubi, *qui*
9 L. Paulum ad Cannas occidit? Ferrum nunc hebet?
an dextrae torpent? an quid prodigii est aliud? Qui

B.C. 215.

pauci plures vincere soliti estis, nunc paucis plures
vix restatis. Romam vos expugnaturos, si quis
duceret, fortes lingua iactabatis. En, in minore re
experiri vim virtutemque volo. Expugnate Nolam,
campestrem urbem, non flumine, non mari saeptam.
Hinc vos ex tam opulenta urbe praeda spoliisque
onustos vel ducam, quo voletis, vel sequar."

Nec bene nec male dicta profuerunt ad confirman- **46**
dos animos. Quum omni parte pelleren- 2
tur, Romanisque crescerent animi, non
duce solum adhortante, sed Nolanis etiam per clamorem favoris indicem accendentibus ardorem pugnae,
terga Poeni dederunt atque in castra compulsi sunt.
Quae oppugnare cupientes milites Romanos Marcellus 3
Nolam reduxit cum magno gaudio et gratulatione
etiam plebis, quae ante inclinatior ad Poenos fuerat.
Hostium plus quinque millia caesa eo die, vivi capti 4
sexcenti et signa militaria undeviginti et duo elephanti; quattuor in acie occisi; Romanorum minus
mille interfecti. Posterum diem indutiis tacitis sepe- 5
liendo utrinque caesos in acie consumpserunt. Spolia
hostium Marcellus Vulcano votum cremavit. Tertio 6
post die ob iram, credo, aliquam aut spem liberalioris
militiae ducenti septuaginta duo equites, mixti Numidae *et* Hispani, ad Marcellum transfugerunt. Eorum
forti fidelique opera in eo bello usi sunt saepe Romani.
Ager Hispanis in Hispania et Numidis in Africa post 7
bellum virtutis causa datus est.

Defeat of the Carthaginians.

Hannibal, ab Nola remisso in Bruttios Hannone 8
cum quibus venerat copiis, ipse Apuliæ
hiberna petit circaque Arpos consedit.
Q. Fabius ut profectum in Apuliam 9
Hannibalem audivit, frumento ab Nola

Hannibal retires to Apulia, and in his absence Fabius devastates the Campanian territory.

A.U.C. 539.

Neapolique in ea castra convecto, quae super Suessulam erant, munimentisque firmatis et praesidio, quod
per hiberna ad obtinendum locum satis esset, relicto,
ipse Capuam propius movit castra, agrumque Campa-
10 num ferro ignique est depopulatus, donec coacti sunt
Campani, nihil admodum viribus suis fidentes, egredi
11 portis et castra ante urbem in aperto communire. Sex
millia armatorum habebant, peditem imbellem, equi-
tatu plus poterant; itaque equestribus proeliis lacesse-

Single combat before Capua between Cerrinus Vibellius, surnamed Taurea, and Claudius Asellus, a Roman.

12 bant hostem. Inter multos nobiles equites Campanos Cerrinus Vibellius erat,
cognomine Taurea. Civis indidem erat,
longe omnium Campanorum fortissimus
eques, adeo ut, quum apud Romanos militaret, unus
eum Romanus Claudius Asellus gloria equestri
13 aequaret. Tunc Taurea, quum diu perlustrans oculis
obequitasset hostium turmis, tandem silentio facto,
14 ubi esset Claudius Asellus, quaesivit et, quoniam
verbis secum de virtute ambigere solitus esset, cur
non ferro decerneret daretque opima spolia victus aut
47 victor caperet. Haec ubi Asello sunt nuntiata in
castra, id modo moratus, ut consulem percontaretur,
liceretne extra ordinem in provocantem hostem pug-
2 nâre, permissu eius arma extemplo cepit, provectusque
ante stationes equo Tauream nomine compellavit con-
3 gredique, ubi vellet, iussit. Iam Romani ad spectacu-
lum pugnae eius frequentes exierant, et Campani non
vallum modo castrorum, sed moenia etiam urbis pro-
4 spectantes repleverant. Quum iam ante ferocibus
dictis rem nobilitassent, infestis hastis concitarunt
equos; dein libero spatio inter se ludificantes sine
5 vulnere pugnam extrahere. Tum Campanus Romano
"Equorum" inquit "hoc, non equitum erit certamen,

nisi e campo in cavam hanc viam demittimus equos. B.C. 215.
Ibi nullo ad evagandum spatio cominus conserentur
manus." Dicto prope citius equum in viam Claudius 6
deiecit. Taurea, verbis ferocior quam re, "Minime
sis," inquit, "cantherium in fossam"; quae vox in
rusticum inde proverbium prodita est. Claudius 7
quum ea via longe perequitasset, nullo obvio hoste in
campum rursus evectus, increpans ignaviam hostis, cum
magno gaudio et gratulatione victor in castra redit.
Huic pugnae equestri rem, quam vera sit, communis 8
existimatio est, mirabilem certe adiiciunt quidam annales; quum refugientem ad urbem Tauream Claudius
sequeretur, patenti hostium porta invectum per alteram, stupentibus miraculo hostibus, intactum evasisse.

Quieta inde stativa fuere, ac retro etiam consul **48**
movit castra, ut sementem Campani facerent, nec ante
violavit agrum Campanum, quam iam altae in sege-
tibus herbae pabulum praebere poterant. Id convexit 2
in Claudiana castra super Suessulam, ibique hiberna
aedificavit. M. Claudio proconsuli imperavit, ut,
retento Nolae necessario ad tuendam urbem praesidio,
ceteros milites dimitteret Romam, ne oneri sociis et
sumptui rei publicae essent. Et Ti. Gracchus a Cumis 3
Luceriam in Apuliam legiones quum duxisset, M.
Valerium inde praetorem Brundisium cum eo, quem
Luceriae habuerat, exercitu misit, tuerique oram agri
Sallentini et providere, quod ad Philippum bellumque
Macedonicum attineret, iussit.

Exitu aestatis eius, qua haec gesta perscripsimus, 4
litterae a P. et Cn. Scipionibus venerunt,
quantas quamque prosperas in Hispania
res gessissent; sed pecuniam in stipen-

The report arrives of the Roman successes in Spain, with a request for supplies.

A.U.C. 539.

dium vestimentaque et frumentum exercitui et sociis
5 navalibus omnia deesse. Quod ad stipendium attineat, si aerarium inops sit, se aliquam rationem
inituros, quomodo ab Hispanis sumant; cetera utique
ab Roma mittenda esse, nec aliter aut exercitum aut
6 provinciam teneri posse. Litteris recitatis, nemo
omnium erat, quin et vera scribi et postulari aequa
fateretur; sed occurrebat animis, quantos exercitus

Difficulty of providing for so many armies.

terrestres navalesque tuerentur, quanta-
que nova classis mox paranda esset, si
7 bellum Macedonicum moveretur: Siciliam ac Sardiniam, quae ante bellum vectigales fuissent, vix
8 praesides provinciarum exercitus alere; tributo sump-
tus suppeditari; [eum] ipsum tributum conferentium
numerum tantis exercituum stragibus et ad Trasumennum lacum *et* ad Cannas imminutum; qui superessent pauci, si multiplici gravarentur stipendio, alia
9 perituros peste. Itaque nisi fide staret res publica,
10 opibus non staturam. Prodeundum in contionem
Fulvio praetori esse, indicandas populo publicas neces-
sitates cohortandosque, qui redempturis auxissent
patrimonia, ut rei publicae, ex qua crevissent, tempus
11 commodarent, conducerentque ea lege praebenda, quae
ad exercitum Hispaniensem opus essent, ut, quum
12 pecunia in aerario esset, iis primis solveretur. Haec
praetor in contione edixit, *et* quo *die* vestimenta *ac*

A contract to supply the army in Spain with necessaries is accepted by certain companies on credit.

frumentum Hispaniensi exercitui praebenda, quaeque alia opus essent navali-
49 bus sociis, esset locaturus. Ubi ea dies
venit, ad conducendum tres societates
2 aderant hominum undeviginti, quorum duo postulata
fuere, unum, ut militia vacarent, dum in eo publico

essent, alterum, ut, quae in naves imposuissent, ab B.C. 215.
hostium tempestatisque vi publico periculo essent.
Utroque impetrato, conduxerunt, privataque pecunia 3
res publica administrata est. Ii mores eaque caritas
patriae per omnes ordines velut tenore uno pertinebat.
Quemadmodum conducta omnia magno animo sunt, 4
sic summa fide praebita, nec quicquam *parcius militi-*
bus datum, quam si ex opulento aerario, ut quondam,
alerentur.

Further operations in Spain.

Quum hi commeatus venerunt, Iliturgi oppidum ab 5
Hasdrubale ac Magone et Hannibale
Bomilcaris filio ob defectionem ad Romanos oppugnabatur. Inter haec trina castra hostium 6
Scipiones quum in urbem sociorum magno certamine
ac strage obsistentium pervenissent, frumentum, cuius
inopia erat, advexerunt, cohortatique oppidanos, ut 7
eodem animo moenia tutarentur, quo pro se pug-
nantem Romanum exercitum vidissent, ad castra
maxima oppugnanda, quibus Hasdrubal praeerat,
ducunt. Eodem et duo duces et duo exercitus Car- 8
thaginiensium, ibi rem summam agi cernentes, con-
venerunt. Itaque eruptione e castris pugnatum est.
Sexaginta hostium millia eo die in pugna fuerunt, 9
sedecim circa *a* Romanis; tamen adeo haud dubia 10
victoria fuit, ut plures numero, quam ipsi erant,
Romani hostium occiderint, ceperint amplius tria 11
millia hominum, paulo minus mille equorum, undesexaginta militaria signa, septem elephantos, quinque
in proelio occisis, trinisque eo die castris potiti sint.
Iliturgi obsidione liberato, ad Intibili oppugnandum 12
Punici exercitus traducti, suppletis copiis ex provincia,
ut quae maxime omnium, belli avida, modo praeda

5—2

A.U.C. 539.

13 aut merces esset, et tum iuventute abundante. Iterum
signis collatis eadem fortuna utriusque partis pugnatum. Supra tredecim millia hostium caesa, supra duo
capta cum signis duobus et quadraginta

with the result that it is almost all gained over to the Romans.

14 et novem elephantis. Tum vero omnes
prope Hispaniae populi ad Romanos defecerunt, multoque maiores ea aestate in Hispania
quam in Italia res gestae.

LIBER XXIV.

Ut ex Campania in Bruttios reditum est, Hanno 1 B.C. 215.
adiutoribus et ducibus Bruttiis Graecas
urbes tentavit, eo facilius in societate
manentes Romana, quod Bruttios, quos

Attempts of the Carthaginians on Regium and Locri.

et oderant et metuebant, Carthaginiensium partis factos cernebant. Regium primum tentatum est diesque 2
aliquot ibi nequicquam absumpti. Interim Locrenses
frumentum lignaque et cetera necessaria usibus ex
agris in urbem rapere, etiam ne quid relictum praedae
hostibus esset, et in dies maior omnibus portis multi- 3
tudo effundi; postremo ii modo relicti in urbe erant,
qui reficere muros *ac* portas telaque in propugnacula
congerere cogebantur. In permixtam omnium aeta- 4
tium ordinumque multitudinem et vagantem in agris
magna ex parte inermem Hamilcar Poenus equites
emisit, qui, violare quemquam vetiti, tantum, ut ab
urbe excluderent fuga dissipatos, turmas obiecere.
Dux ipse loco superiore capto, unde agros urbem*que* 5
posset conspicere, Bruttiorum cohortem adire muros
atque evocare principes Locrensium ad colloquium
iussit et pollicentes amicitiam Hannibalis adhortari
ad urbem tradendam. Bruttiis in colloquio nullius 6

A.U.C. 539.

rei primo fides est; deinde ut Poenus apparuit in collibus, et refugientes pauci aliam omnem multitudinem in potestate hostium esse afferebant, tum metu victi
7 consulturos se populum responderunt; advocataque extemplo contione, quum et levissimus quisque novas res novamque societatem mallent, et, quorum propinqui extra urbem interclusi ab hostibus erant, velut
8 obsidibus datis pigneratos haberent animos, pauci magis taciti probarent constantem fidem quam propalam tueri auderent, haud dubio in speciem consensu
9 fit ad Poenos deditio. L. Atilio, praefecto praesidii, quique cum eo milites Romani erant, clam in portum deductis atque impositis in naves, ut Regium deveherentur, Hamilcarem Poenosque ea condicione, ut foedus extemplo aequis legibus fieret, in urbem ac-
10 ceperunt; cuius rei prope non servata fides deditis est, quum Poenus dolo dimissum Romanum incusaret,
11 Locrenses profugisse ipsum causarentur. Insecuti etiam equites sunt, si quo casu in freto aestus morari aut deferre naves in terram posset. Et eos quidem, quos sequebantur, non sunt adepti; alias a Messana
12 traiicientes freto Regium naves conspexerunt. Milites erant Romani a Claudio praetore missi ad obtinendam urbem praesidio. Itaque Regio extemplo
13 abscessum est. Locrensibus iussu Hannibalis data pax, ut liberi suis legibus viverent, urbs pateret Poenis, portus in potestate Locrensium esset, societas eo iure staret, ut Poenus Locrensem Locrensisque Poenum pace ac bello iuvaret.

2 Sic a freto Poeni reducti, frementibus Bruttiis, quod Regium ac Locros, quas urbes direpturos se destinaverant, intactas reli-

The Bruttii attack Crotona,

B.C. 215.

quissent. Itaque per se ipsi, conscriptis armatisque 2
iuventutis suae quindecim millibus, ad Crotonem oppugnandum pergunt ire, Graecam et ipsam urbem et 3
maritimam, plurimum accessurum opibus, si in ora
maris urbem ac portum moenibus validam tenuissent,
credentes. Ea cura angebat, quod neque non accer- 4
sere ad auxilium Poenos satis audebant, ne quid non
pro sociis egisse viderentur, et, si Poenus rursus magis
arbiter pacis quam adiutor belli fuisset, ne in libertatem Crotonis, sicut ante Locrorum, frustra pugnare-
tur. Itaque optimum visum est, ad Hannibalem 5
mitti legatos caverique ab eo, ut receptus Croto Bruttiorum esset. Hannibal quum praesentium eam con- 6
sultationem esse respondisset *et* ad Hannonem eos
reiecisset, ab Hannone nihil certi ablatum; nec enim 7
diripi volebat nobilem atque opulentam urbem, et
sperabat, quum Bruttius oppugnaret, Poenos nec probare nec iuvare eam oppugnationem appareret, eo
maturius ad se defecturos. Crotone nec consilium 8
unum inter populares nec voluntas erat. Unus velut
morbus invaserat omnes Italiae civitates, ut plebes
ab optimatibus dissentirent, senatus Romanis faveret,
plebs ad Poenos rem traheret. Eam dissensionem in 9
urbe perfuga nuntiat Bruttiis: Aristomachum esse principem plebis traden-
daeque auctorem urbis, et in vasta urbe lateque moenibus disiectis raras stationes custodiasque senatorum
esse; quacunque custodiant plebis homines, ea patere 10
aditum. Auctore ac duce perfuga Bruttii corona
cinxerunt urbem, acceptique ab plebe primo impetu
omnem praeter arcem cepere. Arcem optimates tene- 11
bant, praeparato iam ante ad talem casum perfugio.

capture the town and besiege the citadel.

A.U.C. 539.

Eodem Aristomachus perfugit, tanquam Poenis, non
Bruttiis auctor urbis tradendae fuisset.

Description of the town, and of the temple of Juno Lacinia.

3 Urbs Croto murum in circuitu patentem duodecim
millia passuum habuit ante Pyrrhi in
2 Italiam adventum; post vastitatem eo
bello factam vix pars dimidia habitaba-
tur. Flumen, quod medio oppido fluxerat, extra fre-
quentia tectis loca praeterfluebat, et arx *erat* procul
3 eis, quae habitabantur. Sex millia aberat in urbe
nobili templum ipsa urbe nobilius, Laciniae Iunonis,
4 sanctum omnibus circa populis. Lucus ibi, frequenti
silva et proceris abietis arboribus saeptus, laeta in
medio pascua habuit, ubi omnis generis sacrum deae
5 pecus pascebatur sine ullo pastore, separatimque greges sui cuiusque generis nocte remeabant ad stabula,
nunquam insidiis ferarum, non fraude violati homi-
6 num. Magni igitur fructus ex eo pecore capti, colum-
naque inde aurea solida facta et sacrata est; inclitum-
que templum divitiis etiam, non tantum sanctitate
7 fuit. Ac miracula aliqua affingunt, ut plerumque
tam insignibus locis. Fama est, aram esse in vestibulo templi, cuius cinerem nullo unquam moveri
8 vento. Sed arx Crotonis, una parte imminens mari,
altera vergente in agrum, situ tantum naturali quondam munita, postea et muro cincta est, qua per aver-
sas rupes ab Dionysio Siciliae tyranno per dolum
9 fuerat capta. Ea tum arce, satis, ut videbatur, tuta,
Crotoniatum optimates tenebant se, circumsedente
10 cum Bruttiis eos etiam plebe sua. Postremo Bruttii,

The Bruttii apply to the Carthaginians for assistance.

quum suis viribus inexpugnabilem vide-
rent arcem, coacti necessitate Hannonis
11 auxilium implorant. Is condicionibus

B.C. 215.

ad deditionem compellere Crotoniatas conatus, ut
coloniam Bruttiorum eo deduci antiquamque frequen-
tiam recipere vastam ac desertam bellis urbem paterentur, omnium neminem praeter Aristomachum movit.
Morituros se affirmabant citius, quam immixti Bruttiis 12
in alienos ritus, mores legesque ac mox linguam etiam
verterentur. Aristomachus unus, quando nec sua- 13
dendo ad deditionem satis valebat nec, sicut urbem
prodiderat, locum prodendae arcis inveniebat, trans-
fugit ad Hannonem. Locrenses brevi post legati, 14
quum permissu Hannonis arcem intrassent, persua-
dent, ut traduci se [in] Locros paterentur nec ultima
experiri vellent; nam hoc ut sibi liceret, impetrave- 15
rant ei ab Hannibale, missis ad id ipsum
legatis. Ita Crotone excessum est, de-
ductique Crotoniatae ad mare naves conscendunt;
Locros omnis multitudo abeunt.

Evacuation of Crotona.

In Apulia ne hiems quidem quieta inter Romanos 16
atque Hannibalem erat. Luceriae Sempronius consul, Hannibal haud procul
Arpis hibernabat. Inter eos levia proelia ex oc- 17
casione aut opportunitate huius aut illius partis
oriebantur, meliorque eis Romanus et in dies cautior
tutiorque ab insidiis fiebat.

The winter in Apulia.

In Sicilia Romanis omnia mutaverat mors Hieronis 4
regnumque ad Hieronymum nepotem eius
translatum, puerum vixdum libertatem,
nedum dominationem modice laturum.
Eam aetatem, id ingenium tutores atque amici ad 2
praecipitandum in omnia vitia acceperunt. Quae ita
futura cernens Hiero ultima senecta voluisse dicitur
liberas Syracusas relinquere, ne sub dominatu puerili

Events in Sicily. Death of Hiero and accession of Hieronymus.

A.U.C. 539. per ludibrium bonis artibus partum firmatumque in-
3 teriret regnum. Huic consilio eius summa ope obsti-
tere filiae, nomen regium penes puerum futurum ratae,
regimen rerum omnium penes se virosque suos Andra-
n*odorum et Zoippum, qui tut*orum primi relinqueban-
4 tur. Non facile erat nonagesimum iam agenti annum,
circumsesso dies noctesque muliebribus blanditiis, liberare animum et convertere ad publicam *a* privata
5 curam. Itaque tutores modo quindecim puero relinquit, quos precatus est moriens, ut fidem erga populum
Romanum quinquaginta annos ab se cultam inviola-
tam servarent, iuvenemque suis potissimum vestigiis
insistere vellent *et* disciplinae, in qua eductus esset.
6 Haec mandata. Quum exspirasset, tutores, testamen-
to prolato pueroque in contionem producto (erat autem
7 quindecim tum ferme annorum), paucis, qui per contionem ad excitandos clamores dispositi erant, appro-
bantibus testamentum, ceteris velut patre amisso in
orba civitate omnia timentibus, *munus suscipiunt.*
8 Funus fit regium, magis amore civium et caritate
9 quam cura suorum celebre. Brevi deinde ceteros
tutores summovet Andranodorus, iuvenem iam esse
dictitans Hieronymum ac regni potentem; deponen-
doque tutelam ipse, quae cum pluribus communis
erat, in se unum omnium vires convertit.

5 Vix quidem vel bono moderatoque regi facilis erat
favor apud Syracusanos, succedenti tantae caritati
2 Hieronis; verum enimvero Hieronymus,
velut suis vitiis desiderabilem efficere
vellet avum, primo statim conspectu, omnia quam
3 disparia essent, ostendit. Nam qui per tot annos
Hieronem filiumque eius Gelonem nec vestis habitu

His behaviour.

B.C. 215.

nec alio ullo insigni differentes a ceteris civibus vidissent, ei conspexere purpuram ac diadema ac satel-
lites armatos, quadrigisque etiam alborum equorum 4
interdum ex regia procedentem more Dionysii tyranni. Hunc tam superbum apparatum habitumque 5
convenientes sequebantur contemptus omnium hominum, superbae aures, contumeliosa dicta, rari aditus
non alienis modo, sed tutoribus etiam, libidines novae,
inhumana crudelitas. Itaque tantus omnes terror 6
invaserat, ut quidam ex tutoribus aut morte volun-
taria aut fuga praeverterent metum suppliciorum.
Tres ex iis, quibus solis aditus in domum familiarior 7
erat, Andranodorus et Zoippus, generi Hieronis, et
Thraso quidam, de aliis quidem rebus haud magnopere audiebantur; tendendo autem duo ad Carthagi- 8
nienses, Thraso ad societatem Romanam, certamine ac
studiis interdum in se convertebant animum adolescen-
tis, quum coniuratio in tyranni caput fac- 9
ta indicatur per Callonem quendam, aequalem Hieronymi et iam inde a puero in omnia famili-
aria iura assuetum. Index unum ex coniuratis Theo- 10
dotum, a quo ipse appellatus erat, nominare potuit.
Qui comprensus extemplo traditusque Andranodoro
torquendus, de se ipse haud cunctanter fassus conscios
celabat; postremo, quum omnibus intolerandis pa- 11
tientiae humanae cruciatibus laceraretur, victum malis
se simulans avertit ab consciis in insontes indicium,
Thrasonem esse auctorem consilii mentitus, nec nisi 12
tam potenti duce confisos rem tantam ausuros *fuisse;*
addit socios ab latere tyranni, quorum capita vilissima 13
fingenti inter dolores gemitusque occurrere. Maxime
animo tyranni credibile indicium Thraso nominatus

Conspiracy against him.

A.U.C. 539.

fecit; itaque extemplo traditur ad supplicium, adiec-
14 tique poenae ceteri iuxta insontes. Consciorum nemo, quum diu socius consilii torqueretur, aut latuit
aut fugit; tantum illis in virtute ac fide Theodoti
fiduciae fuit tantumque ipsi Theodoto virium ad arcana occultanda.

Hieronymus seeks the alliance of the Carthaginians. Hannibal sends to him Hippocrates and Epicydes.

6 Ita, quod unum vinculum cum Romanis societatis
erat, Thrasone sublato e medio, extemplo
haud dubie ad defectionem res spectabat,
2 legatique ad Hannibalem missi, ac remissi ab eo cum Hannibale, nobili ado-
lescente, Hippocrates et Epicydes, nati Carthagine,
sed oriundi ab Syracusis exsule avo, Poeni ipsi ma-
3 terno genere. Per hos iuncta societas Hannibali ac
Syracusano tyranno, nec invito Hannibale apud tyran-
4 num manserunt. App. Claudius praetor, cuius Sicilia
provincia erat, ubi ea accepit, extemplo legatos ad
Hieronymum misit. Qui quum sese ad renovandam
societatem, quae cum avo fuisset, venisse dicerent,
per ludibrium auditi dimissique sunt ab quaerente
5 per iocum Hieronymo, quae fortuna eis pugnae ad
Cannas fuisset; vix credibilia enim legatos Hannibalis
narrare; velle, quid veri sit, scire, ut ex eo, utram
6 spem sequatur, consilium capiat. Romani, quum serio
legationes audire coepisset, redituros se ad eum dicentes esse, monito magis eo quam rogato, ne fidem
7 temere mutaret, proficiscuntur. Hieronymus legatos
Carthaginem misit ad foedus ex societate cum Hannibale pacta faciendum. Convenit, ut, quum Romanos
Sicilia expulissent (id autem brevi fore, si naves atque
exercitum misissent), Himera amnis, qui ferme dividit
insulam, finis regni Syracusani ac Punici imperii esset.

Aliam deinde, inflatus assentationibus eorum qui eum 8 B.C. 215.
non Hieronis tantum, sed Pyrrhi etiam regis, materni
avi, iubebant meminisse, legationem misit, qua
aequum censebat, Sicilia sibi omni cedi, Italiae imperium proprium quaeri Carthaginiensi populo. Hanc 9
levitatem ac iactationem animi neque mirabantur in
iuvene furioso neque arguebant, dummodo averterent
eum ab Romanis.

Sed omnia in eo praecipitia ad exitium fuerunt. 7
Nam quum, praemissis Hippocrate atque Epicyde cum
binis millibus armatorum ad tentandas
urbes, quae praesidiis tenebantur Roma-
nis, et ipse in Leontinos cum cetero omni exercitu 2
(erant autem ad quindecim millia peditum equitumque) profectus erat, liberas aedes coniurati (et omnes 3
forte militabant) imminentes viae angustae, qua de-
scendere ad forum rex solebat, sumpserunt. Ibi quum 4
instructi armatique ceteri transitum exspectantes
starent, uni ex eis (Dinomeni fuit nomen), quia custos
corporis erat, partes datae sunt, ut quum appropin-
quaret ianuae rex, per causam aliquam in angustiis
sustineret ab tergo agmen. Ita, ut convenerat, fac- 5
tum est. Tanquam laxaret elatum pedem ab stricto
nodo, moratus turbam Dinomenes tantum intervalli
fecit, ut, quum in praetereuntem sine armatis regem
impetus fieret, confoderetur aliquot prius vulneribus,
quam succurri posset. Clamore et tumultu audito, in 6
Dinomenem iam haud dubie obstantem tela coniiciun-
tur, inter quae tamen, duobus acceptis vulneribus,
evasit. Fuga satellitum, ut iacentem videre regem, 7
facta est; interfectores pars in forum ad multitudinem
laetam libertate, pars Syracusas pergunt ad praeoccu-

Assassination of Hieronymus.

A.U.C. 539.

panda Andranodori regiorumque aliorum consilia.
8 Incerto rerum statu, App. Claudius bellum oriens ex
propinquo quum cerneret, senatum litteris certiorem
fecit, Siciliam Carthaginiensi populo et Hannibali
9 conciliari, ipse adversus Syracusana consilia *ad* provinciae regnique fines omnia convertit praesidia.

Election of Consuls. The first century votes for T. Otacilius and M. Aemilius Regillus.

10 Exitu anni eius Q. Fabius ex auctoritate senatus
Puteolos, per bellum coeptum frequen-
tari emporium, communiit praesidium-
11 que imposuit. Inde Romam comitiorum
causa veniens in eum, quem primum
diem comitialem habuit, comitia edixit, atque ex
12 itinere praeter urbem in campum descendit. Eo die
quum sors praerogativae Aniensi iuniorum exisset,
eaque T. Otacilium, M. Aemilium Regillum consules
diceret, tum Q. Fabius silentio facto tali oratione est

Speech of Q. Fabius Maximus.

8 usus: "Si aut pacem in Italia aut *id*
bellum eumque hostem haberemus, in
quo negligentiae laxior locus esset, qui vestris studiis,
quae in campum ad mandandos, quibus velitis, honores
affertis, moram ullam offerret, is mihi parum memi-
2 nisse videretur vestrae libertatis; sed quum in hoc

"It is necessary at this crisis to be very careful whom you appoint to command.

bello, in hoc hoste nunquam ab ullo duce
sine ingenti nostra clade erratum sit, eadem vos cura, qua in aciem armati de-
scenditis, inire suffragium ad creandos consules decet et
3 sibi sic quemque dicere: 'Hannibali imperatori parem consulem nomino.' Hoc anno ad Capuam Vi-
bellio Taureae, Campano summo equiti, provocanti
summus Romanus eques Asellus Claudius est opposi-
4 tus. Adversus Gallum quondam provocantem in
ponte Anienis T. Manlium fidentem et animo et viri-

bus misere maiores nostri. [Ob] eandem causam 5 B.C. 215.
haud multis annis post fuisse non negaverim, cur M.
Valerio non diffideretur adversus similiter provocantem arma capienti Gallum ad certamen. Quemadmo- 6
dum pedites equitesque optamus ut validiores, si
minus, ut pares hosti habeamus, ita duci hostium
parem imperatorem quaeramus. Quum, qui est sum- 7
mus in civitate dux, eum legerimus, tamen repente
lectus, in annum creatus adversus veterem ac per-
petuum imperatorem comparabitur, nullis neque temporis nec iuris inclusum angustiis, quo minus ita
omnia gerat administretque, ut tempora postulabunt
belli; nobis autem in apparatu ipso ac tantum incho- 8
antibus res annus circumagitur. Quoniam, quales 9
viros creare vos consules deceat, satis est dictum,
restat, ut pauca de eis, in quos praerogativae favor inclinavit, dicam. M. Aemi- 10
lius Regillus flamen est Quirinalis, quem
neque mittere a sacris neque retinere possumus, ut
non deum aut belli deseramus curam. Otacilius so- 11
roris meae filiam uxorem atque ex ea liberos habet;
ceterum non ea vestra in me maioresque meos merita
sunt, ut non potiorem privatis necessitudinibus rem
publicam habeam. Quilibet nautarum vectorumque 12
tranquillo mari gubernare potest; ubi saeva orta tempestas est ac turbato mari rapitur vento navis, tum
viro et gubernatore opus est. Non tranquillo naviga- 13
mus, sed iam aliquot procellis summersi paene sumus;
itaque, quis ad gubernacula sedeat, summa cura provi-
dendum ac praecavendum vobis est. In minore te
experti, T. Otacili, re sumus; haud sane, cur ad
maiora tibi fidamus, documenti quicquam dedisti.

What special qualifications have the men for whom you are voting?

A.U.C. 539.

14 Classem hoc anno, cui tu praefuisti, trium rerum
causa paravimus, ut Africae oram popularetur, ut
tuta nobis Italiae litora essent, ante omnia ne supplementum cum stipendio commeatuque ab Carthagine
15 Hannibali transportaretur. Create consulem T. Otacilium, non dico, si omnia haec, sed si aliquid eorum
rei publicae praestitit. Sin autem te classem obtinente etiam velut pacato mari quaevis Hannibali tuta
16 atque integra ab domo venerunt, si ora Italiae in-
festior hoc anno quam Africae fuit, quid dicere potes,
cur te potissimum ducem Hannibali hosti oppona-
17 mus? Si consul esses, dictatorem dicendum exemplo
maiorum nostrorum censeremus, nec tu id indignari
posses, aliquem in civitate Romana meliorem bello
haberi quam te. Magis nullius interest quam tua, T.
Otacili, non imponi cervicibus tuis onus, sub quo con-
18 cidas. Ego magnopere *oro* suadeoque, eodem animo,
quo si stantibus vobis in acie armatis repente deli-
gendi duo imperatores essent, quorum ductu atque
auspicio dimicaretis, hodie quoque consules creetis,
19 quibus sacramento liberi vestri dicant, ad quorum
edictum conveniant, sub quorum tutela atque cura
20 militent. Lacus Trasumennus et Cannae
tristia ad recordationem exempla, sed ad
praecavendas similes *clades* utiles documento sunt.
Praeco, Aniensem iuniorum in suffragium revoca."

Let your vote be amended."

9 Quum T. Otacilius ferociter eum continuare consulatum velle vociferaretur atque obstreperet, lictores
2 ad eum accedere consul iussit et, quia in urbem non
inierat, protinus in campum ex itinere
profectus, admonuit, cum securibus sibi
3 fasces praeferri. Interim praerogativa suffragium init,

Election of Q. Fabius Maximus and M. Marcellus.

creatique in ea consules Q. Fabius Maximus quartum, B.C. 215.
M. Marcellus tertium. Eosdem consules ceterae cen-
turiae sine variatione ulla dixerunt; et praetor unus 4
refectus Q. Fulvius Flaccus, novi alii creati, T. Otacilius Crassus iterum, Q. Fabius, consulis
filius, qui tum aedilis curulis erat, P.
Cornelius Lentulus. Comitiis praetorum perfectis, 5
senatus consultum factum, ut Q. Fulvio extra ordinem urbana provincia esset, isque potissimum, consulibus ad bellum profectis, urbi praeesset.

Election of Praetors.

Aquae magnae bis eo anno fuerunt, Ti- 6
berisque agros inundavit cum magna strage tectorum
pecorumque et hominum pernicie.

Floods.

Quinto anno secundi Punici belli Q. Fabius Maxi- 7 B.C. 214.
mus quartum, M. Claudius Marcellus
tertium consulatum ineuntes plus solito A.U.C. 540.
converterant in se civitatis animos; multis enim annis
tale consulum par non fuerat. Referebant senes, sic 8
Maximum Rullum cum P. Decio ad bellum Gallicum,
sic postea Papirium Carviliumque adversus Samnites
Bruttiosque et Lucanum cum Tarentino populum
consules declaratos. Absens Marcellus consul crea- 9
tus, quum ad exercitum esset; praesenti Fabio atque
ipsi comitia habenti consulatus continuatus. Tem- 10
pus ac necessitas belli ac discrimen summae rerum
faciebant, ne quis aut exemplum exquireret aut suspectum cupiditatis imperii consulem haberet; quin 11
laudabant potius magnitudinem animi, quod, quum
summo imperatore esse opus rei publicae sciret se-
que eum haud dubie esse, minoris invidiam suam, si
qua ex *ea* re oreretur, quam utilitatem rei publicae
fecisset.

Popular feeling about the Consular election.

A.U.C. 540.

Distribution of commands.

10 Quo die magistratum inierunt consules, senatus
in Capitolio est habitus, decretumque
2 omnium primum, ut consules sortirentur
comypararentve inter se, uter censoribus creandis comitia haberet, priusquam ad exercitum proficisceretur.
3 Prorogatum deinde imperium omnibus, qui ad exercitus erant, iussique in provinciis manere, Ti. Gracchus Luceriae, ubi cum volonum exercitu erat, C.
Terentius Varro in agro Piceno, M. Pomponius in
4 Gallico; et praetores prioris anni pro praetoribus,
Q. Mucius obtineret Sardiniam, M. Valerius ad Brundisium orae maritimae, intentus adversus omnes motus
5 Philippi Macedonum regis, praeesset. P. Cornelio
Lentulo praetori Sicilia decreta provincia, T. Otacilio
classis eadem, quam adversus Carthaginienses priore
anno habuisset.

Portents.

6 Prodigia eo anno multa nuntiata sunt, quae quo
magis credebant simplices ac religiosi
homines, eo plura nuntiabantur: Lanuvii
in aede intus Sospitae Iunonis corvos nidum fecisse;
7 in Apulia palmam viridem arsisse; Mantuae stagnum
effusum Mincio amni cruentum visum; et Calibus
8 creta et Romae in foro boario sanguine pluvisse; et
in vico Insteio fontem sub terra tanta vi aquarum
fluxisse, ut serias doliaque, quae in eo loco erant,
9 provoluta velut impetu torrentis tulerit; tacta de
caelo atrium publicum in Capitolio, aedem in campo
Vulcani, nucem in Sabinis publicamque viam, murum
10 ac portam Gabiis. Iam alia vulgata miracula erant:
hastam Martis Praeneste sua sponte promotam; bo-
vem in Sicilia locutum; infantem *in* utero matris
in Marrucinis "Io triumphe" clamasse; ex muliere

B.C. 214.

Spoleti virum factum; Hadriae aram in caelo species-
que hominum circum eam cum candida veste visas
esse. Quin Romae quoque in ipsa urbe, secundum 11
apum examen in foro visum (quod mirabile est, quia
rarum), affirmantes quidam, legiones se armatas in
Ianiculo videre, concitaverunt civitatem ad arma,
quum, qui in Ianiculo essent, negarent quemquam 12
ibi praeter assuetos collis eius cultores apparuisse.
Haec prodigia hostiis maioribus procurata sunt ex 13
haruspicum responso, et supplicatio omnibus deis,
quorum pulvinaria Romae essent, indicta est.

Distribution of troops for the campaign.

Perpetratis, quae ad pacem deum pertinebant, de **11**
re publica belloque gerendo, et quantum
copiarum et ubi quaeque essent, consules
ad senatum rettulerunt. Duodeviginti legionibus bel- 2
lum geri placuit; binas consules sibi sumere, binis
Galliam Siciliamque ac Sardiniam obtineri; duabus
Q. Fabium praetorem Apuliae, duabus volonum Ti.
Gracchum circa Luceriam praeesse; singulas C. Te- 3
rentio proconsuli ad Picenum et M. Valerio ad classem circa Brundisium relinqui, duas urbi praesidio
esse. Hic ut numerus legionum expleretur, sex novae 4
legiones erant scribendae. Eas primo quoque tempore
consules scribere iussi et classem parare, ut cum eis 5
navibus, quae pro Calabriae litoribus in statione essent, centum quinquaginta longarum classis navium
eo anno expleretur. Dilectu habito et centum navi- 6
bus novis deductis, Q. Fabius comitia censoribus
creandis habuit; creati M. Atilius Regulus et P.
Furius Philus.

Quum increbresceret rumor, bellum in Sicilia esse,
T. Otacilius eo cum classe proficisci iussus est. Quum 7

A.U.C. 540.

deessent nautae, consules ex senatus consulto edixerunt, ut, qui L. Aemilio, C. Flaminio censoribus millibus aeris quinquaginta ipse
aut pater eius census fuisset usque ad centum millia,
aut cui postea tanta res esset facta, nautam unum
cum sex mensum stipendio daret; qui supra centum
millia usque ad trecenta, tres nautas cum stipendio
8 annuo; qui supra trecenta usque ad decies aeris,
quinque nautas; qui supra decies, septem; senatores
9 octo nautas cum annuo stipendio darent. Ex hoc
edicto dati nautae, armati instructique ab dominis,
cum triginta dierum coctis cibariis naves conscende-
runt. Tum primum est factum, ut classis Romana
sociis navalibus privata impensa paratis compleretur.

Special provisions for manning the fleet.

12 Hic maior solito apparatus praecipue conterruit
Campanos, ne ab obsidione Capuae bel-
2 lum eius anni Romani inciperent. Itaque legatos ad Hannibalem oratum miserunt, ut
Capuam exercitum admoveret: ad eam oppugnandam
novos exercitus scribi Romae, nec ullius urbis de-
3 fectioni magis infensos eorum animos esse. Id quia
tam trepide nuntiabant, maturandum Hannibal ratus,
ne praevenirent Romani, profectus Arpis
ad Tifata in veteribus castris super Ca-
4 puam consedit. Inde, Numidis Hispanisque ad praesidium simul castrorum, simul Capuae relictis, cum
cetero exercitu ad lacum Averni per speciem sacrifi-
candi, re ipsa ut tentaret Puteolos quodque ibi prae-
5 sidium erat, descendit. Maximus, postquam Hannibalem Arpis profectum et regredi in Campaniam allatum est, nec die nec nocte intermisso itinere ad
6 exercitum redit, et Ti. Gracchum ab Luceria Bene-

Terror at Capua.

Hannibal returns to Campania,

B.C. 214.

ventum copias admovere, Q. Fabium praetorem (is
filius consulis erat) *ad* Luceriam Graccho succedere
iubet. In Siciliam eodem tempore duo praetores 7
profecti, P. Cornelius ad exercitum, T. Otacilius, qui
maritimae orae reique navali praeesset; et ceteri in 8
suas quisque provincias profecti, et quibus prorogatum
imperium erat, easdem, quas priori anno, regiones
obtinuerunt.

Ad Hannibalem, quum ad lacum Averni esset, 13
quinque nobiles iuvenes ab Tarento venerunt, partim ad Trasumennum lacum,
partim ad Cannas capti dimissique domos

and there receives a message requesting him to appear before Tarentum.

cum eadem comitate, qua usus adversus omnes Romanorum socios Poenus fuerat. Ei memores bene- 2
ficiorum eius perpulisse magnam partem se iuventutis Tarentinae referunt, ut Hannibalis amicitiam
ac societatem quam populi Romani mallent, legatosque ab suis missos rogare Hannibalem, ut exercitum
propius Tarentum admoveat: si signa eius, si castra 3
conspecta a Tarento sint, haud ullam intercessuram
moram, quin urbs *ei tradatur;* in potestate iuniorum
plebem, in manu plebis rem Tarentinam esse. Han- 4
nibal collaudatos eos oneratosque ingentibus promissis
domum ad coepta maturanda redire iubet; se in tempore affuturum esse. Hac cum spe dimissi Tarentini. 5
Ipsum ingens cupido incesserat Tarenti potiundi.
Urbem esse videbat quum opulentam nobilemque,
tum maritimam et in Macedoniam opportune versam,
regemque Philippum hunc portum, si transiret in
Italiam, *quoniam* Brundisium Romani haberent, petiturum. Sacro inde perpetrato, ad quod venerat, 6
et, dum ibi moratur, pervastato agro Cumano usque

A.U.C. 540.

Fails in his attempts on Puteoli,

ad Miseni promuntorium, Puteolos repente agmen convertit ad opprimendum praesidium
7 Romanum. Sex millia hominum erant et locus munimento quoque, non natura modo tutus. Triduum ibi moratus Poenus, ab omni parte tentato praesidio, deinde, ut nihil procedebat, ad populandum agrum Neapolitanum magis ira quam potiundae urbis
8 spe processit. Adventu eius in propinquum agrum

and Nola.

mota Nolana est plebs, iam diu aversa ab Romanis et infesta senatui suo. Itaque legati ad arcessendum Hannibalem cum haud
9 dubio promisso tradendae urbis venerunt. Praevenit inceptum eorum Marcellus consul, a primoribus accitus. Die uno Suessulam a Calibus, quum Vulturnus
10 amnis traiicientem moratus esset, contenderat; inde proxima nocte sex millia peditum, equites *quingentos*,
11 *qui* praesidio senatui essent, Nolam intromisit. Et uti a consule omnia impigre facta sunt ad praeoccupandam Nolam, ita Hannibal tempus terebat, bis iam ante nequicquam tentata re segnior ad credendum Nolanis factus.

14 Iisdem diebus et Q. Fabius consul ad Casilinum

Ti. Sempronius Gracchus meets Hanno near Beneventum.

tentandum, quod praesidio Punico tenebatur, venit, et ad Beneventum velut ex composito parte altera Hanno ex Bruttiis cum magna peditum equitumque manu, altera Ti.
2 Gracchus ab Luceria accessit. Qui primo oppidum intravit, deinde, ut Hannonem tria millia ferme ab urbe ad Calorem fluvium castra posuisse et inde agrum populari audivit, et ipse egressus moenibus mille ferme passus ab hoste castra locat. Ibi contionem militum
3 habuit. Legiones magna ex parte volonum habebat,

B.C. 214.

qui iam alterum annum libertatem tacite mereri quam
postulare palam maluerant. Senserat tamen hibernis
egrediens, murmur in agmine esse quaerentium, en
unquam liberi militaturi essent, scripseratque senatui 4
non tam, quid desiderarent, quam quid meruissent:
bona fortique opera eorum se ad eam diem usum,
neque ad exemplum iusti militis quicquam eis praeter
libertatem deesse. De eo permissum ipsi erat, faceret, 5
quod e re publica duceret esse. Itaque priusquam
cum hoste manum consereret, pronuntiat, tempus venisse eis libertatis, quam diu sperassent,

Speech of Gracchus to his "volones."

potiundae. Postero die signis collatis 6
dimicaturum puro ac patenti campo, ubi sine ullo
insidiarum metu vera virtute geri res posset. Qui 7
caput hostis rettulisset, eum se extemplo liberum
iussurum esse; qui loco cessisset, in eum servili supplicio animadversurum; suam cuique fortunam in
manu esse. Libertatis auctorem eis non se fore solum, 8
sed consulem M. Marcellum, sed universos patres,
quos consultos ab se de libertate eorum sibi permisisse.
Litteras inde consulis ac senatus consultum recitavit, 9
ad quae clamor cum ingenti assensu est sublatus. Pugnam poscebant, signumque ut daret extemplo, ferociter
instabant. Gracchus, proelio in posterum diem pro- 10
nuntiato, contionem dimisit; milites lae-

Their eagerness.

ti, praecipue, quibus merces navatae in
unum diem operae libertas futura erat, armis expe-
diendis *diei* reliquum consumunt. Postero die ubi **15**
signa coeperunt canere, primi omnium parati instructique ad praetorium conveniunt. Sole orto Gracchus
in aciem copias educit, nec hostes moram dimicandi
fecerunt. Decem septem millia peditum erant, maxima 2

A.U.C. 540.

Defeat of the Carthaginians.

ex parte Bruttii ac Lucani, equites mille ducenti, inter quos pauci admodum Italici, ceteri
3 Numidae fere omnes Maurique. Pug-
natum est et acriter et diu; quattuor horis neutro
inclinata est pugna, nec alia magis Romanum impe-
diebat res quam capita hostium pretia libertatis facta.
4 Nam ut quisque hostem impigre occiderat, primum
capite aegre inter turbam tumultumque abscidendo
terebat tempus; deinde, occupata dextra tenendo
caput, fortissimus quisque pugnator esse desierat, seg-
5 nibus ac timidis tradita pugna erat. Quod ubi tribuni
militum Graccho nuntiaverunt, neminem stantem iam
vulnerari hostem, carnificari iacentes et in dextris
militum pro gladiis humana capita esse, signum dari
propere iussit, proiicerent capita invaderentque hos-
6 tem: claram satis et insignem virtutem esse, nec
dubiam libertatem futuram strenuis viris. Tum redin-
tegrata pugna est et eques etiam in hostes emissus;
7 quibus quum impigre Numidae occurrissent, nec segnior equitum quam peditum pugna esset, iterum in
dubium adducta res. Quum utrinque duces, Romanus
Bruttium Lucanumque toties a maioribus suis victos
subactosque, Poenus mancipia Romana et ex ergastulo
8 militem verbis obtereret, postremo pronuntiat Gracchus, esse nihil, quod de libertate sperarent, nisi eo
16 die fusi fugatique hostes essent. Ea demum vox ita
animos accendit, ut renovato clamore, velut alii repente
facti, tanta vi se in hostem intulerint, ut sustineri
2 ultra non possent. Primo antesignani Poenorum, dein
signa perturbata, postremo tota impulsa acies; inde
haud dubie terga data, ruuntque fugientes in castra,
adeo pavidi trepidique, ut ne in portis quidem aut

B.C. 214.

vallo quisquam restiterit, ac prope continenti agmine
Romani insecuti novum de integro proelium inclusi
hostium vallo ediderunt. Ibi sicut pugna impeditior 3
in angustiis, ita caedes atrocior fuit; et adiuvere captivi, qui, rapto inter tumultum ferro, conglobati et
ab tergo ceciderunt Poenos et fugam impedierunt.
Itaque minus duo millia hominum ex tanto exercitu, 4
et ea maior pars equitum, cum ipso duce effugerunt;
alii omnes caesi aut capti; capta et signa duodequad-
raginta. Ex victoribus duo millia ferme cecidere. 5
Praeda omnis, praeterquam hominum captorum, militi
concessa est; et pecus exceptum est, quod intra dies
triginta domini cognovissent.

Quum praeda onusti in castra redissent, quattuor 6
millia ferme volonum militum, quae pugnaverant segnius nec in castra irruperant simul, metu poenae
collem haud procul castris ceperunt. Postero die per 7
tribunos militum inde deducti, contione militum advocata a Graccho, superveniunt. Ubi quum proconsul 8
veteres milites primum, prout cuiusque virtus atque
opera in ea pugna fuerat, militaribus donis donasset, 9
tunc, quod ad volones attineret, omnes ait malle
laudatos a se, dignos indignosque, quam
quemquam eo die castigatum esse; quod
bonum, faustum felixque rei publicae ipsisque esset,
omnes eos liberos esse iubere. Ad quam vocem quum 10
clamor ingenti alacritate sublatus esset ac nunc com-
plexi inter se gratulantesque, nunc manus ad caelum
tollentes bona omnia populo Romano Gracchoque ipsi
precarentur, tum Gracchus "Priusquam omnes iure 11
libertas aequasset" inquit, "neminem nota strenui aut
ignavi militis notasse volui; nunc exsoluta iam fide 12

Emancipation of the "volones."

A.U.C. 540.

publica, ne discrimen omne virtutis ignaviaeque per-
eat, nomina eorum, qui detrectatae pugnae memores
secessionem paulo ante fecerunt, referri ad me iubebo,
13 citatosque singulos iure iurando adigam, nisi cui morbus causa erit, non aliter quam stantes cibum potio-
nemque, quoad stipendia facient, capturos esse. Hanc
multam ita aequo animo feretis, si reputabitis, nulla
14 ignaviae nota leviore vos designari potuisse." Signum
deinde colligendi vasa dedit; militesque praedam por-
tantes agentesque per lasciviam ac iocum ita ludibundi

Feasting at Beneventum.

15 Beneventum rediere, ut ab epulis *per*
celebrem festumque diem actis, non ex
16 acie reverti viderentur. Benèventani omnes turba
effusa quum obviam ad portas exissent, complecti
17 milites, gratulari, vocare in hospitium. Apparata convivia omnibus in propatulo aedium fuerant; ad ea
invitabant, Gracchumque orabant, ut epulari permit-
18 teret militibus; et Gracchus ita permisit, *si* in publico
epularentur omnes ante suas quisque fores. Prolata
omnia. Pileati aut lana alba velatis capitibus volones
epulati sunt, alii accubantes, alii stantes, qui simul
19 ministrabant vescebanturque. Digna res visa, ut
simulacrum celebrati eius diei Gracchus, postquam
Romam rediit, pingi iuberet in aede Libertatis, quam
pater eius in Aventino ex multaticia pecunia faciendam
curavit dedicavitque.

17 Dum haec ad Beneventum geruntur, Hannibal

Hannibal at Nola.

depopulatus agrum Neapolitanum ad No-
2 lam castra movet. Quem ubi adventare
consul sensit, Pomponio propraetore cum eo exercitu,
qui super Suessulam in castris erat, accito, ire obviam
3 hosti parat nec moram dimicandi facere. C. Claudium

B.C. 214.

Neronem cum robore equitum silentio noctis per
aversam maxime ab hoste portam emittit, circumvec-
tumque occulte subsequi sensim agmen hostium iubet
et, quum coortum proelium videret, ab tergo se obii-
cere. Id errore viarum an exiguitate temporis Nero 4
exsequi non potuerit, incertum est. Absente eo quum 5
proelium commissum esset, superior quidem haud
dubie Romanus erat; sed quia equites non affuere in
tempore, ratio compositae rei turbata est. Non ausus
insequi cedentes Marcellus vincentibus suis signum
receptui dedit. Plus tamen duo millia hostium eo 6
die caesa traduntur, Romani minus quadringenti.
Solis fere occasu Nero, diem noctemque nequicquam 7
fatigatis equis hominibusque, ne viso quidem hoste
rediens, adeo graviter est ab consule increpitus, ut per
eum stetisse diceret, quo minus accepta ad Cannas redderetur hosti clades. Postero die Romanus in aciem de- 8
scendit, Poenus, tacita etiam confessione victus, castris
se tenuit. Tertio die silentio noctis,
omissa spe Nolae potiundae, rei nunquam
prospere tentatae, Tarentum ad certiorem spem proditionis proficiscitur.

He departs to Tarentum.

Nec minore animo res Romana domi quam militiae 18
gerebatur. Censores, vacui ab operum 2
locandorum cura propter inopiam aerarii,
ad mores hominum regendos animum adverterunt
castigandaque vitia, quae, velut diutinis morbis aegra
corpora ex sese gignunt, eo nata bello erant. Primum 3
eos citaverunt, qui post Cannensem *cladem de Italia*
deserenda agitasse dicebantur. Princeps eorum M.
Caecilius Metellus quaestor tum forte erat. Iusso 4
deinde eo ceterisque eiusdem noxae reis causam dicere,

Severity of the Censors at Rome.

A.U.C. 540.

quum purgari nequissent, pronuntiarunt, verba orationemque eos adversus rem publicam habuisse, quo con-
5 iuratio deserendae Italiae causa fieret. Secundum eos
citati nimis callidi exsolvendi iuris iurandi interpretes,
qui captivorum ex itinere regressi clam in castra Hanni-
6 balis solutum, quod iuraverant redituros, rebantur. His
superioribusque illis equi adempti, qui publicum equum
7 habebant, tribuque moti aerarii omnes facti. Neque
senatu modo aut equestri ordine regendo cura se censo-
rum tenuit. Nomina omnium ex iuniorum tabulis
excerpserunt, qui quadriennio non militassent, quibus
neque vacatio iusta militiae neque morbus causa
8 fuisset. Et ea supra duo millia hominum in aerarios
9 relata tribuque omnes moti; additumque tam truci
censoriae notae triste senatus consultum, ut ei omnes,
quos censores notassent, pedibus mererent mitteren-
turque in Siciliam ad Cannensis exercitus reliquias,
cui militum generi non prius, quam pulsus Italia hostis
esset, finitum stipendiorum tempus erat.

Public spirit at Rome.

10 Quum censores ob inopiam aerarii se iam locationi-
bus abstinerent aedium sacrarum tuen-
darum curuliumque equorum praebendo-
11 rum ac similium his rerum, convenere ad eos frequentes,
qui hastae huius generis assueverant, hortatique censores, ut omnia perinde agerent, locarent, ac si pecunia
in aerario esset: neminem nisi bello confecto pecu-
12 niam ab aerario petiturum esse. Convenere deinde
domini eorum, quos Ti. Sempronius ad Beneventum
manu emiserat, arcessitosque se ab triumviris mensariis esse dixerunt, ut pretia servorum acciperent;
ceterum non antequam bello confecto accepturos esse.
13 Quum haec inclinatio animorum plebis ad sustinendam

inopiam aerarii fieret, pecuniae quoque pupillares B.C. 214.
primo, deinde viduarum coeptae conferri, nusquam eas 14
tutius sanctiusque deponere credentibus, qui defere-
bant, quam in publica fide; inde si quid emptum
paratumque pupillis ac viduis foret, a quaestore perscribebatur. Manavit ea privatorum benignitas ex 15
urbe etiam in castra, ut non eques, non centurio
stipendium acciperet, mercenariumque increpantes vocarent, qui accepisset.

Q. Fabius consul ad Casilinum castra habebat, quod 19
duum millium Campanorum et septin-
gentorum militum Hannibalis tenebatur
praesidio. Praeerat Statius Metius, missus ab Cn. 2
Magio Atellano, qui eo anno medix tuticus erat ser-
vitiaque et plebem promiscue armabat, ut castra
Romana invaderet, intento consule ad Casilinum oppugnandum. Nihil eorum Fabium fefellit. Itaque 3
Nolam ad collegam mittit: altero exercitu, dum Casilinum oppugnatur, opus esse, qui Campanis opponatur;
vel ipse, relicto Nolae praesidio modico, veniret, vel, 4
si eum Nola teneret necdum securae res ab Hannibale
essent, se Ti. Gracchum proconsulem a Benevento
acciturum. Hoc nuntio Marcellus, duo- 5
bus militum millibus Nolae in praesidio
relictis, cum cetero exercitu Casilinum venit, adventu-
que eius Campani iam moventes sese quieverunt. Ita 6
ab duobus consulibus Casilinum oppugnari coepit.
Ubi quum multa succedentes temere moenibus Romani
milites acciperent vulnera, neque satis inceptum suc-
cederet, Fabius omittendam rem parvam ac iuxta
magnis difficilem abscedendumque inde censebat, quum
res maiores instarent; Marcellus multa magnis ducibus 7

Fabius at Casilinum.

Marcellus joins him, and the town is captured.

A.U.C. 540.

sicut non aggredienda, ita semel aggressis non dimit-
tenda esse dicendo, quia magna famae momenta in
utramque partem fierent, tenuit, ne irrito incepto
8 abiretur. Vineae inde omniaque alia operum machi-
nationumque genera quum admoverentur, Campanique
9 Fabium orarent, ut abire Capuam tuto liceret, paucis
egressis, Marcellus portam, qua egrediebantur, occupavit, caedesque promiscue omnium circa portam primo,
deinde, irruptione facta, etiam in urbe fieri coepta est.
10 Quinquaginta fere primo egressi Campanorum, quum
ad Fabium confugissent, praesidio eius Capuam pervenerunt. Casilinum inter colloquia cunctationemque
11 petentium fidem per occasionem captum est, captivique
Campanorum quique Hannibalis militum erant, Romam
missi atque ibi in carcere inclusi sunt; oppidanorum
turba per finitimos populos in custodiam divisa.

Victory of Hanno in Lucania.

20 Quibus diebus a Casilino re bene gesta recessum
est, eis Gracchus in Lucanis aliquot cohortes in ea regione conscriptas cum
praefecto socium in agros hostium praedatum misit.
2 Eos effuse palatos Hanno adortus haud multo minorem, quam ad Beneventum acceperat, reddidit hosti
cladem, atque in Bruttios raptim, ne Gracchus asse-
3 queretur, concessit. Consules Marcellus retro, unde
venerat, Nolam rediit, Fabius in Samnites ad popu-

Fabius among the Samnites.

landos agros recipiendasque armis, quae
4 defecerant, urbes processit. Caudinus
Samnis gravius devastatus: perusti late agri, praedae
5 pecudum hominumque actae; oppida vi capta Compulteria, Telesia, Compsa inde, Fugifulae et Orbitanium
ex Lucanis, Blanda et Apulorum Aecae oppugnatae.
6 Millia hostium in his urbibus viginti quinque capta

B.C. 214.

aut occisa et recepti perfugae trecenti septuaginta;
quos quum Romam misisset consul, virgis in comitio
caesi omnes ac de saxo deiecti. Haec a Q. Fabio intra 7
paucos dies gesta; Marcellum ab gerundis rebus vale-
tudo adversa Nolae tenuit. Et a praetore Q. Fabio, 8
cui circa Luceriam provincia erat, Acuca oppidum per
eos dies vi captum, stativaque ad Ardaneas com-
munita.

Hannibal at Tarentum.

Dum haec aliis locis ab Romanis geruntur, iam 9
Tarentum pervenerat Hannibal cum
maxima omnium, quacunque ierat, clade;
in Tarentino demum agro pacatum incedere agmen 10
coepit. Nihil ibi violatum neque usquam via excessum
est, apparebatque, non id modestia militum aut ducis,
sed ad conciliandos animos Tarentinorum fieri. Cete- 11
rum quum prope moenibus successisset, nullo ad con-
spectum primum agminis, ut rebatur, motu facto,
castra ab urbe ferme passus mille locat. Tarenti, 12
triduo ante, quam Hannibal ad moenia
accederet, a M. Valerio propraetore, qui
classi ad Brundisium praeerat, missus *M.* Livius, im- 13
pigre conscripta iuventute dispositisque ad omnes portas circaque muros, qua res postulabat, stationibus, die
ac nocte iuxta intentus neque hostibus neque dubiis
sociis loci quicquam praebuit ad tentandum. Quare 14
diebus aliquot frustra ibi absumptis Hannibal, quum eorum nemo, qui ad lacum
Averni se adissent, aut ipsi venirent aut nuntium
litterasve mitterent, vana promissa se temere secutum
cernens castra inde movit, tum quoque intacto agro 15
Tarentino, quanquam simulata lenitas nihildum pro-
fuerat, tamen spe labefactandae fidei haud absistens.

Precautions taken by the Romans.

Hannibal retires to Salapia.

A. U. C. 540.

Salapiam ut venit, frumentum ex agris Metapontino
atque Heracleensi (iam enim aestas exacta erat et
16 hibernis placebat locus) comportat. Praedatum inde
Numidae Maurique per Sallentinum agrum proximos-
que Apuliae saltus dimissi; unde ceterae praedae haud
multum, equorum greges maxime abacti, e quibus ad
quattuor millia domanda equitibus divisa.

Affairs in Sicily.

21 Romani, quum bellum nequaquam contemnendum
in Sicilia oreretur, morsque tyranni duces magis impigros dedisset Syracusanis quam causam
aut animos mutasset, M. Marcello alteri consulum
2 eam provinciam decernunt. Secundum Hieronymi
caedem primo tumultuatum in Leontinis apud milites fuerat vociferatumque ferociter, parentandum
3 regi sanguine coniuratorum esse. Deinde libertatis restitutae dulce auditu nomen crebro usurpatum
spes*que* facta ex pecunia regia largitionis militiae-
que fungendae potioribus ducibus et relata tyranni
foeda scelera foedioresque libidines adeo mutavere
animos, ut insepultum iacere corpus paulo ante
4 desiderati regis paterentur. Quum ceteri ex coniuratis ad exercitum obtinendum remansissent, Theodotus et Sosis regiis equis, quanto maximo cursu
poterant, ut ignaros omnium regios opprimerent, Sy-
5 racusas contendunt. Ceterum praevenerat non fama
solum, qua nihil in talibus rebus est celerius, sed
6 nuntius etiam ex regiis servis. Itaque Andranodorus

The citadel of Syracuse held by Andranodorus against the conspirators.

et Insulam et arcem et alia, quae poterat quaeque opportuna erant, praesidiis
7 firmarat. Hexapylo Theodotus ac Sosis
post solis occasum iam obscura luce invecti, quum
cruentam regiam vestem atque insigne capitis osten-

B.C. 214.

tarent, travecti per Tycham simul ad libertatem, simul
ad arma vocantes, in Achradinam convenire iubent.
Multitudo pars procurrit in vias, pars in vestibulis 8
stat, pars ex tectis fenestrisque prospectant et, quid
rei sit, rogitant. Omnia luminibus collucent strepitu- 9
que vario complentur. Armati locis patentibus con-
gregantur; inermes ex Olympii Iovis templo spolia
Gallorum Illyriorumque, dono data Hieroni a populo
Romano fixaque ab eo, detrahunt, precantes Iovem, ut 10
volens propitius praebeat sacra arma pro patria, pro
deum delubris, pro libertate sese armantibus. Haec 11
quoque multitudo stationibus per principes regionum
urbis dispositis adiungitur. In Insula inter cetera
Andranodorus praesidiis firmarat horrea publica. Lo- 12
cus saxo quadrato saeptus atque arcis in modum emu-
nitus capitur ab iuventute, quae praesidio eius loci
attributa erat, mittuntque nuntios in Achradinam,
horrea frumentumque in senatus potestate esse.

Luce prima populus omnis, armatus inermisque, in 22
Achradinam ad curiam convenit. Ibi
pro Concordiae ara, quae in eo sita loco
erat, ex principibus unus nomine Polyaenus contionem
et liberam et moderatam habuit. Servitutis *formidi-* 2
nes indignitatesque homines expertos adversus notum
malum irritatos esse; discordia civilis quas importet
clades, audisse magis a patribus Syracusanos quam
ipsos vidisse. Arma quod impigre ceperint, laudare; 3
magis laudaturum, si non utantur nisi ultima necessitate coacti. In praesentia legatos ad An- 4
dranodorum mitti placere, qui denuntient,
ut in potestate senatus ac populi sit, portas Insulae
aperiat, reddat praesidium. Si tutelam alieni regni 5

Speech of Polyaenus to the people.

Message sent to Andranodorus.

A.U.C. 540. suum regnum velit facere, eundem se censere, multo
acrius ab Andranodoro quam ab Hieronymo repeti
6 libertatem. Ab hac contione legati missi sunt. Senatus inde haberi coeptus est, quod sicut regnante Hierone manserat publicum consilium, ita post mortem
eius ante eam diem nulla de re neque convocati neque
7 consulti fuerant. Ut ventum ad Andranodorum est,
ipsum quidem movebat et civium consensus et quum
aliae occupatae urbis partes, tum pars Insulae vel mu-
8 nitissima prodita atque alienata; sed evocatum eum
ab legatis Damarata uxor, filia Hieronis, inflata adhuc
regiis animis ac muliebri spiritu, admonet saepe usur-
9 patae Dionysii tyranni vocis, qua pedibus tractum,
non insidentem equo relinquere tyrannidem dixerit
debere: facile esse momento, quo quis velit, cedere
possessione magnae fortunae; facere et parare eam
10 difficile atque arduum esse. Spatium sumeret ad consultandum ab legatis; eo uteretur ad arcessendos ex
Leontinis milites, quibus si pecuniam regiam pollicitus
11 esset, omnia in potestate eius futura. Haec muliebria
consilia Andranodorus neque tota aspernatus est neque extemplo accepit, tutiorem ad opes affectandas
ratus esse viam, si in praesentia tempori cessisset.
12 Itaque legatos renuntiare iussit, futurum se in senatus
ac populi potestate. Postero die luce prima patefactis
13 Insulae portis, in forum Achradinae venit. Ibi in
aram Concordiae, ex qua pridie Polyaenus contionatus
erat, escendit orationemque eam orsus est, qua pri-
14 mum cunctationis suae veniam petivit: se enim clau-
sas habuisse portas, non separantem suas
res a publicis, sed, strictis semel gladiis, His speech.
timentem, qui finis caedibus esset futurus, utrum,

B.C. 214.

quod satis libertati foret, contenti nece tyranni essent,
an, quicunque aut propinquitate aut affinitate aut aliquis ministeriis regiam contigissent, alienae culpae rei
trucidarentur. Postquam animadverterit, eos, qui 15
liberassent patriam, servare etiam liberatam velle, atque undique consuli in medium, non dubitasse, quin
et corpus suum et cetera omnia, quae suae fidei tute-
laeque essent, quoniam eum, qui mandasset, suus
furor absumpsisset, patriae restitueret. Conversus 16
deinde ad interfectores tyranni ac nomine appellans
Theodotum ac Sosin, "Facinus" inquit "memorabile 17
fecistis; sed, mihi credite, inchoata vestra gloria, nondum perfecta est, periculumque ingens manet, nisi
paci et concordiae consulitis, ne libera efferetur res
publica."

His election with others to the supreme command.

Post hanc orationem claves portarum pecuniaeque 23
regiae ante pedes eorum posuit. Atque
illo quidem die dimissi ex contione laeti
circa fana omnia deum supplicaverunt
cum coniugibus ac liberis; postero die comitia praetoribus creandis habita. Creatus in primis Andrano- 2
dorus, ceteri magna ex parte interfectores tyranni.
Duos etiam absentes, Sopatrum ac Dinomenen, fece- 3
runt; qui, auditis iis, quae Syracusis acta erant,
pecuniam regiam, quae in Leontinis erat, Syracusas
devectam quaestoribus ad *id* ipsum creatis tradiderunt. Et ea, quae *in* Insula erat, Achradinam trans- 4
lata est; murique ea pars, quae ab cetera urbe nimis
firmo munimento intersaepiebat Insulam, consensu
omnium deiecta est. Secutae et ceterae res hanc in-
clinationem animorum ad libertatem.

Hippocrates atque Epicydes, audita morte tyranni, 5

A.U.C. 540.

Hippocrates and Epicydes, pretending that they are going to retire to Hannibal, secretly intrigue with the army and populace.

quam Hippocrates etiam nuntio interfecto celare voluerat, deserti a militibus,
quia id tutissimum ex praesentibus vide-
6 batur, Syracusas rediere; ubi ne suspecti
obversarentur tanquam novandi res aliquam occasionem quaerentes, praetores primum, dein
7 per eos senatum adeunt. Ab Hannibale se missos
praedicant ad Hieronymum tanquam amicum ac socium paruisse imperio eius, cuius imperator suus vo-
8 luerit. Velle ad Hannibalem redire; ceterum, quum
iter tutum non sit, vagantibus passim per totam Siciliam Romanis, petere, ut praesidii dent aliquid, quo
Locros in Italiam perducantur; gratiam magnam eos
9 parva opera apud Hannibalem inituros. Facile res
impetrata; abire enim duces regios quum peritos
militiae, tum egentes eosdem atque audaces cupiebant; sed quod volebant, non, quam maturato opus
10 erat, naviter expediebant. Interim iuvenes militares
et assueti militibus nunc apud eos ipsos, nunc apud
transfugas, quorum maxima pars ex navalibus sociis
Romanorum erat, nunc etiam apud infimae plebis
homines crimina serebant in senatum optimatesque:
11 id moliri clam eos atque struere, ut Syracusae per
speciem reconciliatae societatis in dicione Romanorum
sint, dein factio ac pauci auctores foederis renovati
dominentur.

24 His audiendis credendisque opportuna multitudo

Conspiracy of Andranodorus and Themistus.

maior in dies Syracusas confluebat, nec
Epicydi solum spem novandarum rerum,
2 sed Andranodoro etiam praebebat. Qui fessus tandem
uxoris vocibus monentis, nunc illud esse tempus occu-
pandi res, dum turbata omnia nova atque incondita

B.C. 214.

libertate essent, dum regiis stipendiis pastus obver-
saretur miles, dum ab Hannibale missi duces assueti
militibus iuvare possent incepta, cum Themisto, cui
Gelonis filia nupta erat, rem consociatam paucos post
dies Aristoni cuidam tragico actori, cui et alia arcana
committere assuerat, incaute aperit. Huic et genus 3
et fortuna honesta erant, nec ars, quia nihil tale apud
Graecos pudori est, ea deformabat; itaque fidem potiorem ratus, quam patriae debebat, indicium ad praetores defert. Qui ubi rem haud vanam 4
esse certis indiciis compererunt, consultis
senioribus et auctoritate eorum praesidio
ad fores posito, ingressos curiam Themistum atque
Andranodorum interfecerunt; et quum tumultus ab 5
re in speciem atroci, causam aliis ignorantibus, ortus
esset, silentio tandem facto indicem in curiam intro-
duxerunt. Qui quum ordine omnia edocuisset: prin- 6
cipium coniurationis factum ab Harmoniae Gelonis
filiae nuptiis, quibus Themisto iuncta esset; Afrorum 7
Hispanorumque auxiliares instructos ad caedem praetorum principumque aliorum, bonaque eorum praedae
futura interfectoribus pronuntiatum; iam mercenari- 8
orum manum, assuetam imperiis Andranodori, para-
tam fuisse ad Insulam rursus occupandam,—singula
deinde, quae per quosque agerentur, totamque viris
armisque instructam coniurationem ante oculos posuit.
Et senatui quidem tam iure caesi quam Hieronymus
videbantur; ante curiam variae atque incertae rerum 9
multitudinis clamor erat. Quam policiter minitantem
in vestibulo curiae corpora coniuratorum eo metu com-
presserunt, ut silentes integram plebem in contionem
sequerentur. Sopatro mandatum ab senatu et a col- 10

Information of it is given and Andranodorus and Themistus are put to death.

A.U.C. 25 legis, ut verba faceret. Is tanquam reos ageret, ab
540.
Speech of Sopater in justification of this.
ante acta vita orsus, quaecunque post
Hieronis mortem sceleste atque impie
facta essent, Andranodorum ac Themistum arguit fe-
2 cisse. Quid enim sua sponte Hieronymum, puerum
ac vixdum pubescentem, facere potuisse? Tutores ac
magistros eius sub aliena invidia regnasse. Itaque
aut ante Hieronymum aut certe cum Hieronymo
3 perire eos debuisse. At illos, debitos iam morti des-
tinatosque, alia nova scelera post mortem tyranni
molitos, palam primo, quum clausis Andranodorus
Insulae portis hereditatem regni creverit et, quae
4 procurator tenuerat, pro domino possederit; proditus
deinde ab eis, qui in Insula erant, circumsessus ab
universa civitate, quae Achradinam tenuerit, nequicquam palam atque aperte petitum regnum clam et
5 dolo affectare conatus sit, et *ne* beneficio quidem atque
honore potuerit vinci, quum inter liberatores patriae
6 insidiator ipse libertatis creatus esset praetor. Sed animos eis regios regias coniuges fecisse, alteri Hieronis,
7 alteri Gelonis filias nuptas. Sub hanc vocem ex omnibus partibus contionis clamor oritur, nullam earum
vivere debere nec quemquam superesse tyrannorum
8 stirpis. Ea natura multitudinis est: aut servit humiliter aut superbe dominatur; libertatem, quae media
9 est, nec cupere modice nec habere sciunt. Et non
ferme desunt irarum indulgentes ministri, qui avidos
atque intemperantes suppliciorum animos ad sanguinem
10 et caedes irritent; sicut tum extemplo praetores roga-
The royal family put to death.
tionem promulgarunt, acceptaque paene
prius quam promulgata est, ut omnes
11 regiae stirpis interficerentur; missique a praetoribus

Damaratam Hieronis et Harmoniam Gelonis filiam, B.C.
coniuges Andranodori et Themisti, interfecerunt. 214.

Heraclia erat filia Hieronis, uxor Zoippi, qui le- 26
gatus ab Hieronymo ad regem Ptolomaeum missus
voluntarium consciverat exsilium. Ea quum ad se 2
quoque veniri praescisset, in sacrarium ad penates confugit cum duabus filiabus virginibus, resolutis crini-
bus miserabilique alio habitu, et ad ea addidit preces,
nunc per memoriam Hieronis patris Gelonisque fratris, 3
ne se innoxiam invidia Hieronymi conflagrare sine-
rent: nihil se ex regno illius praeter exsilium viri ha- 4
bere; neque fortunam suam eandem vivo Hieronymo
fuisse quam sororis, neque interfecto eo causam eandem esse. Quid, quod, si Andranodoro consilia pro- 5
cessissent, illa cum viro fuerit regnatura, sibi cum
ceteris serviendum? Si quis Zoippo nuntiet, inter- 6
fectum Hieronymum ac liberatas Syracusas, cui dubium esse, quin extemplo conscensurus sit navem
atque in patriam rediturus? Quantum spes hominum 7
falli! In liberata patria coniugem eius ac liberos de
vita dimicare, quid obstantes libertati aut legibus?
Quod ab se cuiquam periculum, a sola ac prope vidua 8
et puellis in orbitate degentibus esse? At enim periculi quidem nihil ab se timeri, invisam tamen stirpem
regiam esse. Ablegarent ergo procul ab Syracusis 9
Siciliaque et asportari Alexandriam iuberent, ad
virum uxorem, ad patrem filias. Aversis auribus 10
animisque adstare, ne tempus tererent, ferrum quosdam expedientes cernebat; tum omissis pro se preci- 11
bus, puellis ut saltem parcerent, orare institit, a qua
aetate etiam hostes iratos abstinere; ne tyrannos
ulciscendo, quae odissent, scelera ipsi imitarentur.

A.U.C. 540.
12 Inter haec abstractam a penetralibus iugulant. In
virgines deinde respersas matris cruore impetum
faciunt, quae, alienata mente simul luctu metuque,
velut captae furore eo cursu se ex sacrario prori-
puerunt, ut, si effugium patuisset in publicum, im-
13 pleturae urbem tumultu fuerint. Tum quoque haud
magno aedium spatio inter medios tot armatos aliquoties integro corpore evaserunt tenentibusque, quum
tot ac tam validae eluctandae manus essent, sese eri-
14 puerunt. Tandem vulneribus confectae, quum omnia
replessent sanguine, exanimes corruerunt. Caedem-
que per se miserabilem miserabiliorem casus fecit,
quod paulo post nuntius venit, mutatis repente ad
15 misericordiam animis, ne interficerentur. Ira deinde
ex misericordia orta, quod adeo festinatum ad supplicium neque locus paenitendi aut regressus ab ira
16 relictus esset. Itaque fremere multitudo et in locum
Andranodori ac Themisti (nam ambo praetores fuerant) comitia poscere, quae nequaquam ex sententia
praetorum futura essent.

27 Statutus est comitiis dies; quo necopinantibus omnibus unus ex ultima turba Epicyden
nominavit, tum inde alius Hippocratem.
Crebriores deinde hae voces et cum haud

Hippocrates and Epicydes are elected magistrates at Syracuse.

2 dubio assensu multitudinis esse; et erat confusa contio
non populari modo, sed militari quoque turba, magna
ex parte etiam perfugis, qui omnia novare cupiebant,
3 permixtis. Praetores dissimulare primo extrahenda
re; sed postremo, victi consensu et seditionem me-
4 tuentes, pronuntiant eos praetores. Nec illi primo
statim creati nudare, quid vellent, quanquam aegre
ferebant, et de indutiis dierum decem legatos isse ad

B.C. 214.

App. Claudium et, impetratis eis, alios, qui de foedere
antiquo renovando agerent, missos. Ad Murgantiam 5
tum classem navium centum Romanus habebat, quo-
nam evaderent motus ex caedibus tyrannorum orti
Syracusis, quove eos ageret nova atque insolita libertas, opperiens.

Arrival of Marcellus in Sicily.

Per eosdem dies quum ad Marcellum venientem 6
in Siciliam legati Syracusani missi ab
Appio essent, auditis condicionibus pacis
Marcellus, posse rem convenire ratus, et ipse legatos
Syracusas, qui coram cum praetoribus de renovando
foedere agerent, misit. Et iam ibi nequaquam eadem 7
quies ac tranquillitas erat. Postquam Punicam classem
accessisse Pachynum allatum est, dempto timore Hippocrates et Epicydes nunc apud mercenarios milites,
nunc apud transfugas prodi Romano Syracusas crimi-
nabantur. Ut vero Appius naves ad ostium portus, 8
quo †aliae partis hominibus animus accederet, in statione habere coepit, ingens in speciem criminibus vanis
accesserat fides, ac primo etiam tumultuose decurrerat 9
multitudo ad prohibendos, si in terram egrederentur.

Speech of Apollonides at Syracuse.

In hac turbatione rerum in contionem vocari 28
placuit; ubi quum alii alio tenderent nec
procul seditione res esset, Apollonides,
principum unus, orationem salutarem ut in tali tempore habuit: Nec spem salutis nec perniciem pro- 2
piorem unquam civitati ulli fuisse. Si enim uno 3
animo omnes vel ad Romanos vel ad Carthaginienses
inclinent, nullius civitatis statum fortunatiorem ac
beatiorem fore; si alii alio trahant res, non inter 4
Poenos Romanosque bellum atrocius fore quam inter
ipsos Syracusanos, quum intra eosdem muros pars

A.U.C. 540.

utraque suos exercitus, sua arma, suos habitura sit
5 duces. Itaque, ut idem omnes sentiant, summa vi
agendum esse. Utra societas sit utilior, eam longe
minorem ac levioris momenti consultationem esse;
6 sed tamen Hieronis potius quam Hieronymi auctoritatem sequendam in sociis legendis, vel quinquaginta
annis feliciter expertam amicitiam nunc incognitae,
7 quondam infideli praeferendam. Esse etiam momenti
aliquid ad consilium, quod Carthaginiensibus ita pax
negari possit, ut non utique in praesentia bellum cum
eis geratur; cum Romanis extemplo aut pacem aut
8 bellum habendum. Quo minus cupiditatis ac studii
visa est oratio habere, eo plus auctoritatis habuit.
Adiectum est praetoribus ac delectis senatorum militare etiam consilium; iussi et duces ordinum praefec-
9 tique auxiliorum simul consulere. Quum saepe acta
res esset magnis certaminibus, postremo,
quia belli cum Romanis gerendi ratio
nulla apparebat, pacem fieri placuit cum eis mittique
legatos ad rem confirmandam.

It is resolved to maintain peace with Rome.

29 Dies haud ita multi intercesserant, quum ex
Leontinis legati praesidium finibus suis
orantes venerunt; quae legatio peroppor-
tuna visa ad multitudinem inconditam ac
tumultuosam exonerandam ducesque eius ablegandos.
2 Hippocrates praetor ducere eo transfugas iussus; secuti multi ex mercenariis auxiliis quattuor millia
3 armatorum effecerunt. Et mittentibus et missis ea
laeta expeditio fuit; nam et illis, quod iam diu cupiebant, novandi res occasio data est, et hi sentinam
quandam urbis rati exhaustam laetabantur. Ceterum
levaverunt modo in praesentia velut corpus aegrum,

The Leontini ask for help. Hippocrates is sent thither with the malcontents.

B.C. 214.

quo mox in graviorem morbum recideret. Hippo- 4
crates enim finitima provinciae Romanae
primo furtivis excursionibus vastare coe-

He makes raids on Roman territory.

pit; deinde, quum ad tuendos sociorum agros missum
ab Appio præsidium esset, omnibus copiis impetum in
oppositam stationem cum caede multorum fecit. Quae 5
quum essent nuntiata Marcello, legatos
extemplo Syracusas misit, qui pacis fidem
ruptam esse dicerent, nec belli defuturam

Marcellus demands that Hippocrates and Epicydes be dismissed from Sicily.

unquam causam, nisi Hippocrates atque Epicydes non
ab Syracusis modo, sed tota procul Sicilia ablegarentur.
Epicydes, ne aut reus criminis absentis 6
fratris praesens esset aut deesset pro parte
sua concitando bello, profectus et ipse in
Leontinos, quia satis eos adversus popu-

Epicydes joins his brother at Leontini and persuades the people there to refuse the Syracusan demands.

lum Romanum concitatos cernebat, avertere etiam ab
Syracusanis coepit: nam ita eos pacem pepigisse cum 7
Romanis, ut, quicunque populi sub regibus fuissent,
et suae dicionis essent, nec iam libertate eos contentos
esse, nisi etiam regnent ac dominentur. Renuntiandum 8
igitur eis esse, Leontinus quoque aequum censere
liberos *se* esse, vel quod in solo urbis suae tyrannus
ceciderit, vel quod ibi primum conclamatum ad libertatem relictisque regiis ducibus ad Syracusanos con-
cursum *sit*. Itaque aut eximendum id de foedere esse 9
aut legem eam foederis non accipiendam. Facile 10
multitudini persuasum; legatisque Syracusanorum et de
caede stationis Romanae querentibus et Hippocratem
atque Epicydem abire seu Locros seu quo alio mallent,
dummodo Sicilia cederent, iubentibus ferociter responsum est, neque mandasse sese Syracusanis, ut 11
pacem pro se cum Romanis facerent, neque teneri

A.U.C. 540.

12 alienis foederibus. Haec ad Romanos Syracusani
detulerunt, abnuentes Leontinos in sua potestate esse:
itaque integro secum foedere bellum Romanos cum iis
gesturos, neque sese defuturos ei bello, ita ut in
potestatem redacti suae rursus dicionis essent, sicut
pax convenisset.

Marcellus attacks and captures Leontini.

30 Marcellus cum omni exercitu profectus in Leontinos, Appio quoque accito, ut altera parte
aggrederetur, tanto ardore militum est
usus ab ira inter condiciones pacis interfectae stationis,
2 ut primo impetu urbem expugnarent. Hippocrates
atque Epicydes postquam capi muros re-
fringique portas videre, in arcem sese
cum paucis recepere; inde clam nocte Herbesum per-
3 fugiunt. Syracusanis octo millium armatorum agmine
profectis domo ad Mylan flumen nuntius occurrit,
captam urbem esse, cetera falsa mixta veris ferens:
4 caedem promiscuam militum atque oppidanorum factam, nec quicquam puberum arbitrari superesse;
5 direptam urbem, bona locupletium donata. Ad nuntium tam atrocem constitit agmen, concitatisque
omnibus, duces (erant autem Sosis ac Dinomenes), quid
6 agerent, consultabant. Terroris speciem
haud vanam mendacio praebuerant ver-
berati ac securi percussi transfugae, ad
7 duo millia hominum; ceterum Leon-
tinorum militumque aliorum nemo post captam urbem
violatus fuerat, suaque omnia eis, nisi quae primus
tumultus captae urbis absumpserat, restituebantur.
8 Nec ut Leontinos irent, proditos ad caedem commili-
tones querentes, perpelli potuere, nec ut eodem loco
9 certiorem nuntium exspectarent. Quum ad defec-

Hippocrates and Epicydes escape.

Moved by an exaggerated report of the cruelty of Marcellus, the Syracusan army refuses to advance to Leontini.

B.C. 214.

tionem inclinatos animos cernerent praetores, sed eum
motum haud diuturnum fore, si duces amentiae sub-
lati essent, exercitum ducunt Megara, ipsi cum paucis 10
equitibus Herbesum proficiscuntur, spe, territis omnibus, per proditionem urbis potiundae. Quod ubi 11
frustra eis fuit inceptum, vi agendum rati postero die
Megaris castra movent, ut Herbesum omnibus copiis
oppugnarent. Hippocrates et Epicydes 12
non tam tutum prima specie quam unum,
spe undique abscisa, consilium esse rati,
ut se militibus permitterent et assuetis
magna ex parte sibi et tum fama caedis commilitonum
accensis, obviam agmini procedunt. Prima forte signa 13
sexcentorum Cretensium erant, qui apud Hieronymum
meruerant sub eis et Hannibalis beneficium habebant,
capti ad Trasumennum inter Romanorum auxilia
dimissique. Quos ubi ex signis armorumque habitu 14
cognovere Hippocrates atque Epicydes, ramos oleae ac
velamenta alia supplicum porrigentes orare, ut reciperent sese, receptos tutarentur neu proderent Syracusanis, a quibus ipsi mox trucidandi populo Romano
dederentur. Enimvero conclamant, bonum ut animum 31
haberent; omnem se cum illis fortunam subituros.
Inter hoc colloquium signa constiterant tenebaturque 2
agmen, necdum, quae morae causa foret, pervenerat ad
duces. Postquam Hippocraten atque Epicyden *adesse*
pervasit rumor, fremitusque toto agmine erat haud
dubie approbantium adventum eorum, extemplo præ-
tores citatis equis ad prima signa perrexerunt. Qui 3
mos ille, quae licentia Cretensium esset, rogitantes,
colloquia serendi cum hoste iniussuque praetorum mis-
cendi eos agmini suo, comprehendi iniicique catenas

Hippocrates and Epicydes meet the army near Herbesus, and throw themselves on the protection of the soldiers.

A.U.C. 540.

4 iusserunt Hippocrati. Ad quam vocem tantus extemplo
primum a Cretensibus clamor est ortus, deinde ex-
ceptus ab aliis, ut facile, si ultra tenderent, appareret
5 eis timendum esse. Solliciti incertique rerum suarum
Megara, unde profecti erant, referri signa iubent,
nuntiosque de statu praesenti Syracusas mittunt.

Stratagem of Hippocrates.

6 Fraudem quoque Hippocrates addit in-
clinatis ad omnem suspicionem animis, et
Cretensium quibusdam ad itinera insidenda missis,
velut interceptas litteras, quas ipse composuerat, re-
citat: "Praetores Syracusani consuli Marcello."
7 Secundum salutem, ut assolet, scriptum erat, recte
eum atque ordine fecisse, quod in Leontinis nulli
8 pepercisset; sed omnium mercenariorum militum
eandem esse causam, nec unquam Syracusas quieturas,
donec quicquam externorum auxiliorum aut in urbe
9 aut in exercitu suo esset. Itaque daret operam, ut
eos, qui cum suis praetoribus castra ad Megara haberent, in suam potestatem redigeret ac supplicio
10 eorum liberaret tandem Syracusas. Haec quum
recitata essent, cum tanto clamore ad arma discursum
est, ut praetores inter tumultum pavidi abequitaverint
11 Syracusas. Et ne fuga quidem eorum seditio com-
pressa est, impetusque in Syracusanos milites fiebant,
nec ab ullo temperatum foret, ni Epicydes atque Hip-
12 pocrates irae multitudinis obviam issent, non a
misericordia aut humano consilio, sed ne spem reditus
praeciderent sibi et quum ipsos simul milites fidos
13 haberent, simul obsides, tum cognatos quoque eorum
atque amicos tanto merito primum, dein pignore sibi
14 conciliarent. Expertique, quam vana aut levi aura
mobile vulgus esset, militem nancti ex eo numero,

B.C. 214.

qui in Leontinis circumsessi erant, subornant, ut Syracusas perferret nuntium convenientem eis, quae ad
Mylan falso nuntiata erant, auctoremque se exhibendo 15
ac velut visa, quae dubia erant, narrando concitaret
iras hominum. Huic non apud vulgum modo fides 32
fuit, sed senatum quoque in curiam introductus movit.
Haud vani quidam homines palam ferre, perbene
detectam in Leontinis esse avaritiam et crudelitatem
Romanorum; eadem, si intrassent Syracusas, aut
foediora etiam, quo maius ibi avaritiae praemium
esset, facturos fuisse. Itaque claudendas cuncti portas 2
et custodiendam urbem censere; sed non ab iisdem
omnes timere nec eosdem odisse. Ad militare genus
omne partemque magnam plebis invisum esse nomen
Romanum; praetores optimatiumque pauci, quan- 3
quam inflati vano nuntio erant, tamen ad propius
praesentiusque malum cautiores esse. Et iam ad 4
Hexapylum erant Hippocrates atque Epicydes, serebanturque colloquia per pro-
pinquos popularium, qui in exercitu erant, ut portas
aperirent sinerentque communem patriam defendi ab
impetu Romanorum. Iam unis foribus Hexapyli 5
apertis coepti erant recipi, quum praetores inter-
venerunt. Et primo imperio minisque, deinde auctoritate deterrendo, postremo, ut omnia vana erant,
obliti maiestatis precibus agebant, ne proderent patriam tyranni ante satellitibus et tum corruptoribus
exercitus. Sed surdae ad omnia aures concitatae mul- 6
titudinis erant, nec minore intus vi quam foris portae
effringebantur, effractisque omnibus, toto Hexapylo
agmen receptum est. Praetores in Achradinam cum 7
iuventute popularium confugiunt. Mercenarii milites

Hippocrates and Epicydes enter Syracuse,

A.U.C. 540.

perfugaeque, et quicquid regiorum militum Syracusis
8 erat, agmen hostium augent. Ita Achradina quoque
primo impetu capitur, praetorumque nisi qui inter
tumultum effugerunt, omnes interficiuntur. Nox cae-
9 dibus finem fecit. Postero die servi ad pileum vocati
et carcere vincti emissi; confusaque haec omnis multitudo Hippocraten atque Epicyden creant
praetores; Syracusaeque, quum breve
tempus libertas affulsisset, in antiquam servitutem
reciderant.

and are invested with the supreme command.

33 Haec nuntiata quum essent Romanis, ex Leontinis
mota sunt extemplo castra ad Syracusas.
2 Et ab Appio legati per portum missi
forte in quinqueremi erant. Praemissa quadriremis
quum intrasset fauces portus, capitur; legati aegre
3 effugerunt; et iam non modo pacis, sed ne belli
quidem iura relicta erant, quum Romanus exercitus
ad Olympium (Iovis id templum est) mille et quin-
4 gentos passus ab urbe castra posuit. Inde quoque
legatos praemitti placuit; quibus, ne intrarent urbem,
extra portam Hippocrates atque Epicydes obviam cum
5 suis processerunt. Romanus orator non bellum se
Syracusanis, sed opem auxiliumque afferre ait, et eis,
qui ex media caede elapsi perfugerint ad se, et eis,
qui metu oppressi foediorem non exsilio solum, sed
etiam morte servitutem patiantur; nec caedem nefan-
6 dam sociorum inultam Romanos passuros. Itaque si
eis, qui ad se perfugerint, tutus in patriam reditus
pateret, caedis auctores dedantur et libertas legesque
Syracusanis restituantur, nihil armis opus esse; si ea
non fiant, quicunque in mora sit, bello persecuturos.
7 Ad ea Epicydes, si qua ad se mandata haberent, re-

The Romans advance on Syracuse.

B.C. 214.

sponsum eis ait se daturos fuisse; quum in eorum, ad
quos venerint, manu res Syracusana esset, tum rever-
terentur. Si bello lacesserent, ipsa re intellecturos, 8
nequaquam idem esse Syracusas ac Leontinos oppugnare. Ita legatis relictis portas clausit.

Inde terra marique simul coeptae oppugnari Syra- 9
cusae, terra ab Hexapylo, mari ab Achradina, cuius murus fluctu alluitur; et quia,

Attacks on Syracuse by land and sea.

sicut Leontinos terrore ac primo impetu ceperant, non
diffidebant, vastam disiectamque spatio urbem parte
aliqua se invasuros, omnem apparatum oppugnanda-
rum urbium muris admoverunt. Et habuisset tanto 34
impetu coepta res fortunam, nisi unus homo Syracusis
ea tempestate fuisset. Archimedes is erat, unicus 2
spectator caeli siderumque, mirabilior
tamen inventor ac machinator bellico-

Devices of Archimedes.

rum tormentorum operumque, quibus, *quicquid* hostes
ingenti mole agerent, ipse perlevi momento ludifica-
retur. Murum per inaequales ductum colles, pleraque 3
alta et difficilia aditu, summissa quaedam et quae
planis vallibus adiri possent, *ut* cuique aptum visum
est loco, ita genere omni tormentorum instruxit.
Achradinae murum, qui, ut ante dictum est, mari 4
alluitur, sexaginta quinqueremibus Marcellus oppug-
nabat. Ex ceteris navibus sagittarii funditoresque et 5
velites etiam, quorum telum ad remittendum inhabile
imperitis est, vix quemquam sine vulnere consistere
in muro patiebantur; hi, quia spatio missilibus opus 6
est, procul muro tenebant naves; iunctae aliae binae
quinqueremes, demptis interioribus remis, ut latus
lateri applicaretur, quum exteriore ordine remorum 7
velut una navis agerentur, turres contabulatas machi-

A.U.C. 540. 8 namentaque alia quatiendis muris portabant. Adversus hunc navalem apparatum Archimedes variae mag-
nitudinis tormenta in muris disposuit. In eas, quae
procul erant, naves saxa ingenti pondere emittebat;
propiores levioribus eoque magis crebris petebat telis;
9 postremo, ut sui vulnere intacti tela in hostem inge-
rerent, murum ab imo ad summum crebris cubitalibus
fere cavis aperuit, per quae cava pars sagittis, pars
scorpionibus modicis ex occulto petebant hostem.
10 Quia propius quaedam subibant naves, quo interiores
ictibus tormentorum essent, in eas, tollenone super
murum eminente, ferrea manus firmae catenae illi-
gata quum iniecta prorae esset gravique libramento
plumbi recelleret ad solum, suspensa prora navem in
11 puppim statuebat; dein remissa subito velut ex muro
cadentem navem cum ingenti trepidatione nautarum
ita undae affligebat, ut, etiamsi recta recideret, ali-
12 quantum aquae acciperet. Ita maritima oppugnatio
est elusa, omnisque spes eo versa, ut totis viribus
13 terra aggrederentur. Sed ea quoque pars eodem omni
apparatu tormentorum instructa erat Hieronis im-
pensis curaque per multos annos, Archimedis unica
14 arte. Natura etiam adiuvabat loci, quod saxum, cui
imposita muri fundamenta sunt, magna parte ita pro-
clive est, ut non solum missa tormento, sed etiam,
quae pondere suo provoluta essent, graviter in hos-
15 tem inciderent. Eadem causa ad subeundum arduum
16 aditum instabilemque ingressum praebebat. Ita consilio habito, quoniam omnis conatus ludibrio esset,
absistere oppugnatione atque obsidendo tantum arcere
terra marique commeatibus hostem placuit.

35 Interim Marcellus cum tertia fere parte exercitus

B.C. 214.

Marcellus reduces other towns in Sicily.

ad recipiendas urbes profectus, quae in
motu rerum ad Carthaginienses defecerant, Helorum atque Herbesum dedentibus ipsis recepit, Megara vi capta diruit ac diripuit ad reliquorum 2
ac maxime Syracusanorum terrorem. Per idem fere 3
tempus et Himilco, qui ad Pachyni pro-

Arrival of Himilco.

muntorium classem diu tenuerat, ad Heracleam, quam vocant Minoam, quinque et viginti
millia peditum, tria equitum, duodecim elephantos
exposuit, nequaquam cum quantis copiis ante tenu- 4
erat ad Pachynum classem; sed, postquam ab Hippocrate occupatae Syracusae erant, profectus Carthaginem
adiutusque ibi et ab legatis Hippocratis et litteris
Hannibalis, qui venisse tempus aiebat Siciliae per
summum decus repetendae, et ipse haud vanus prae- 5
sens monitor facile perpulerat, ut, quantae maximae
possent, peditum equitumque copiae in Siciliam traii-
cerentur. Adveniens Heracleam, intra paucos inde 6
dies Agrigentum recepit; aliarumque civitatium, quae
partis Carthaginiensium erant, adeo accensae sunt spes
ad pellendos Sicilia Romanos, ut postremo etiam, qui
obsidebantur Syracusis, animos sustulerint et, parte 7
copiarum satis defendi urbem posse rati, ita inter se
munera belli partiti sint, ut Epicydes praeesset custodiae urbis, Hippocrates Himilconi coniunctus bellum
adversus consulem Romanum gereret. Cum decem 8
millibus peditum, quingentis equitibus

Defeat of Hippocrates by Marcellus.

nocte per intermissa custodiis loca profectus castra circa Acrillas urbem ponebat. Muni- 9
entibus supervenit Marcellus ab Agrigento iam occu-
pato, quum frustra eo praevenire hostem festinans
tetendisset, rediens, nihil minus ratus, quam illo tem-

8—2

A.U.C. 540.

pore ac loco Syracusanum sibi exercitum obvium fore;
sed tamen metu Himilconis Poenorumque, ut quibus
nequaquam eis copiis, quas habebat, par esset, quam
poterat maxime intentus atque agmine ad omnes
36 casus composito ibat. Forte ea cura, quae adversus
Poenos praeparata *erat*, adversus Siculos usui fuit.
Castris ponendis incompositos ac dispersos nanctus eos
et plerosque inermes, quod peditum fuit, circumvenit;
eques, levi certamine inito, cum Hippocrate Acras
perfugit.

Marcellus returns to Syracuse.

2 Ea pugna deficientes ab Romanis quum cohibuis-
set Siculos, Marcellus Syracusas rediit;
et post paucos dies Himilco, adiuncto
Hippocrate, ad flumen Anapum, octo ferme inde
3 millia, castra posuit. Sub idem forte tempus et

Arrival of Roman and Carthaginian troops in Sicily.

naves longae quinque et quinquaginta
Carthaginiensium cum Bomilcare in magnum portum Syracusas ex alto decurrere,
4 et Romana item classis, triginta quinqueremes, legionem primam Panormi exposuere; versumque ab Italia
bellum (adeo uterque populus in Siciliam intentus
5 fuit) videri poterat. Legionem Romanam, quae ex-
posita Panormi erat, venientem Syracusas praedae
haud dubie sibi futuram Himilco ratus via decipitur.
6 Mediterraneo namque Poenus itinere duxit; legio
maritimis locis, classe prosequente, ad App. Claudium
Pachynum cum parte copiarum obviam progressum
7 pervenit. Nec diutius Poeni ad Syracusas morati
sunt: et Bomilcar, simul parum fidens navibus suis,
duplici facile numero classem habentibus Romanis,
simul inutili mora cernens nihil aliud ab suis quam
8 inopiam aggravari sociorum, velis in altum datis in

B.C. 214.

Africam transmisit, et Himilco, secutus nequicquam
Marcellum Syracusas, si qua, priusquam maioribus
copiis iungeretur, occasio pugnandi esset, postquam
ea nulla contigerat tutumque ad Syracusas et munimento et viribus hostem cernebat, *ne* frustra assi- 9
dendo spectandoque obsidionem sociorum tempus te-
reret, castra inde movit, ut, quocunque vocasset defectionis ab Romano spes, admoveret exercitum ac
praesens suas res foventibus adderet animos. Mur- 10
gantiam primum, prodito ab ipsis praesidio Romano,
recipit, ubi frumenti magna vis commeatusque omnis
generis convecti erant Romanis.

The people of Henna prepare to revolt from the Romans.

Ad hanc defectionem erecti sunt et aliarum civi- **37**
tatium animi, praesidiaque Romana aut
pellebantur arcibus aut prodita per fraudem opprimebantur. Henna, excelso loco 2
ac praerupto undique sita, quum loco inexpugnabilis
erat, tum praesidium in arce validum praefectumque
praesidii haud sane opportunum insidiantibus habebat. L. Pinarius erat, vir acer et qui plus in eo, 3
ne posset decipi, quam in fide Siculorum reponeret;
et tum intenderant eum ad cavendi om-
nia curam tot auditae proditiones defec-
tionesque urbium et clades praesidiorum. Itaque 4
die ac nocte iuxta parata instructaque omnia custodiis
ac vigiliis erant, nec ab armis aut loco suo miles
abscedebat. Quod ubi Hennensium principes, iam 5
pacti cum Himilcone de proditione praesidii, animad-
verterunt, nulli occasioni fraudis Romanum patere,
palam erat agendum. Urbem arcemque suae potes- 6
tatis aiunt debere esse, si liberi in societatem, non
servi in custodiam traditi essent Romanis. Itaque

Precautions of Pinarius.

A.U.C. 540.

7 claves portarum reddi sibi aequum censent: bonis
sociis fidem suam maximum vinculum esse, et ita sibi
populum Romanum senatumque gratias habiturum,
8 si volentes ac non coacti mansissent in amicitia. Ad
ea Romanus se in praesidio impositum esse dicere
ab imperatore suo, clavesque portarum et custodiam
arcis ab eo accepisse, quae nec suo nec Hennensium
9 arbitrio haberet, sed eius, qui commisisset. Praesidio
decedere apud Romanos capital esse, et nece liberorum
etiam suorum eam *noxiam* parentes sanxisse. Consulem
Marcellum haud procul esse; ad eum mitterent
legatos, cuius iuris atque arbitrii *res* esset.
10 Se vero negare illi missuros, testarique, si verbis
nihil agerent, vindictam aliquam libertatis suae quaesi-
11 turos. Tum Pinarius: at illi, si ad consulem
gravarentur mittere, sibi saltem
darent populi concilium, ut sciretur, utrum paucorum
ea denuntiatio an universae civitatis esset. Consensa
in posterum diem contio.

He proposes a public meeting.

38 Postquam ab eo colloquio in arcem sese recepit,
convocatis suis, "Credo ego vos audisse,
milites," inquit, "quemadmodum praesidia
Romana ab Siculis circumventa et oppressa sint
2 per hos dies. Eam vos fraudem deum primo benignitate,
dein vestra ipsi virtute, dies noctesque perstando
ac pervigilando in armis, vitastis. Utinam reliquum
tempus nec patiendo infanda nec faciendo traduci
3 posset. Haec occulta in fraude cautio est, qua usi
adhuc sumus; cui quoniam parum succedit, aperte
ac propalam claves portarum reposcunt; quas simul
tradiderimus, Carthaginiensium extemplo Henna erit,
foediusque hic trucidabimur, quam Murgantiae prae-

His speech to his soldiers.

B.C. 214.

sidium interfectum est. Noctem unam aegre ad con- 4
sultandum sumpsi, qua vos certiores periculi instantis
facerem. Orta luce contionem habituri sunt ad cri-
minandum me concitandumque in vos populum. Ita- 5
que crastino die aut vestro aut Hennensium sanguine
Henna inundabitur. Nec praeoccupati spem ullam
nec occupantes periculi quicquam habebitis; qui prior
strinxerit ferrum, eius victoria erit. Intenti ergo 6
omnes armatique signum exspectabitis. Ego in contione ero et tempus, quoad omnia instructa sint,
loquendo altercandoque traham. Quum toga signum 7
dedero, tum mihi undique clamore sublato turbam
invadite ac sternite omnia ferro; et cavete, quisquam
supersit, cuius aut vis aut fraus timeri possit. Vos, 8
Ceres mater ac Proserpina, precor, ceteri superi infer-
nique di, qui hanc urbem, hos sacratos lacus lucosque
colitis, ut ita nobis volentes propitii adsitis, si vitandae,
non *ferendae* fraudis causa hoc consilii capimus. Plu- 9
ribus vos, milites, hortarer, si cum armatis dimicatio
futura esset; inermes, incautos ad satietatem truci-
dabitis; et consulis castra in propinquo sunt, ne quid
ab Himilcone et Carthaginiensibus timeri possit."

Massacre of the people of Henna.

Ab hac adhortatione dimissi corpora curant. Pos- 39
tero die alii aliis locis ad obsidenda itinera
claudendosque oppositi exitus; pars maxima super theatrum circaque, assueti et ante specta-
culo contionum, consistunt. Productus ad populum a 2
magistratibus praefectus Romanus quum consulis de
ea re ius ac potestatem esse, non suam, et pleraque
eadem, quae pridie, dixisset, et primo sensim ac plures 3
reddere claves, dein iam una voce id omnes iuberent
cunctantique et differenti normally ferociter minitarentur nec

A.U.C. 540.

viderentur ultra vim ultimam dilaturi, tum prae-
4 fectus toga signum, ut convenerat, dedit, milites que
intenti dudum ac parati alii superne *in* aversam
contionem clamore sublato decurrunt, alii ad exitus
5 theatri conferti obsistunt. Caeduntur Hennenses
cavea inclusi coacervanturque non caede solum, sed
etiam fuga, quum *alii* super aliorum capita ruerent
et integri sauciis, vivi mortuis incidentes cumularentur.
6 Inde passim discurritur, et urbis captae modo fugaque et caedes omnia tenet, nihilo remissiore militum
ira, quod turbam inermem caedebant, quam si peri-
7 culum par et ardor certaminis eos irritaret. Ita
Henna aut malo aut necessario facinore retenta.

Consequences of this action.

Marcellus nec factum improbavit et praedam Hennensium militibus concessit, ratus timore
deterritos *temperaturos* proditionibus
8 praesidiorum Siculos. Atque ea clades, ut urbis in
media Sicilia sitae claraeque vel ob insignem munimento naturali locum vel ob sacrata omnia vestigiis
9 raptae quondam Proserpinae, prope uno die omnem
Siciliam pervasit, et quia caede infanda rebantur non
hominum tantum, sed etiam deorum sedem violatam
esse, tum vero etiam qui ante dubii fuerant, defecere
10 ad Poenos. Hippocrates inde Murgantiam, Himilco
Agrigentum sese recepit, quum acciti a proditoribus
nequicquam ad Hennam exercitum admovissent.
11 Marcellus retro in Leontinos redit, frumentoque et
commeatibus aliis in castra convectis, praesidio mo-
12 dico ibi relicto, ad Syracusas obsidendas venit. Inde
App. Claudio Romam ad consulatum petendum misso,
T. Quinctium Crispinum in eius locum classi castris-
13 que praeficit veteribus; ipse hibernacula quinque

millia passuum *ab* Hexapylo (Leonta vocant locum) B.C. 214.
communiit aedificavitque. Haec in Sicilia usque ad
principium hiemis gesta.

Eadem aestate et cum Philippo rege, quod iam ante 40
suspectum fuerat, motum bellum est. Le- 2
gati ab Orico ad M. Valerium praetorem
venerunt, praesidentem classi Brundisio Calabriaeque
circa litoribus, nuntiantes Philippum primum Apolloniam tentasse, lembis biremibus centum viginti
flumine adverso subvectum; deinde, ut ea res tardior 3
spe fuerit, ad Oricum clam nocte exercitum ad-
movisse, eamque urbem, sitam in plano, neque
moenibus neque viris atque armis validam, primo impetu oppressam esse. Haec nuntiantes orabant, ut 4
opem ferret hostemque haud dubium Romanis mari
ac terra maritimis urbibus arceret, quae ob nullam
aliam causam, nisi quod imminerent Italiae, peterentur.
M. Valerius, duorum millium praesidio *relicto prae-* 5
*posito*que eis P. Valerio legato, cum classe instructa
parataque et, quod longae naves militum capere non
poterant, in onerarias impositis, altero die Oricum
pervenit; urbemque eam, levi tenente praesidio, quod 6
recedens inde *rex* reliquerat, haud magno certamine
recepit. Legati eo ab Apollonia venerunt, nuntiantes 7
in obsidione sese, quod deficere ab Romanis nollent,
esse neque sustinere ultra vim Macedonum posse, nisi
praesidium mittatur Romanum. Facturum se, quae 8
vellent, pollicitus, duo millia delectorum militum navibus longis mittit ad ostium fluminis cum praefecto
socium Q. Naevio Crista, viro impigro et perito militiae. Is, expositis in terram militibus navibusque 9
Oricum retro, unde venerat, ad ceteram classem re-

War of the Romans with Philip of Macedonia.

A.U.C. 540.

missis, milites procul a flumine per viam minime ab
regiis obsessam duxit et nocte, ita ut nemo hostium
10 sentiret, urbem est ingressus. Diem insequentem
quievere, dum praefectus iuventutem Apolloniatium
armaque et urbis vires inspiceret. Ubi ea visa in-
spectaque satis animorum fecere, simulque ab explora-
toribus comperit, quanta socordia ac negligentia apud
11 hostes esset, silentio noctis ab urbe sine ullo tumultu

Surprise and defeat of the Macedonians.

egressus castra hostium adeo neglecta atque aperta intravit, ut satis constaret,
prius mille hominum vallum intrasse, quam quisquam
sentiret, ac, si caede abstinuissent, pervenire ad taber-
12 naculum regium potuisse. Caedes proximorum portae
excitavit hostes. Inde tantus terror pavorque omnes
occupavit, ut non modo alius quisquam arma caperet
13 aut castris pellere hostem conaretur, sed etiam ipse
rex, sicut somno excitus erat, prope seminudus fugiens, militi quoque, nedum regi vix decoro habitu, ad
flumen navesque perfugerit. Eodem et alia turba
14 effusa est. Paulo minus tria millia militum in castris
aut capta aut occisa; plus tamen hominum aliquanto
15 captum quam caesum est. Castris direptis, Apolloniatae
catapultas, ballistas tormentaque alia, quae oppugnandae urbi comparata erant, ad tuenda moenia, si
quando similis fortuna venisset, Apolloniam devexere;
cetera omnis praeda castrorum Romanis concessa est.
16 Haec quum Oricum essent nuntiata, M. Valerius
classem extemplo ad ostium fluminis duxit, ne navibus
17 capessere fugam rex posset. Itaque Philippus, neque
terrestri neque navali certamini satis fore parem se
fidens, subductis navibus atque incensis, terra Macedoniam petiit, magna ex parte inermi exercitu spo-

liatoque. Romana classis cum M. Valerio Orici B.C. 214.
hibernavit.

Eodem anno in Hispania varie res gestae. Nam 41
priusquam Romani amnem Hiberum trans-
irent, ingentes copias Hispanorum Mago
et Hasdrubal fuderunt; defecissetque ab Romanis ul- 2
terior Hispania, ni P. Cornelius, raptim traducto exercitu Hiberum, dubiis sociorum animis in tempore
advenisset. Primo ad Castrum Album (locus est in- 3
signis caede magni Hamilcaris) castra Romani habuere. Arx erat munita, et convexerant ante fru- 4
mentum; tamen, quia omnia circa hostium plena erant,
agmenque Romanum impune incursatum ab equitibus
hostium fuerat et ad duo millia aut moratorum aut
palantium per agros interfecta, cessere inde Romani
propius pacata loca et ad montem Victoriae castra
communivere. Eo Cn. Scipio cum omnibus copiis et 5
Hasdrubal Gisgonis filius, tertius Carthaginiensium
dux, cum exercitu iusto advenit, contraque castra
Romana trans fluvium omnes consedere. P. Scipio 6
cum expeditis clam profectus ad loca circa visenda
haud fefellit hostes, oppressissentque eum in patentibus campis, ni tumulum in propinquo cepisset. Ibi
quoque circumsessus adventu fratris obsidione eximitur.
Castulo, urbs Hispaniae valida ac nobilis et adeo con- 7
iuncta societate Poenis, ut uxor inde Hannibali esset,
ad Romanos defecit. Carthaginienses Iliturgim op- 8
pugnare adorti, quia praesidium ibi Romanum erat;
videbanturque inopia maxime eum locum expugnaturi.
Cn. Scipio, ut sociis praesidioque ferret opem, cum 9
legione expedita profectus inter bina castra cum magna
caede hostium urbem est ingressus, et postero die

Events in Spain.

A.U.C. 540. 10 eruptione aeque felici pugnavit. Supra duodecim
millia hominum caesa duobus proeliis; plus mille
hominum captum cum sex et triginta militaribus sig-
11 nis. Ita ab Iliturgi recessum est. Bigerra inde urbs
(socii et hi Romanorum erant) a Carthaginiensibus
oppugnari coepta est. Eam obsidionem sine certamine
42 adveniens Cn. Scipio solvit. Ad Mundam exinde
castra Punica mota, et Romani eo confestim secuti
2 sunt. Ibi signis collatis pugnatum per quattuor ferme

Battle at Munda. Roman victories.

horas, egregieque vincentibus Romanis,
signum receptui est datum, quod Cn.
Scipionis femur tragula confixum erat pavorque circa
eum ceperat milites, ne mortiferum esset vulnus.
3 Ceterum haud dubium fuit, quin, nisi ea mora intervenisset, castra eo die Punica capi potuerint; nam
non milites solum, sed elephanti etiam usque ad vallum acti erant, superque fossas novem et triginta
4 elephanti pilis confixi. Hoc quoque proelio ad duodecim millia hominum dicuntur caesa, prope tria capta
5 cum signis militaribus septem et quinquaginta. Ad
Auringem inde urbem Poeni recessere, et, ut territis
instaret, secutus Romanus. Ibi iterum Scipio lecticula
in aciem illatus conflixit, nec dubia victoria fuit;
minus tamen dimidio hostium quam antea, quia pau-
6 ciores superfuerant, qui pugnarent, occisum. Sed gens
nata instaurandis reparandisque bellis, Magone ad conquisitionem militum *a* fratre misso, brevi replevit exercitum animosque ad tentandum de integro certamen
7 fecit. Alii plerique milites, quippe pro parte toties
intra paucos dies victa, iisdem animis, quibus priores,
8 eodemque eventu pugnavere. Plus octo millia hominum caesa, haud multo minus quam mille captum et

B.C. 214.

signa militaria quinquaginta octo. Et spolia plurima
Gallica fuere, aurei torques armillaeque, magnus numerus; duo etiam insignes reguli Gallorum (Moenia-
coepto et Vismaro nomina erant) eo proelio ceciderunt.
Octo elephanti capti, tres occisi.

Quum tam prosperae *res* in Hispania essent, vere- 9
cundia Romanos tandem cepit, Saguntum
oppidum, quae causa belli esset, octavum

Recovery of Saguntum by the Romans.

iam annum sub hostium potestate esse. Itaque id 10
oppidum, vi pulso praesidio Punico, receperunt cul-
toribusque antiquis, quos ex iis vis reliquerat belli,
restituerunt; et Turdetanos, qui contraxerant eis cum 11
Carthaginiensibus bellum, in potestatem redactos sub
corona vendiderunt urbemque eorum delerunt.

Haec in Hispania Q. Fabio, M. Claudio consulibus 43
gesta. Romae quum tribuni plebis novi 2
magistratum inissent, extemplo censori-

Threatened impeachment of the Censors.

bus P. Furio et M. Atilio a *M.* Metello tribuno plebis
dies dicta ad populum est (quaestorem eum proximo 3
anno, adempto equo, tribu moverant atque aerarium
fecerant propter coniurationem deserendae Italiae ad
Cannas factam), sed novem tribunorum auxilio vetiti
causam in magistratu dicere dimissique fuerant. Ne 4
lustrum perficerent, mors prohibuit P. Furii; M.
Atilius magistratu se abdicavit.

Comitia consularia habita ab Q. Fabio Maximo 5
consule. Creati consules ambo absentes,
Q. Fabius Maximus, consulis filius, et

Elections.

Ti. Sempronius Gracchus iterum. Praetores fiunt 6
duo, qui tum aediles curules erant, P. Sempronius
Tuditanus et Cn. Fulvius Centumalus et *M. Atilius*
et M. Aemilius Lepidus. Ludos scenicos per quatri- 7

A.U.C. 540. duum eo anno primum factos ab curulibus aedilibus
8 memoriae proditur. Aedilis Tuditanus hic erat, qui
ad Cannas, pavore aliis in tanta clade torpentibus,
per medios hostes duxit.

9 Comitiis perfectis, auctore Q. Fabio consule desig-
nati consules Romam accersiti magistra-
tum inierunt, senatumque de bello ac provinciis suis praetorumque et de exercitibus, quibus

Distribution of troops and commands.

A.U.C. 541. B.C. 213.

44 quique praeessent, consuluerunt, itaque provinciae
atque exercitus divisi: Bellum cum Hannibale consulibus mandatum et exercituum unus, quem ipse
Sempronius habuerat, alter, quem Fabius consul;
2 eae binae erant legiones. M. Aemilius praetor, cuius
peregrina sors erat, iurisdictione M. Atilio collegae,
praetori urbano, mandata, Luceriam provinciam haberet legionesque duas, quibus Q. Fabius, qui tum
3 consul erat, praetor praefuerat. P. Sempronio provincia Ariminum, Cn. Fulvio Suessula cum binis item
legionibus evenerunt, ut Fulvius urbanas legiones
4 duceret, Tuditanus a M. Pomponio acciperet. Pro-
rogata imperia provinciaeque, M. Claudio Sicilia finibus eis, quibus regnum Hieronis fuisset, Lentulo
propraetori provincia vetus, T. Otacilio classis (ex-
5 ercitus nulli additi novi); M. Valerio Graecia Mace-
doniaque cum legione et classe, quam haberet; Q.
Mucio cum vetere exercitu (duae autem legiones
erant) Sardinia; C. Terentio *cum* legione una, cui
6 iam praeerat, Picenum. Scribi praeterea duae urbanae legiones iussae et viginti millia sociorum.
His ducibus, his copiis adversus multa simul aut
mota aut suspecta bella muniverunt Romanum imperium.

B.C. 213.

Consules, duabus urbanis legionibus scriptis sup- 7
plementoque in alias lecto, priusquam
ab urbe moverent, prodigia procurarunt
quae nuntiata erant. Murus ac portae Caietae, et 8
Ariciae etiam Iovis aedes de caelo tacta fuerat. Et
alia ludibria oculorum auriumque credita pro veris:
navium longarum species in flumine Tarracinae, quae
nullae erant, visas, et in Iovis Vicilini templo, quod
in Compsano agro est, arma concrepuisse, et flumen
Amiterni cruentum fluxisse. His procuratis ex de- 9
creto pontificum, profecti consules Sempronius in Lu-
canos, in Apuliam Fabius. Pater filio
legatus ad Suessulam in castra venit.
Quum obviam filius progrederetur lictoresque vere- 10
cundia maiestatis eius taciti anteirent, praeter un-
decim fasces equo praevectus senex, ut consul animadvertere proximum lictorem iussit et is, ut descenderet
ex equo, inclamavit, tum demum desiliens "Experiri"
inquit "volui, fili, satin' scires, consulem te esse."

Portents.

Q. Fabius Maximus as legate in his son's camp.

In ea castra Dasius Altinius Arpinus clam nocte **45**
cum tribus servis venit, promittens, si
sibi praemio foret, se Arpos proditurum
esse. Eam rem ad consilium *quum* ret- 2
tulisset Fabius, aliis pro transfuga verberandus necan-
dusque videri ancipitis animi communis hostis, qui
post Cannensem cladem, tanquam cum fortuna fidem
stare oporteret, ad Hannibalem descisset *et* traxisset
ad defectionem Arpos, tum, quoniam res Romana 3
contra spem votaque eius velut resurgere ab stirpibus
videatur, novam referre proditionem pro-
ditis polliceatur, aliunde stet semper,
aliunde sentiat, infidus socius, vanus hostis; *id*

Dasius Altinius offers to betray Arpi to the Romans.

Discussion as to how he ought to be dealt with.

A.U.C. 541.

ad Faleriorum Pyrrhique proditorem tertium trans-
4 fugis documentum esset. Contra ea consulis pater
Fabius temporum oblitos homines in medio ardore
belli tanquam in pace libero aequoque arbitrio
5 agere aiebat; qui, quum illud potius agendum atque
cogitandum sit, si quo modo fieri possit, ne qui socii
a populo Romano desciscant et *ut* novos concilient,
documentum etiam dicant statui oportere, si quis
6 resipiscat et antiquam societatem respiciat. Quod si
abire ab Romanis liceat, redire ad eos non liceat, cui
dubium esse, quin brevi, desperata ab sociis Romana
re, foederibus Punicis omnia in Italia iuncta visuri
7 sint? Se tamen non eum esse, qui Altinio fidei quicquam censeat habendum; sed mediam secuturum
8 consilii viam. Neque eum pro hoste neque pro socio
in praesentia habitum libera custodia haud procul a
castris placere in aliqua fida civitate servari per belli
tempus; perpetrato bello, tum consultandum, utrum
prior defectio plus merita sit poenae an hic reditus
9 veniae. Fabio assensum est, Calenisque legatis tra-
ditus et ipse et comites; et auri satis magnum pondus,
10 quod secum attulerat, ei servari iussum. Calibus eum
interdiu solutum custodes sequebantur, nocte clausum
asservabant. Arpis domi primum desiderari quaeri-
11 que est coeptus; dein fama per totam urbem vulgata
tumultum, ut principe amisso, fecit, metuque rerum
12 novarum extemplo nuntii *ad Hannibalem* missi. Qui-

Measures taken by Hannibal at Arpi.

bus nequaquam offensus Poenus, quia
et ipsum ut ambiguae fidei virum suspectum iam pridem habebat et causam nactus erat
13 tam ditis hominis bona possidendi vendendique; ceterum, ut irae magis quam avaritiae datum crederent

homines, crudelitatem quoque rapinae addidit, con- 14 B.C. 213.
iugemque eius ac liberos in castra accitos, quaestione
prius habita primum de fuga Altinii, dein, quantum
auri argentique domi relictum esset, satis cognitis
omnibus, vivos combussit.

Fabius ab Suessula profectus Arpos primum in- 46
stitit oppugnare. Ubi quum a quingen- Fabius attacks
tis fere passibus castra posuisset, contem- Arpi,
platus ex propinquo situm urbis moeniaque, quae
pars tutissima moenibus erat, quia maxime neglectam
custodia vidit, ea potissimum aggredi statuit. Com- 2
paratis omnibus, quae ad urbes oppugnandas usui
sunt, centurionum robora ex toto exercitu delegit
tribunosque viros fortes eis praefecit, et milites sex-
centos, quantum satis visum est, attribuit eosque,
ubi quartae vigiliae signum cecinisset, ad eum locum
scalas iussit ferre. Porta ibi humilis et angusta erat, 3
infrequenti via per desertam partem urbis. Eam
portam scalis prius transgressos murum aperire ex
interiore parte aut claustra refringere iubet et te-
nentes partem urbis cornu signum dare, ut ceterae
copiae admoverentur: parata omnia atque instructa
sese habiturum. Ea impigre facta; et quod im- 4
pedimentum agentibus fore videbatur, id maxime ad
fallendum adiuvit. Imber ab nocte media coortus
custodes vigilesque dilapsos e stationibus suffugere
in tecta coegit, sonitusque primo largioris procellae 5
strepitum molientium portam exaudiri prohibuit,
lentior deinde aequaliorque accidens auribus magnam
partem hominum sopivit. Postquam portam tene- 6
bant, cornicines in via paribus intervallis dispositos
canere iubent, ut consulem excirent. Id ubi factum 7

A.U.C. 541.

ex composito est, signa efferri consul iubet ac paulo
ante lucem per effractam portam urbem ingreditur.
47 *and captures it.* Tum demum hostes excitati sunt, iam
et imbre conquiescente et propinqua luce.
2 Praesidium in urbe erat Hannibalis, quinque millia
ferme armatorum, et ipsi Arpini tria millia hominum
armarant. Eos primos Poeni, ne quid ab tergo fraudis
3 esset, hosti opposuerunt. Pugnatum primo in tenebris angustisque viis est. Quum Romani non vias
tantum, sed tecta etiam proxima portae occupassent,
ne peti superne ac vulnerari possent, cogniti inter se
4 quidam Arpinique et Romani, atque inde colloquia
coepta fieri, percontantibus Romanis, quid sibi vellent
5 Arpini, quam ob noxam Romanorum aut quod meritum Poenorum pro alienigenis ac barbaris Italici
adversus veteres socios Romanos bellum gererent et
vectigalem ac stipendiariam Italiam Africae facerent,
6 Arpinis purgantibus, ignaros omnium se venum a
principibus datos Poeno, captos oppressosque a paucis
7 esse. Initio orto, plures cum pluribus colloqui; postremo praetor Arpinus ab suis ad consulem deductus,
fideque data inter signa aciesque, Arpini repente pro
Romanis adversus Carthaginiensem arma verterunt.
8 Hispani quoque, paulo minus mille homines, nihil
praeterea cum consule pacti, quam ut sine fraude
Punicum emitteretur praesidium, ad consulem trans-
9 tulerunt signa. Carthaginiensibus portae patefactae,
emissique cum fide incolumes ad Hannibalem Sala-
10 piam venerunt. Arpi sine clade ullius, praeterquam
unius veteris proditoris, novi perfugae, restituti ad
11 Romanos. Hispanis duplicia cibaria dari iussa, opera-
que eorum forti ac fideli persaepe res publica usa est.

B.C. 213.

A body of Campanian nobles pass over to Rome.

Quum consul alter in Apulia, alter in Lucanis 12
esset, equites centum duodecim nobiles
Campani, per speciem praedandi ex hostium agro permissu magistratuum ab
Capua profecti, ad castra Romana, quae super Suessulam erant, venerunt; stationi militum, qui essent,
dixerunt: colloqui sese cum praetore velle. Cn. 13
Fulvius castris praeerat; cui ubi nuntiatum est,
decem ex eo numero iussis inermibus deduci ad se,
ubi, quae postularent, audivit (nihil autem aliud petebant, quam ut, Capua recepta, bona sibi restitue-
rentur), in fidem omnes accepti. Et ab altero prae- 14
tore Sempronio Tuditano oppidum Atrinum expug-
natum; amplius sex millia hominum capta et aeris
argentique signati aliquantum. Romae foedum in- 15
cendium per duas noctes ac diem unum tenuit. Solo
aequata omnia inter Salinas ac portam
Carmentalem cum Aequimaelio Iugario-
que vico et templis Fortunae ac matris Matutae; et 16
extra portam late vagatus ignis sacra profanaque
multa absumpsit.

Fire at Rome.

Alliance of Syphax with the Romans.

Eodem anno P. et Cn. Cornelii, quum in Hispania 48
res prosperae essent, multosque et veteres
reciperent socios et novos adiicerent, in
Africam quoque spem extenderunt. Syphax erat rex 2
Numidarum, subito Carthaginiensibus hostis factus;
ad eum centuriones tres legatos miserunt, qui cum 3
eo amicitiam societatemque facerent et pollicerentur,
si perseveraret urgere bello Carthaginienses, gratam
eam rem fore senatui populoque Romano, et anni-
suros, ut in tempore et bene cumulatam gratiam re-
ferant. Grata ea legatio barbaro fuit; collocutusque 4

A.U.C. 541. cum legatis de ratione belli gerundi, ut veterum militum verba audivit, quam multarum rerum ipse ignarus
esset, ex comparatione tam ordinatae disciplinae ani-
5 mum advertit. Tum primum, ut pro bonis ac fide-
libus sociis facerent, oravit, ut duo legationem referrent ad imperatores suos, unus apud sese magister
rei militaris resisteret: rudem ad pedestria bella Nu-
6 midarum gentem esse, equis tantum habilem; ita iam
inde a principiis gentis maiores suos bella gessisse,
ita se a pueris insuetos; sed habere hostem pedestri
fidentem Marte, cui si aequari robore virium velit,
7 et sibi pedites comparandos esse. Et ad id multitudine hominum regnum abundare, sed armandi or-
nandique et instruendi eos artem ignorare. Omnia,
velut forte congregata turba, vasta ac temeraria esse.
8 Facturos se in praesentia, quod vellet, legati respon-
dent, fide accepta, ut remitteret extemplo eum, si
9 imperatores sui non comprobassent factum. Q. Sta-
torio nomen fuit, qui ad regem remansit. Cum duobus Romanis rex Numidas legatos in Hispaniam
misit ad accipiendam fidem ab imperatoribus Ro-
10 manis. Iisdem mandavit, ut protinus Numidas, qui
intra praesidia Carthaginiensium auxiliares *essent*, ad
11 transitionem pellicerent. Et Statorius ex multa iuventute regi pedites conscripsit, ordinatosque proxime
morem Romanum instruendo et decurrendo signa
12 sequi et servare ordines docuit, et operi aliisque iustis
militaribus ita assuefecit, ut brevi rex non equiti
magis fideret quam pediti, collatisque aequo campo
signis iusto proelio Carthaginiensem hostem superaret.
13 Romanis quoque in Hispania legatorum regis adventus magno emolumento fuit; namque ad famam

eorum transitiones crebrae ab Numidis coeptae fieri. B.C. 213.

Ita cum Syphace Romanis coepta amicitia est. Quod ubi Carthaginienses acceperunt, extemplo ad Galam in parte altera Numidiae (Maesulii ea gens vocatur) regnantem legatos mittunt.

The Carthaginians make alliance with Gala, father of Masinissa.

Filium Gala Masinissam habe- 49
bat septendecim annos natum, ceterum iuvenem ea indole, ut iam tum appareret, maius regnum opulentiusque, quam quod accepisset, facturum. Legati, 2
quoniam Syphax se Romanis iunxisset, ut potentior societate eorum adversus reges populosque Africae esset, docent, melius fore Galae quoque Carthagini- 3
ensibus iungi quam primum, antequam Syphax in Hispaniam aut Romani in Africam transeant; opprimi Syphacem nihildum praeter nomen ex foedere Romano habentem posse. Facile persuasum Galae, 4
filio deposcente id bellum, ut mitteret exercitum; qui Carthaginiensibus legionibus coniunctis magno proelio Syphacem devicit.

Defeat of Syphax.

Triginta millia eo proelio hominum caesa dicuntur. Syphax cum paucis equitibus in Maurusios ex acie 5
Numidas (extremi prope Oceanum adversus Gades colunt) refugit, affluentibusque ad famam eius undique barbaris, ingentes brevi copias armavit, cum quibus 6
in Hispaniam angusto diremptam freto traiiceret. *Eo* Masinissa cum victore exercitu advenit; isque ibi cum Syphace ingenti gloria per se, sine ullis Carthaginiensium opibus, gessit bellum.

In Hispania nihil memorabile gestum, 7
praeterquam quod Celtiberum iuventutem eadem mercede, qua pacta cum

The Celtiberi serve as mercenaries in the Roman camp.

A.U.C. 541.

Carthaginiensibus erat, imperatores Romani ad se
8 perduxerunt, et nobilissimos Hispanos supra trecentos in Italiam ad sollicitandos populares, *qui* inter auxilia Hannibalis erant, miserunt. Id modo eius anni in Hispania ad memoriam insigne est, quod mercenarium militem in castris neminem antequam tum Celtiberos Romani habuerunt.

NOTES.

LIB. XXIII.

P. 1 C. I. § 1. **Hannibal post Cannensem pugnam** &c. The reading of the best MSS. is *Haec Hannibal post Cannensem pugnam capta ac direpta* &c. Possibly some word or words may have fallen out, e.g. *Inter haec Hannibal*, or *Haec R.* (*Romani*) *Hannibal* &c.; cf. XXVII. 1. 1, *Hic status rerum in Hispania erat. In Italia consul Marcellus* &c. The codex Puteaneus is especially characterised by the omission of words (Madvig, Emendationes, p. 248); and here *castraque* may also have fallen out before *capta:* the expression is common, e.g. IV. 47. 4, *captis direptisque castris* &c., but the combination after *post* is rather awkward, and one is tempted to read (with Luterbacher), *Praeda Hannibal post Cannensem pugnam capta ac direpta.* Just below, the surname *Trebio* must be supplied with *Statio*, for he is immediately afterwards called by the former name.

confestim...moverat. This seems to imply that the idea conveyed by the despatch of Varro, XXII. 56. 3, to the effect that Hannibal was wasting his time at Cannae, was incorrect. *Moverat*, as often, used absolutely for *exercitum moverat*; cf. XXII. 32. 1.

Compsam. This town (Conza) would be naturally reached by marching up the valley of the Aufidus from Cannae. The town is situated about ten miles from its source, nearly S.W. of Cannae; it is on a height above the river, and seems to have been thought a position of considerable strength both by Hannibal and in the middle ages. (See Smith's Dictionary of Geography.)

§ 3. **vulgatumque...adventum**, 'the rumours spread of H.'s coming'; a frequent use of the participle by Livy, cf. XXI. 1. 5, *angebant...virum Sicilia Sardiniaque amissae*, and, just below, *absterruere conspecta moenia.*

Mopsiani, i.e. *Mopsiorum factio*; cf. *factio Tarquiniana*, II. 18. 4; *turba Manliana*, VI. 17. 8. (W.)

urbem. Madvig, against the authority of the MSS., reads *urbe*. In his first edition he said 'Apud Livium unum verum videtur *urbe egredi*, *excedere*,...restituimus, ubi auctoritatem habemus.' Accordingly in this passage and in several others where he could find no authority for the change (e.g. I. 29. 6, II. 37. 8, XXII. 55. 8, XXV. 9. 4, XXIX. 6. 4, &c.) he allowed the accusative to stand. All these however he has since altered, on the ground that the MSS. of Livy are not much to be trusted with regard to the final *m*, a point which he sufficiently establishes (Emendationes, pp. 8 sq. and 313), and that where this letter is not concerned (in the case of plural nouns, as *castra* &c.) the ablative alone is found. The ablative of course is by much the more usual construction in this sense, so that it is difficult to say exactly what weight the last argument has, but the use of *evadere* in the expression *evadere angustias* (e.g. XXI. 32. 13 and XXXVIII. 2. 8) can hardly be separated from that of *excedere* with the accusative. Both may be classed as verbs which have partly become transitive by being compounded with a preposition (see Roby's Latin Grammar, § 1121), and the regular use of *excedere* and *egredi* with accusative (*modum*, *fines*, *mensuram* &c.) nearly in the sense of *transgredi*, would hardly prevent the further extension of this construction.

In the following passages of Livy the authority of the MSS. strongly supports the accusative with *excedere* or *egredi* in the sense which we have here:

I. 29. 6, *egressis urbem Albanis*; II. 37. 8, *ut urbem excederent Volsci*; XXII. 55. 8, *qui prohibeant quemquam egredi urbem*; XXIV. 3. 15, *Crotonem excessum est*, and ib. 20. 10, *neque usquam viam excessum est* (in both these passages however the ablative seems to be necessary with the passive impersonal verb); XXV. 9. 4, *excedere ordinem*; XXIX. 6. 4, *egressi quidam urbem*; XXXIV. 28. 12, *nullo iam hostium portam excedente*; XXXIV. 62. 12, *quicquid Byrsam sedem suam excesserint* (where the sense is rather '*modum excedere*'); XLV. 20. 3, *curiam excessit*. It will be observed that examples are found in each decade, and therefore do not belong to a single class of MSS. Examples of *excedo* with accusative are found later in Lucan and Seneca, and the use of *egredior* by Caesar Bell. Gall. I. 44, *nunquam ante hoc tempus exercitum populi Romani Galliae provinciae fines egressum*, may serve to illustrate the transition from one meaning to the other, *fines* being either the limits of the territory or the territory itself.

§ 4. **Magonem**, Hannibal's brother. He had orders apparently first to receive the submission of the Hirpini and Bruttii, and then to sail for Carthage with news of the victory: see ch. 11. 7.

detrectantes, i.e. *detrectantes defectionem.*

§ 5. **agrum Campanum.** It must be remembered that this term had a more limited meaning than we attach to the word *Campania.* The *Campani* of this book are the Capuans and those under the immediate influence of Capua, not the people of Neapolis, Cumae, Nola, &c.

oppugnaturus, with final sense, as often in Livy, e.g. XXI. 32. 5, *eo, qui circa Padum erat exercitus, Italiam defensurus.* (Kühnast, Livianische Syntax, p. 267.)

Neapolim, 'the youngest Greek city on these coasts, but the only one which maintained its independence, not merely against the Samnites, but even in its relations with the Roman Republic.' (Kiepert's Manual of Ancient Geography, § 231.) The Neapolitans always displayed much devotion to Rome, cf. Liv. XXII. 32. 4 &c.

§ 6. **et pleraeque**; *et* introducing a parenthesis is characteristic of Livy, see IX. 28. 5; XXI. 12. 7, *transgressus munimenta ad praetorem Saguntinum (et ipse ita iubebat) est deductus.*

cavae viae, Gr. κοίλη ὁδός; 'deep (hollow) ways'; cf. XXVI. 10. 6.

sinus, 'recesses' of hills and valleys.

§ 7. **nec multi et** &c. Cf. XXI. 1. 2.

consulto goes with *cedentibus.*

P. 2 § 9. **capti caesique**, i.e. *capti aut caesi*; cf. IV. 61. 7, *infra arcem caesi captique multi mortales*; V. 26. 8, *multi caesi vulneratique.* (F.)

c. II. § 1. **Capuam.** At this time the most populous town in Italy, with extensive and rich territories and many dependent towns. According to Florus it was *quondam inter tres maximas post Romam Carthaginemque numerata*, I. 16. 6.

luxuriantem, used generally in a bad sense of running to excess or decay, cf. ch. 12. 12.

maxime tamen...licentia, i.e. though prosperity had an evil effect, the unrestrained freedom of the common people led to even worse excesses: *licentia* depends upon *luxuriantem.*

§ 2. **obnoxium**, 'submissive'; cf. xlii. 46. 4, *quae serva atque obnoxia fore* &c., and below, ch. 12. 9. The idea is first of being liable to hurt or punishment, and then either in debt to a person or bound in some way to submission, cf. ch. 4. 1.

Calavius. This name has appeared before in Capuan history, see ix. 7. 2.

idem, i.e. a popular leader, though of noble birth.

opes, 'political power.'

§ 3. **per occasionem** &c. 'if an opportunity should arise.'

ut...Poenis. This clause explains the words *magnum ausuram facinus*, cf. ch. 3. 5.

§ 4. **nullam autem**, 'while at the same time he thought that no constitution &c.'

et senatum servaret et obnoxium...faceret. The latter clause explains the epithet *improbus*, the former *non ad extremum perditus*. Observe how the man's circumstances, character and aims are all set forth in a single sentence.

§ 5. **placiturum.** Supply *esse* rather than *fuisse*, (*placebit nullo modo, nisi necessarium fuerit*). It is not to be supposed that he at that time publicly expressed an intention to go over to Hannibal.

§ 6. **App. Claudii.** He was consul 212 B.C., and in the next year took Capua in conjunction with Q. Fulvius Flaccus, and was then, we are told, disposed to lenity, Liv. xxvi. 15. 1.

M. Livio, perhaps M. Livius Salinator, consul 219 B.C.

§ 7. **vacuam**, deprived of rulers: cf. Sall. Cat. 52. 23, *eo fit, ut impetus fiat in vacuam rempublicam.* (F.)

P. 3 § 8. **permittant...credant.** The preservation of primary tenses in historic consecution is highly characteristic of Livy, whose style is above all things marked by liveliness and variety. It is especially common in conditional clauses such as these, in order to avoid suggesting the idea of 'unfulfilled condition.' But in most cases it is impossible to say that the meaning of the primary tenses is different from that of the historic tenses which are frequently intermingled, though sometimes they add to the force and vividness of the expression. Kühnast (Livianische Syntax, p. 225) has given some statistics, from which we gather that in the 6th book, which is peculiarly rich in subjunctive forms, out of 249 cases of subjunctive in oratio obliqua, 160 are in regular consecution, and the remaining 89 are primary tenses subordinate to historic, of which two only are dependent on historic present. The number of instances here is no doubt larger than in most books of Livy, but he almost everywhere exceeds the proportion of other writers; cf. XXIV. 28 and XXIV. 33. 6. Cicero hardly uses the construction at all, and Sallust rarely: Caesar has it often, especially dependent upon a historic present. Both Caesar and Livy intermingle primary and historic in the same passage; cf. Caes. Bell. Gall. 1. 31 and 34, and Liv. IV. 35. 5—11. (Dräger, Hist. Synt. vol. I. pp. 239—241.)

certaminum in re publica, the former political differences between himself and the senate.

§ 9. **in hoc.** Cf. XXVIII. 7. 9, *in id modo fide ab rege accepta.*

c. III. § 2. **eam**, irregularly referring to *potestas*, instead of to the sentence *ut—esset.*

§ 3. **nec**, for *et ne*, cf. V. 53. 3, *nec id mirati sitis*; it is more usual in poetry.

forte temere, cf. II. 31. 5, *perpulere ut forte temere in adversos montes agmen erigeret*; so also *forte casu, clam furtim,* &c. (W.)

§ 4. **ita**, 'only on this condition.'

§ 5. **cooptetis**, used properly not of popular election but of the selection of colleagues for themselves by the members of a political body or the holders of an office, e.g. the appointment of master of the horse by the dictator; at Rome it was especially applied to the appointment of senators by the censor, and hence its use here.

§ 6. **deque eorum.** Madvig's correction of *de quorum.*

fortem ac strenuum, often combined; so also *fortiter ac strenue*, XXI. 4. 4; cf. Cic. Phil. II. 32. 78, *celeriter isti, redisti, ut cognosceret te si minus fortem attamen strenuum.*

P. 4 § 9. **date.** Cf. Curt. IV. 3. 18, *date aliquem regiae stirpis.* (W.)

§ 10. **subiiciundi.** This older form of gerund termination was especially retained after *i*; *subiicere* is here nearly equivalent to *sufficere*; usually it suggests the substitution of something inferior in place of a better.

§ 11. **probra**, 'disgraceful actions.'

pudendae artis aut quaestus, i.e. such occupations as a senator should be ashamed to follow. At Rome *quaestus omnis patribus indecorus visus*, XXI. 63. 4, but the law was frequently broken.

§ 12. **in secundo...citato**, i.e. *in eo, qui secundus citatus erat*; cf. XXIX. 16. 2, *in publica obligata fide*. (W.)

ipsius paenitere, 'that they objected to the senator in question.'

§ 13. **nec...attinebat**, 'it was of no use.' Cf. VI. 26. 7, *revicta rebus verbis confutare nihil attinet*; X. 13. 10, *quid ergo attineret leges ferri?* and ch. 13. 5.

nihil aliud, 'to no other purpose'; for a similar adverbial use cf. II. 8. 8, *nihil aliud...a proposito aversus, quam ut cadaver efferri iuberet.*

§ 14. **notissimum quodque malum** &c. A proverbial expression; cf. Plaut. Trin. I. 2. 25, *nota mala res optumast.* It is safer to

'bear those ills we have,
Than fly to others that we know not of.'

c. IV. § 1. **obnoxium vitae beneficio**, i.e. bound to him as by a debt. Cf. XXXV. 31. 8, *totam Graeciam beneficio libertatis obnoxiam Romanis esse.*

§ 3. **apparatis**, i.e. *magna opera paratis*; cf. XLIV. 9. 5, *interdum plures apparatioribus ludis.* (F.)

eas causas, i.e. *eius partis causas.* (W.)

suscipere...adesse. The former implies general favour and support, the latter actual appearance as advocate. Cf. III. 14. 5, *benigne salutare, alloqui plebis homines, domum invitare, adesse in foro.*

secundum eam, i.e. *eam partem.*

litem...dare, cf. Cic. pro Rosc. Com. 1. 3, *quominus secundum eas lis detur, non recusamus.* (F.)

iudices, i.e. *quum iudices essent.*

in vulgus, 'generally.' Cf. II. 8. 2, *gratae in vulgus leges*; XXII. 3. 14, *milite in vulgus laeto.*

§ 4. **iam vero** simply marks the transition to another point.

agi aliter, Madvig's correction of the MS. reading *actaliter.* Former editions had *actum aliter*; cf. IV. 26. 12, *neque aliud tota urbe agi quam bellum apparari.*

non ingeniorum &c. Cf. Cic. de lege Agrar. 2. 35. 95; where the speaker tracing the characteristics of various nations to their outward circumstances says, *Campani semper superbi bonitate agrorum et fructuum magnitudine..... Ex hac copia atque omnium rerum affluentia primum illa nata sunt: arrogantia, quae a maioribus nostris alterum Capua consulem postulavit: deinde ea luxuries, quae ipsum Hannibalem...voluptate vicit.*

P. 5 § 5. **tum vero**, virtually marking the apodosis.

plebei, genitive of *plebes*, frequent in the expressions *plebeiscitum*, *tribunus plebei*, &c.

§ 7. **erat in mora**, i. e. *morabatur*, usually followed by *quominus*, e.g. xxx. 44. 3, *Ti. Claudii primum cupiditatem, deinde Cn. Cornelii fuisse in mora, quominus id bellum exitio Carthaginis finiret.*

§ 8. **et quod.** The sentence would run better if *quod* were omitted, as Crévier suggested. Otherwise *maximum* must be translated not 'greatest' but 'very great,' as below, ch. 5. 9.

aliquot, 'a considerable number.'

delecti ab Romanis ac missi, a favourite variation of the order of words. Cf. ch. 5. 2, 7. 10, 28. 2, &c. (F.)

c. v. § 1. **nondum Canusium profectum.** After the defeat the surviving consul had made his way to Venusia with about fifty horsemen (xxii. 49. 14), whence he returned and rallied the remains of his army at Canusium (xxii. 54. 6).

quam poterat maxime belongs both to *miserabilem* and to *spernendum.*

§ 3. **quicquam.** The use of this word seems to minimise the event; cf. xxxiii. 3. 4, *quibus modo quicquam reliqui roboris erat.* A negative is contained in *aegre ferre.*

§ 4. **morem...loquendi**, because the regular formula would be *imperare sociis, quae ad bellum opus essent.* (F.)

convenienter ad, 'in accordance with.' *Conveniens* in this sense is used also with *cum*, *in* (accus.), or with a simple dative.

§ 5. **quia aliquid habeamus.** The reading of the old editions *quasi* is easier, but *quia* gives a sufficiently good sense, as an ironical comment upon *expleri*, which implies that there is something to begin with.

P. 6 § 8. **ut**, 'how.'

intra moenia compulsos, see vii. 29. 7.

Sidicinum; a mistake according to Livy's own account of the affair (vii. 29 sq.). The Sidicini attacked by the Samnites had asked and obtained help from the Campanians: they lived a few miles to the north of Capua; chief town, Teanum.

Saticulam, the position of the camp of Cornelius Cossus in Samnium at the outbreak of the first Samnite war, B.C. 343 (vii. 32. 2).

per centum prope annos, really about seventy, cf. xxxi. 31. 10. Varro's historical recollections are rather inaccurate.

§ 9. **foedus aequum.** If this means that Capua was admitted to alliance with Rome on equal terms, it is of course an exaggeration: but it is true that its contingent of cavalry in the Roman armies had a place of honour assigned to it among the other allies. A more exact statement is made by the Roman ambassador to the Aetolians (xxxi. 31. 10), *Hi homines, quum pro iis bellum adversus Samnites per annos prope septuaginta cum magnis nostris cladibus gessissemus, ipsos foedere primum, deinde connubio atque cognationibus, postremo civitate nobis coniunxissemus, tempore nostro adverso...ad Hannibalem defecerunt.*

leges vestras, cf. ix. 4. 4, *suis inde legibus Romanum ac Samnitem aequo foedere victurum.*

dedimus, i.e. 'reddidimus' (W.). The reading of inferior MSS., *nostras*, might almost seem to be justified by ix. 20. 5, but it is certain that Capua retained its own constitution.

magnae parti vestrum, viii. 11. 16, *equitibus Campanis civitas Romana data.*

communicavimusque vobiscum. This seems to be only a repetition of the above, to prepare for the word *communem*, which is to follow.

§ 11. **ut**, i.e. *ea lege ut.*

indigena. Madvig reads *indigenam* against the authority of the best MSS., remarking 'Remotissima Poenorum origo nihil ad rem pertinet, sed exercitus ne Africanus quidem, sed ex peregrina barbarie collectus.' But the balance of the sentence seems rather to require *indigena*, and the clause '*ne Africae quidem indigena*' would be an amplification of the word *Poenus*, which already indicates the '*remotissima origo*' of the enemy. There are, as Weissenborn remarks, two distinct points emphasised; first, the entirely foreign extraction of the Carthaginians, who are strangers even in Africa, and secondly, the barbarous character of the troops which they employed.

freto Oceani, i.e. *freto Gaditano*.

condicionis, 'civil relations'; the adjective *humanae* belongs to all three substantives, not merely to *linguae*.

§ 12. **pontibus** &c. Such stories are told by Appian, Florus, and Valerius Maximus. Livy has not mentioned them, and apparently did not believe them.

vesci &c. This story is sufficiently refuted by Polybius, who states that the plan was suggested by Hannibal Monomachus, but rejected by Hannibal. He adds that many of the cruelties popularly attributed to Hannibal were really committed by this namesake.

§ 13. **iura petere**, 'to have rights defined.'

genito modo in Italia, i.e. though he may have been only born in Italy, not a member of the ruling race; cf. vi. 40. 6 (W.).

sit. Conditional; the protasis is supplied by the infinitives.

P. 7 § 15. **iam** here marks the transition to another point, and is nearly equivalent to *etiam*, or *iam vero*; cf. xlii. 12, 8, *xxx milibus peditum, v milibus equitum in decem annos frumentum praeparare....Iam pecuniam tantam habere*, &c.

victos. The omission of *se* is characteristic of Livy, cf. ch. 10. 6 and 13.

c. vi. § 1. **ab**, omitted in the mss., supplied by Gronovius: cf. xxiv. 39. 1, *ab hac adhortatione dimissi corpora curant.*

quondam...ademptum, see viii. 11. 13.

possint, see note on ch. 2. 8.

§ 3. **renuntiant legationem**, 'make report of their proceedings,' cf. ix. 4. 6, *haec quum legatio renuntiaretur.*

§ 5. **auctoritatibus**, used of expressions of opinion which carry weight. Cf. xlv. 21. 7, *victi auctoritatibus suadentium legem.*

§ 7. **manere**, 'to stop for the night.' Cf. Hor. Od. i. 1. 25, *manet sub Iove frigido venator;* Liv. iii. 45. 8, *non manebit extra domum patris sponsa Icili.*

§ 8. **Latinorum quondam postulatio.** See VIII. 5. 5.

praetermissuri erant. This is Madvig's correction for *praetermiserant*, which can hardly be equivalent to *praetermisisse mihi videbantur*. The meaning is, 'Caelius and the rest would not have omitted to mention it on this occasion unless they had had reason to think it untrue.'

P. 8 c. VII. § 2. **ut suae leges** &c., i.e. *ut suas leges...Capua haberet.*

§ 3. **haec**, referring to what has been mentioned above, *illa* to what follows. Cf. XLIII. 5. 9, *haec missa; illa petentibus data, ut* &c.

insuper, quam=*ultra, quam.*

praefectos socium. The *praefecti sociorum* were officers appointed annually by the consuls to command the contingents of allies, and these officers were sometimes, perhaps usually, Romans: but it is difficult to see why any should now be present at Capua, seeing that the troops which were serving with Rome for that year must have been in the field. It is stated afterwards that a Roman garrison was at this time in Capua (XXVI. 13. 5), but no mention is made of it here, and the commander of it would not be called *praefectus socium.*

fervore atque aestu. Hendiadys, equivalent to *fervido aestu.*

exspirarent, i.e. that was the purpose for which they were shut in.

§ 4. **vir, cui**: an arrangement adopted for emphasis, instead of *cui viro*: cf. IV. 46. 10, *dictator ex senatus consulto dictus Q. Servilius Priscus, vir, cuius providentiam*, &c. (F.)

§ 6. **deinde**, i.e. after the garrison had arrived.

ut receptum &c. *Receptum*, as its position shews, belongs in sense to both clauses, though the structure of the second is varied and the subject changed. We should expect *ut receptum aut eiiceretur, aut...interficeretur.*

quod...defecissent explains *facinus*; cf. ch. 8. 9.

ut...restituerent, dependent on *vociferatus est.*

P. 9 § 8. **ne quid**, to be taken with the genitives *tumultus* and *inconsulti certaminis.*

inter vim, 'while violence was being used' by his messengers.

praetorem Campanum, the Roman name for the chief magistrate of Capua, called by the Campanians *medix tuticus*. This was the office held in the year before by Pacuvius Calavius.

§ 9. **favore etiam vulgi**, implying perhaps that the enthusiasm was for the most part confined to the lower orders.

§ 10. **quo**, for *quod eo*.

ex conscientia, to be taken with *timorem*. Cf. Cic. Parad. § 40, *alius est dominus exortus ex conscientia peccatorum, timor*.

trepidante. The verb is used of any hurried or excited movement, cf. ch. 16. 12.

§ 11. **senatum postulat**, i.e. *postulat, ut senatus sibi daretur, sive adeundi senatus sibi copia fieret*. (F.)

et ipse. For *et* the MSS. read *ut*, which in such clauses as this is more usually understood from the preceding *ne*: *et* is almost required by the sense with *ipse*.

§ 12. **visenda urbe** &c., implying that he laid aside for that day his purpose with regard to Decius Magius.

c. viii. § 1. **Ninnios Celeres**, two brothers, whose individual names, Sthenius and Pacuvius, are mentioned afterwards.

§ 3. **steterat**, cf. Nep. Ages. 5, *qui nobiscum adversus barbaros steterunt*. (F.)

P. 10 § 6. **de die**, 'early in the day.' Originally perhaps it means immediately after the day begins, cf. *lavabat de die*, Suet. Dom. 21. The expression is often used of feasts which begin earlier than the usual time, either at noon or before it, cf. xxv. 23. 16, *ubi id temporis visum, quo de die epulatis iam vini satias...esset*; and Catull. 47. 5, *vos convivia lauta sumptuose De die facitis*.

§ 7. **Calavius filius**. So we have *patrem Calavium*, § 8.

perpelli ad potandum potuit: Madvig's conjecture for *perholauinum potui*, which is the reading of the best MS. The older editions gave *Calavii filius Perolla vinci potuit*. Weissenborn conjectures *perpelli ad vinum*, which according to Madvig is not Latin. Others have *perlici ad vinum*.

§ 9. **quo non veniam...futuri**. The reading is doubtful. The best MSS. have *quo non venia solum peccati...impetravi ab Romanis, et in multo maiore dignitate et gratia simus Campani quam unquam fuimus*. The former editions read *veniam...im-*

petraturi, so that *simus* is to be supplied with the future participle and then taken by itself in the second clause. Madvig denies the possibility of this, and adds *futuri*, to be taken with *simus*. Others read *venia impetrari possit*, &c.

c. ix. § 2. **per ego te**—a common order of words in adjurations.

§ 3. **paucae horae sunt—sanguine?** The reading in the text is that of all the best mss., except that they have *mensis* for *manus*, which was corrected by Gronovius. It is objected by Madvig (Emendationes, p. 317) that the addition to the statement *Paucae—obstrinximus*, of a question such as '*ut sacratas—armaremus?* would necessarily require a pronoun or adverb of interrogation to mark it off from the preceding statement, as in the examples quoted by himself on Cic. de Finibus, ii. 61 (Madvig's 3rd edn., p. 248); Cic. pro Sestio 39. 84, *Homines, inquit, emisti, coëgisti, parasti. Quid uti faceret?* Liv. iv. 49. 15, *Incipite deinde mirari, cur pauci iam vestram suscipiant causam. Quid ut a vobis sperent?* Evidently here the relative pronoun would be out of place, and the omission of a particle of interrogation (e.g. *num*) may be paralleled from Liv. xxxiv. 3. 6 (quoted by Fabri), *Volo tamen audire quid sit, propter quod matronae consternatae procucurrerint in publicum ac vix foro se et contione abstineant. Ut captivi ab Hannibale redimantur parentes, viri, liberi, fratres earum?* where the *ut*-clause cannot be distinguished from the speaker's answer to his own question except by the tone of voice and the general tendency of the speech. Simple questions are of course frequently asked in Latin without an interrogative particle, as several times in this chapter.

Madvig reads from conjecture, *Paucae horae—obstrinximus.* Vis *sacratas fide manus*—armemus? ('Ex *ut* feci *ui*, geminata simul littera sequenti *s*[1].') And he also changes *cruentares* (§ 4) to *cruentes*. The double alteration of tense is certainly a violent remedy, and moreover the conjectures destroy the balance of the sentences, to preserve which he surely ought rather to have read in the latter, *vis eam ipsam mensam cruentare hospitis sanguine?* That balance moreover is not preserved in the editions which give *adhibitus es ab Hannibale, ut eam ipsam* &c. instead of, *adhibitus es ab Hannibale,—ut eam ipsam* &c. as in the previous sentence. In both cases the note of interrogation belongs only to the *ut*-clause. The historic tense *cruentares* depends not upon *surgis*, but upon the verb in the relative clause, *adhibitus es*, just as *armaremus* depends upon *obstrinximus*; and in fact *surgis ab hospitali mensa ad quam...adhibitus es* &c. is equivalent in meaning to,

[1] He adds that possibly *utne...armaremus?* might stand.

paucae horae sunt intra quas ad hospitalem mensam...adhibitus es. The meaning of the whole passage is: "It is but a few hours since we plighted our word to Hannibal,—was it that we might so soon arm against him the hands which we gave as a pledge of our faith? You are but now rising from the table to which you were invited by Hannibal as a special honour,—were you so invited that you might stain that table with the blood of its guest?"

quicquid deorum est, cf. III. 25. 8, *et haec, inquit, sacrata quercus, et quicquid deorum est, audiant.* (W.)

P. 11 § 4. **tertius Campanorum**, i.e. with only two others, his father and Vibellius Taurea, besides the hosts.

§ 5. **sit**, concessive, 'supposing that there be,' &c. **audeantur** is jussive.

pietas, 'duty to your father.'

§ 6. **in amentia illa**, 'while that mad act is being performed.'

§ 7. **ut**, 'supposing that.'

§ 8. **atqui**, referring to the negative contained in the last question.

§ 9. **osculo haerens**, cf. Sen. Ira 2. 2, *ille osculo meo non adhaesit.* Perhaps in both passages *osculum* means rather the mouth than the kiss, though the idea of kissing is suggested by the word.

§ 11. **tertio.** Madvig alters this to *tertium*, but there seems no reason to disturb the reading of the MSS. *Iterum* no doubt may be more often combined with *tertium*; but there are several examples of the other combination, e.g. Cic. Deiot. 5. 14, *ille iterum, ille tertio...pecuniam dedit;* and the distinction between *tertium* and *tertio* was quite unsettled, and gave rise to controversy in classical times. As regards the phrase *consul tertium* or *tertio*, Varro laid down a rule, but it was not universally observed; and a story is told that on the dedication by Pompeius of a temple to Victory the question was referred to Cicero, and he recommended the inscription *consul tert.* by way of compromising the dispute.

restituendae...Capuae, probably genitive; cf. XXI. 32. 1, *dimicandi moram.*

§ 12. **recipe.** He, as it were, returns to his country the weapon which he imagines himself to have received from her for this enterprise.

P. 12 c. x. § 3. **quem neque esse** &c. The use of the relative for *et* and the demonstrative in an infinitive clause is not uncommon in Livy (e.g. ch. 44. 1, *cuius neutros ad eam diem poenitere*) but this seems to be a true relative clause (interposed as it is between *unum esse* and *Decium Magium*) attracted into the accusative and infinitive construction, one of Livy's many imitations of Greek usage.

eum postulare. Here the word which is taken for emphasis out of its own clause assumes the position of object to the verb, and the clause, which follows, *ut sibi dedatur*, expands and explains it; cf. III. 9. 10, *neque illum se deprecari, quo minus pergat, ut coeperit.* (F.)

§ 4. **haud parvo initio**, 'in an important first instance.'

§ 5. **templo.** This word, which means an open space marked out by the augur for observation, is used for any place consecrated by auspices: the meeting-place of the senate, cf. Cic. pro domo sua 51. 131, *sedem ipsam ac templum publici consilii;* or the place in the forum from which people were addressed, cf. Liv. VIII. 14. 12, *rostraque id templum appellatum*, and Cic. in Vat. 10. 24, *in rostris, in illo, inquam, augurato templo.* Here it means the tribunal.

§ 6. **id cogi posse,** perhaps for *se id cogi posse*; cf. VI. 15. 13, *vos id cogendi estis*; but the verb also means 'to enforce,' cf. Cic. de Legibus II. 6. 14, *persuadere aliquid, non omnia vi ac minis cogere.*

§ 8. **quid violentius** &c. Cf. Ovid. Heroid. VIII. 11, *Quid gravius capta Lacedaemone serva tulissem?*

capta Capua, conditional in sense.

P. 13 § 10. **dediti principis,** i.e. *deditionis.* Cf. ch. 12. 9.

quam primam peterent, ch. 7. 12, *ne quid in principio negaret.*

offendendi, supply *essent.*

sibi refers to Hannibal.

§ 11. **in dicione regum.** Cyrene, which was originally governed by kings of its own, became a republic about 450 B.C. It naturally fell under the dominion of the Egyptian Lagidae, and the present sovereign was Ptolemaeus IV., surnamed Philopator, who reigned from 222—205 B.C., and was an ally of Rome. Livy, when he speaks of Cyrene as being under kings, is referring to the fact that it was in his time a Roman province.

§ 13. **nec...Capuam...et Romam,** 'both that Capua was unsafe, and that R. &c.' Cf. ch. 1. 7.

habeat. See note on ch. 2. 8.

c. xi. § 1. **Q. Fabius Pictor,** the historian, of whom Livy says, *Fabium aequalem temporibus huiusce belli potissimum auctorem habui*, xxii. 7. 4.

divi divaeque. Bekker's correction of *dividique* in the codex Puteaneus. Other mss. have *divi quoque.* The formula occurs elsewhere, e.g. xxix. 27. 2, *divi divaeque, inquit, qui maria terrasque colitis*, &c. It is meant here that the names of various divinities were mentioned in the oracle, and directions were given for religious services to be paid to them.

§ 2. **duelli**: the old form of *belli*: 'thus *bis*, *Bellona*, *Bellius*, *bonus*, are for *dvis*, *Dvellona*, *Dvellius*, *dvonus* (*dvonoro*, i.e. *bonorum* in the epitaph on Scipio son of Barbatus, cir. a.u.c. 500). C. Duellius, the consul of 494 a.u.c., is said to have been the first of the family called *Bellius* (Cic. Or. 45. 153).' (Roby, Lat. Gram. § 76.)

§ 3. **lucris meritis.** Madvig reads *e lucris meritis*; but *e* does not appear in the mss., and does not seem to be necessary. *Lucris meritis* is an ablative absolute like the preceding *re publica...servataque*, 'when you have made gain by your exertions.' The preposition is supplied afterwards *deque praeda, manubiis*, &c. The words *lucrum* and *praeda* are found in combination elsewhere, e.g. Cic. Phil. iii. 12. 30, *reliquas res ad lucrum praedamque revocaverit.*

mittitote. This form is called the future imperative because of its use in laws, treaties, wills, prescriptions, &c., which refer to action in the future. It sometimes forms the apodosis to primary tenses of the subjunctive; but for this purpose the ordinary pres. imperat. is also used: cf. Liv. vi. 12. 10, *ubi haerere...videris...infer*, &c. The so-called future form is also used for mere emphasis.

praeda, manubiis spoliisque: for the distinction see Gell. xiii. 25. 26, *praeda dicitur corpora ipsa rerum, quae capta sunt; manubiae vero appellatae sunt pecunia a quaestore ex venditione praedae redacta. Spolia* are, strictly speaking, things stripped from the bodies of the dead in the battle-field. (W.)

honorem habetote. Cf. xl. 35. 5, *ut ob res prospere gestas diis immortalibus honos haberetur.* (W.)

lasciviam. This means here the kind of excess which might spring from victory: the imperative refers to the future.

§ 5. **coronatus.** It seems to have been the practice to go and return from consulting an oracle wearing wreaths of the foliage dedicated to the god in question. Perhaps to return crowned meant that a favourable answer had been received. Cf. Soph. *Oed. Rex*, 82.

P. 14 § 6. **imperata sint.** See note on ch. 2. 8.

§ 7. **ut quaeque:** *ut* is inserted by Madvig. Others retain the MS. reading, and explain *quaeque* to mean *et aliis quae* &c., or propose simply *quae deficiebant.*

§ 8. **cum sex imperatoribus** &c. The four consuls referred to are evidently Scipio (whose wound at the Ticinus is referred to below), Flaminius, Paullus, and Varro. Sempronius, who was defeated at the Trebia, while Scipio was disabled by his wound, is omitted. Perhaps the engagements on the Ticinus and on the Trebia are here thrown together, and Scipio is loosely regarded as the commander of the Romans in those first operations. The 'six consular armies' are made up by the addition of those commanded by the dictator Fabius and the master of the horse, Minucius, who divided their previously combined forces (XXII. 27. 10), *sicut consulibus mos esset.*

§ 9. **supra ducenta millia**, a very large estimate. The true number can hardly have been much more than half.

ex duobus, i.e. 'of the remaining two,' like the Greek use of numerals with the article.

§ 10. **quae consularis potestas sit.** Cf. I. 20. 3, *Virginesque Vestae legit, Alba oriundum sacerdotium.* The actual position of the *magister equitum*, as compared with other magistrates, seems to have been rather uncertain. On one occasion (VI. 39. 4) we find the dictator comparing him with the consular tribune, and in a passage of Cicero de Legibus III. 3. 9, he is placed on a par with the praetor; in any case it was quite exceptional to give him a separate command.

quia se...commiserit. There is no difficulty in reconciling this with the statement above that Hannibal had fought with Fabius. Fabius had never engaged in a pitched battle on his own account, but he had come to the rescue of Minucius (XXII. 29. 3), and saved him from rout.

unicum: cf. XXII. 14. 9, *nobis dictator unicus in rebus adfectis quaesitus.*

§ 11. **partim.** This old form of accusative is also found in XXVI. 48. 8 and elsewhere: the ablat. *parti* occurs in Lucretius IV. 516. But it was also used in old Latin as a substantive indeclinable, of any case, e.g. *cum partim illorum* for *cum parte*, and *neglegentia partim magistratuum* for *aliquorum m.* (Gell. x. 13). By Cicero it is used several times as a nominative or accusative followed by the genitive or a preposition. More usually it stands without such adjunct, in apposition to a substantive.

§ 12. **verum,** 'just': cf. ii. 48. 2, *verum esse habere eos, quorum sanguine ac sudore partus sit.*

grates agi haberique. The usual expression is *grates* or *gratias agere*, but *gratiam habere*: the first implying the utterance of thanks in words. The plural however is found with *habere*, not only as here in combination with *agere* but also when it stands by itself, as xxiv. 37. 7. (F.)

c. xii. § 1. **supra tres modios.** The common reading is *dimidium super tres modios*, but of this *dimidium* other writers (Valerius Maximus, Pliny, Florus, Dio Cassius) know nothing, and *supra*, not *super*, is elsewhere used by Livy in this sense. The reading of the text is derived by Madvig from the first hand of the codex Puteaneus, which gives *metientibus super patris modios*. The corrector of the ms. added *dimidium*, perhaps to supply an accusative to *explesse*, and was followed by the other mss. (Madvig Em. p. 318.)

sint quidam auctores, i.e. *quidam affirment*, cf. xxii. 36. 4.

§ 2. **fama tenuit.** Cf. i. 4. 6, *tenet fama...lupam sitientem &c.*

eorum ipsorum primores: i.e. the *equites equo publico*, who alone seem to have had the *ius annuli aurei*. The rest wore the iron ring of the plebeians. (W.)

P. 15 § 3. **propius spem:** cf. xxi. 1. 2, *propius periculum*. The subject of this clause is Hannibal. For *sit* see note on ch. 2. 8.

§ 4. **delesse.** A Greek construction found especially in Livy: cf. xxxiii. 45. 7, *ut feras quasdam nulla mitescere arte, sic immitem...eius viri animum esse;* also in Cicero, e.g. pro Cluent. 49. 138, *ut mare ventorum vi turbari, sic populum hominum seditiosorum vocibus concitari.*

§ 6. **factionis Barcinae.** Cf. xxi. 2. 4. On the relations between the war and the peace party at Carthage see Mommsen Hist. of Rome, Bk. iii. chap. iv.

Hannonis. Leader of the peace party at Carthage (xxi. 3. 3. and xxi. 10. 2). He had urged that Hannibal should be surrendered to the Romans for his attack on Saguntum.

§ 8. **patres conscripti.** Livy commonly transfers Roman terms to foreign things. We find *praetor, lictor, legio, cohors,* &c. thus used; and this speaker afterwards mentions the former 'Punic' war.

§ 9. **paeniteatne.** Madvig reads *paeniteatne me.* The reading of the codex Puteaneus is *paeniteat me,* but *ne* is evidently required, and it seems better to suppose that *me* is written by mistake for it, than to insert it simply, considering that *me* is not required, and that the question which is here repeated indirectly was *etiam nunc paenitet belli suscepti adversus Romanos?* not *paenitet te.*

obnoxius. See note on ch. 2. 2.

§ 10. **respondeo inquit.** The reading of the MSS. is *respondeam,* except that the first hand of the codex Puteaneus gives *respondead.* Madvig says 'neque condicionali coniunctivo Hanno uti potest (*respondeam, si quis quaerat*), aperte ad dicendum provocatus, neque exhortari se ipsum' (Em. p. 318). Weissenborn keeps *respondeam,* and refers to xxi. 18. 6, *ego autem non privato publicone consilio Saguntum oppugnatum sit, quaerendum censeam.* This use and that of *velim, nolim,* &c., may be originally conditional, but comes to be merely a courteous softening of the expression. In any case however the position of *inquit* in the middle of the speech is rather unusual, and perhaps we may venture to conjecture *respondeatur igitur* for *respondead inquit* in the codex Puteaneus.

videro. We should expect *viderim* in subordination to the *oratio obliqua.* Cf. x. 26. 11. (W.)

§ 11. **itaque ista** &c. The sense is 'that which causes rejoicing now to Himilco and the rest *may* also cause rejoicing to me under certain conditions.' The first clause though grammatically independent is logically subordinate to *mihi possunt,* &c., to which *itaque* really belongs. *Iam* is opposed to the idea of future time contained in *possunt.*

P. 16 § 12. **haec quoque**: as in the first Punic war.

luxuriet. See note on ch. 2. 1. The idea is of the exultation and pride in victory growing to excess, and so causing decay and ruin. Cf. ii. 21. 6, *patribus nimis luxuriosa ea fuit laetitia;* ii. 48. 3, *questi quoque quidam nimia gloria luxuriare et evanescere vividum quondam illud Caesonis ingenium;* iii. 64. 1, *haec victoria...prope in haud salubrem luxuriam vertit.*

§ 15. **ipse,** i.e. *solus;* the sense is 'that I may not be alone in mentioning strange things, I will produce some by my questions from the mouths of my adversaries themselves.'

§ 16. **Latini nominis.** See Mommsen's Hist. of Rome, Bk. II. chap. vii. (Vol. I. p. 430 sq., Eng. trans.).

c. XIII. § 2. **qua die.** *Dies* used as feminine generally defines precisely a particular day. Hence it is always masculine in the plural.

§ 3. **Punico.** See note on ch. 12. 8.

P. 17 § 4. **aliquid**: adverbial. The verb *variare* is often used intransitively, e.g. IX. 18. 10, *miremur, si...plus in tam longo spatio quam in aetate tredecim annorum fortuna variaverit.* (F.)

§ 5. **si quis...consulet.** Note the difference of tense between this verb and *refertis* below.

attinere. See note on ch. 3. 13.

victoribus...frustrantibus: with conditional sense. Cf. ch. 44. 2.

§ 6. **simultas &c.** Cf. XXI. 10. 11.

§ 8. **dictatorque.** This, which appears in all the MSS., can hardly be right, for though Hannibal is in one passage called 'dictator' of the Carthaginians, there is no room here for any such explanation. Moreover, no number of talents is mentioned in the best MSS. though some others have *multa talenta* and others *mille talenta* (derived no doubt from ch. 32. 5). Madvig thinks that in the word *dictator* is contained the number of talents and also a proper name, e.g. *DC, Bostarque* or *D, Carthaloque.* The true reading is probably beyond recovery.

c. XIV. § 1. **nam** refers to what is implied in the preceding, viz. *Romani non cunctabantur.*

§ 2. **dictator.** See XXII. 57. 9. This was the last dictator appointed *rei gerendae causa*: those who were appointed afterwards till the dictatorship of Sulla were either for holding elections or for some religious purpose. The principle was that a dictator should not be appointed to carry on war except on Italian soil.

ut solet: i.e. *ut fieri solet.* The custom is not elsewhere mentioned by Livy, but the following passage of Plutarch's life of Fabius (c. 4) makes clear what is meant: Ἀποδειχθεὶς δικτάτωρ Φάβιος καὶ ἀποδείξας αὐτὸς ἵππαρχον Λεύκιον Μινούκιον πρῶτον μὲν ᾐτήσατο τὴν σύγκλητον ἵππῳ χρῆσθαι παρὰ τὰς στρατείας. Οὐ γὰρ ἐξῆν, ἀλλ' ἀπηγόρευτο κατὰ δή τινα νόμον παλαιὸν, εἴτε τῆς ἀλκῆς τὸ πλεῖστον ἐν τῷ πέζῳ τιθεμένων καὶ διὰ *τοῦτο τὸν στρατηγὸν οἰομένων δεῖν παραμένειν τῇ φάλαγγι καὶ μὴ προλείπειν, εἶθ' ὅτι τυραννικὸν εἰς ἅπαντα τἆλλα καὶ μέγα τὸ τῆς ἀρχῆς κράτος ἐστὶν, ἔνγε τούτῳ βουλομένων τὸν δικτάτωρα τοῦ δήμου φαίνεσθαι δεόμενον.* Zonaras says that the dictator might not mount a horse except when he was going into the field, but does not mention the form of asking for permission on those occasions. Becker thinks there was probably a survival in the case of the dictatorship of the ancient idea that the commander of the legions should go on foot except in special cases (Röm. Alterthümer, II. 2. 418).

praeter duas urbanas l. The account here does not agree with XXII. 57. 9, where nothing is said of the *urbanae legiones*, but we are told that the dictator raised four new legions of young men and boys, besides the levy of slaves and the gathering of allied troops. Weissenborn suggests that possibly only two new legions were raised in the city, in addition to two existing *urbanae legiones*, and that the former as new recruits were left at Rome, while the dictator took the field with the latter.

P. 18 § 3. **qui capitalem fraudem ausi** &c. The first two relative clauses have their antecedent in *eorum*, the third (*qui eorum* &c.) in *eos*, cf. Cic. Fam. ii. 4. 2, *si hoc statueris, quarum laudum gloriam adamaris, quibus artibus eae laudes comparantur, in iis elaborandum* (Nägelsbach, *Lat. Stil.* § 157). Cf. XXXVIII. 11. 9, *qui homines Aetolorum iuris...fuerunt, qui eorum...in dicionem populi Romani venerunt.* (W.)

pecuniae iudicati, i.e. for debt. *Pecuniae* is genitive: cf. VI. 14. 3, *iudicatum pecuniae quum duci vidisset;* XXVI. 3. 8, *quoad vel capitis vel pecuniae iudicasset privato.* In the latter passage and in some others the verb is followed by a dative of the person against whom judgment is given.

§ 4. **triumpho**: ablat. of time; similarly we find *ludis, comitiis, sollemnibus.* **translata** used especially of things carried in triumph, e.g. XXXVII. 58. 4, *in eo triumpho undequinquaginta coronae aureae translatae sunt:* similarly *transduci* and *transvehi* are used. (F.)

§ 7. **plebs novarum** &c., 'was inclined to change of government and to Hannibal,' cf. III. 36. 7, *hominum non causarum toti erant.*

ut solet. Cf. XXIV. 2. 8.

§ 10. **Marcellum Claudium.** From XXII. 57. 8 we learn that he had gone to Canusium to take command of the remains of the Roman armies there. There is something to be said for the conjectural substitution of Canusium for Casilinum here and in § 13, which is defended by Fabri. Certainly it is difficult to believe that Hannibal left Capua for Nola while a Roman army occupied Casilinum, and it is curious that in ch. 17. 9 sq. it is not mentioned that Marcellus had been at Casilinum. It is true the alteration is inconsistent with the movements recorded in § 13, but there the text is rather doubtful, the MSS. having *Calatiam* (not *Caiatiam*) and *perque agrum.*

§ 11. **velint...praefestinarent**: the subject of both is 'the plebeians'; the latter of course depends upon *effecisse.* Observe the variation of tense (see note on ch. 2. 8).

P. 19 § 13. **per agrum.** The MSS. give *perque agrum.* Madvig omits *que*, and says 'non possunt ex aequo copulari *traiecto amne* et *per agrum hunc et illum.*' The omission of the words *Vulturno amni traiecto* would remove the difficulty and also obviate the necessity of reading *Caiatiam* for *Calatiam.*

c. xv. § 1. **sub adventum**: cf. xxi. 16. 1, *sub idem tempus;* sometimes it means 'shortly before,' e.g. *sub lucem, sub noctem,* sometimes, as here and ch. 16. 3, 'shortly after.'

§ 3. **saepe vi** &c., ablatives of manner belonging to *circumsedisset,* describing how he conducted his operations. Cf. viii. 17. 1, *populando usque ad moenia atque urbem pervenerunt;* xxxiii. 3. 5, *exercendo quotidie milite hostem opperiebatur.* (F.)

§ 4. **qui remanserint**, i.e. *iis qui* &c. The variation of tense in *remanserint...voluissent* is rather bolder than usual, but parallels may easily be found, e.g. xxii. 32. 8, *si omnes res Neapolitanorum suas duxissent, dignosque iudicaverint,* &c., see also §§ 11—13 of this chapter, and note on ch. 2. 8. Here the reading of all the MSS. but one is *remanserant,* which Gronovius corrected to *remanerent,* but Fabri remarks that this would not explain the reading of MSS., whereas nothing is commoner than the confusion of the forms in *-erint* and *-erant.*

§ 7. **metus a praetore.** Cf. xxxii. 23. 9, *metu poenae a Romanis,* but a nearer parallel is *metuens ab Hannibale,* ch. 36. 1.

P. 20 § 9. **anxium...sollicitum.** According to the definitions quoted by Cicero, Tusc. iv. 8. 18, *angor* is *aegritudo premens, sollicitudo* is *aegritudo cum cogitatione.*

§ 13. **pugna,** the act of fighting, *proelio,* the battle. Cf. ch. 44. 9. (W.)

armorumque. There is no need to propose the omission of *que*: *equorum* and *armorum* are in close combination, while *virorum* is separate from them: the same expression occurs elsewhere, e.g. xxvi. 5. 9. Similarly where the third thing mentioned is of no particular importance, e.g. xxiv. 40. 15, *catapultas, ballistas tormentaque alia.* (F.)

§ 14. **senties**: for the omission of *eo magis* cf. ii. 45. 9, *quo minus consules velle credunt, crescit ardor pugnandi.* Fabri observes that *senties* here gains force by the omission. It is common in Tacitus, e.g. Ann. i. 74, *quanto incautior efferverat, paenitentia patiens.*

§ 15. **bigatos.** The denarius was stamped on one side with a *biga* or *quadriga*, and was thence sometimes called *bigatus* or *quadrigatus*; similarly the half-denarius (*quinarius*) was sometimes called *victoriatus.*

P. 21 c. xvi. § 2. **quum Hannibal—spectaret.** It may be a question whether this should not be connected rather with the preceding sentence, as it is by Weissenborn, who puts a comma after *iuverit* and a full stop after *spectaret.*

§ 6. **staret**: in a military sense, cf. *statio*, § 5.

§ 8. **vallum.** This is no doubt collective, as in iii. 27. 4, where it is used in the singular though each man had to carry twelve stakes. Marcellus is providing for the possibility of being shut out of the city.

§ 9. **subsidiaque destinata.** This may perhaps mean *copiae in subsidia destinatae;* but it would be more satisfactory to omit *data* with Crévier.

P. 22 § 12. **in sua &c.** This belongs to *discursu* rather than to *trepidat.*

§ 14. **custodiae,** i.e. *custodibus:* these campfollowers were added to the *subsidia* who had charge of the baggage. (F.)

§ 15. **auctores sunt.** Cf. ch. 12. 1.

non plus quingentis: ablat. absolute. *Plus* does not affect the case; cf. xxiv. 17. 6, *plus tamen duo millia hostium eo die caesa traduntur, Romani minus quadringenti.*

§ 16. **gesta est.** The mss. read *gesta sit*, which is retained by W. If that was written by Livy we must suppose that the verb is attracted into the clause of *nescio an*, and supply from it *gesta est* for the principal clause.

vincentibus is explained to mean 'for the victors on that day.' Madvig marks the passage as needing correction, but suggests nothing with confidence. This engagement was considered important by the Romans. W. refers to Cic. Brut. 3. 12, *ut post Cannensem illam calamitatem primum Marcelli ad Nolam proelio populus se Romanus erexit posteaque prosperae res deinceps multae consecutae sunt; sic post* &c. Plutarch (Marcellus 11) says that the number of Carthaginians killed in this battle was said to be 5000, but, he adds, Livy does not affirm that it was so great as this. Livy in fact does not venture to affirm that it amounted to 2800.

C. XVII. § 2. **publica populi R.** Cf. XXVI. 16. 8, *ager omnis et tecta publica populi Romani facta;* and so elsewhere.

P. 23 § 4. **in fide**: a conjectural emendation of *inde.*

§ 5. **continuarentur,** i.e. 'connected with one another,' so as to enclose the town: the reciprocal use of the passive. (Nägelsbach, *Lat. Stil.* § 116.)

§ 7. **nimis accipi.** This is no doubt corrupt: a subject is wanting to *nuntiassent,* and the words do not convey any satisfactory meaning. Madvig suggests *legionesque venire Numidae citi nuntiassent;* others have conjectured *legionesque novas acciri nuntiassent* (or *Casilinum acciri*). With some diffidence I would suggest *legionesque venire Sidicini nuntiassent,* the first two letters of *venire* having been perhaps lost in the last two of *que* (*legionesqueueniresidicini*), and the text having been then conjecturally emended. If *d* were mistaken for *a* the last six letters might easily become *accipi.* The headquarters of the Roman army were at Teanum Sidicinum, and the Sidicini in former times had been in close relations with Capua (see VIII. 9. 4 &c.).

Casilinum. An important place because it guarded the principal bridge over the river Vulturnus, which cannot in this part be forded. It had been held therefore by Fabius in the preceding year to prevent Hannibal from crossing the river (XXII. 15. 3). It is still a strong position, and the name of Capua (Capoua) has been transferred to it since the 9th century, when Capua was destroyed by the Saracens and its inhabitants established themselves for safety at Casilinum. (See Smith's Dict. of Geography.)

§ 8. **audita Cannensis clades,** i.e. *nuntius C. cladis,* see note on ch. 1. 3.

§ 10. **cavendis** &c. See note on ch. 15. 3.

ut...habuere. The MSS. have *ita...habere.* Some editions give *iamque* (or *atque*)...*haberent.*

cis Vulturnum. This should mean according to Livy's usage the Roman side of the river, and so it is generally understood by the editors: there is, however, no mention here of Hannibal's crossing the river, and it is probable that it was in fact the southern part of the town which was occupied by these troops. This was considerably the smaller division, and therefore would answer better to the description here, § 12.

P. 24 c. xviii. § 1. **vi**: the MSS. have *ut*. Some editions simply omit the word.

§ 4. **maiore robore virorum.** *Robur* (or *robora*) *virorum* would ordinarily of course mean 'troops of the best quality,' but here with *maiore* we can hardly take the expression to refer to anything except increase of numbers.

nec ipse = *ne is quidem*; cf. xxxvii. 20. 8, *nec ipsi quicquam ex solita negligentia...mutarunt.*

§ 5. **oppositis.** Madvig reads *positis* and says, 'Castra non opponuntur, nisi quae hosti progredi conanti obiiciuntur.' He tells us that *oppositis* arose from the preceding *a* and the doubling of the initial *p*. This is possible, but we find *stationem pro castris opponit* (vi. 23. 12), and Livy is fond of varying his expressions.

§ 6. **elephantorum.** If Livy is right in this statement it would seem that Hannibal had already received the reinforcements from Carthage which were ordered at the request of Mago, ch. 13. 7. In that case the reinforcements mentioned in ch. 32. 5 were a second instalment resulting from Mago's mission to Spain. Hence perhaps the readiness with which it was determined to divert them to other quarters.

ut ex tanta &c.; *ut* qualifies and limits the preceding *multis*: cf. x. 43. 15, *alio agmine incolumi, ut ex tanta trepidatione;* xxi. 34. 1, *frequentem cultoribus alium, ut inter montanos, populum.* At other times it rather enlarges; cf. xl. 22. 8, *ubi summa penuria erat, ut in regione quam ab omni parte solitudines clauderent.*

P. 25 § 8. **cuniculique.** The purpose of these was to undermine the walls. There were indeed legends of the capture of towns by underground passages (e.g. Fidenae, iv. 22, and Veii, v. 19), but in later times *cuniculi* were employed either from without to undermine the walls and make a breach, or by defenders to undermine the mounds of the enemy thrown up against the walls (as was done in the siege of Plataea). See Caesar B. G. iii. 21 and vii. 22. There is an instructive passage in Liv. xxxviii. 7, where we are told that the Romans at the siege of Ambracia being unable to make a practicable breach with battering-rams determined to attack the walls by a mine *vineis ante contecto loco*, and that their operations being at length suspected, the defenders dug a trench inside the wall across the supposed direction of the mine, and by listening for the sound of digging ascertained its exact position. They then cut a passage into the mine and finally drove the Romans out of it by the smoke and smell of burning feathers. The *vineae* here were apparently used as cover both for the mines and for the men who worked battering-rams.

§ 9. **propugnacula**, built out from the wall to prevent the battering-ram from approaching.

pudor etiam: as we say, 'very shame,' apart from the mere fact of ill success.

§ 10. **bonis.** Ablat. after *inexpertum*, which in the passive sense is followed either by ablative or *ad*. From this ablative must be supplied a dative after *insuetum* which is added as if by an afterthought.

§ 13. **id peccatum.** It seems doubtful whether this error was really committed, though the tradition of it became a commonplace of historians. Polybius expressly says, ἑκκαίδεκα πολεμήσας ἔτη Ῥωμαίοις κατὰ τὴν Ἰταλίαν οὐδέποτε διέλυσε τὰς δυνάμεις ἐκ των ὑπαίθρων. Niebuhr suggests that the mere change to comparative inactivity would account for much demoralisation in the army, which moreover must have been continually recruited from inferior sources: and it will be seen that the course of Livy's narrative here is hardly consistent with his story of the winter quarters at Capua. We are told (ch. 19. 1) that Hannibal left these quarters for Casilinum *mitescente iam hieme*, and in the same chapter he is represented as carrying on operations there in person, while Gracchus, left by the dictator in command, was endeavouring to relieve the town (ch. 19. 5—12). The dictator must after this have returned, and in ch. 24 we are told that he was summoned to Rome in company with Gracchus, that there the elections were held, and Gracchus was elected consul for the succeeding year and remained at Rome, while the dictator 'returned to his winter quarters at Teanum.' These last events occurred, according to the present narrative, after the capture of Casilinum, see ch. 22. 4; they also occurred before the Ides of March, on which day the consuls entered upon their office; and the Ides of March at this time, owing to the confusion of the calendar, fell in our month of January. How much time then is left for the winter quarters of Hannibal at Capua? Apparently Livy's *mitescente iam hieme* is a figure of speech, and Hannibal was really in the field before Casilinum in mid winter.

P. 26 c. xix. § 3. **castris Romanis.** We are not told where this camp was, but we gather that Teanum was the head-quarters of the Roman army (see xxii. 57. 8 and ch. 24. 5). This camp must have been on the river, above Casilinum.

Ti. Sempronius. Gracchus, master of the horse (xxii. 57. 9).

auspiciorum &c., cf. viii. 30. 2. When there was any reason to think that the auspices may not have been properly taken, it was necessary for the commander to return to Rome and renew them. Want of success might sometimes be held to be evidence of a fault in the auspices.

§ 4. **et ipsum cup.**, 'desiring also' as well as Gracchus.

Vulturnus amnis. This does not prove that the position held by the Roman allies was on the right bank, but only that owing to Hannibal's position it was impossible to approach the town from the side of Capua.

Acerranorum. According to Livy, Acerrae had been already taken and destroyed (ch. 17) and the inhabitants had dispersed themselves throughout the Roman towns of Campania.

§ 6. **praecipitasse se.** We must supply *de muris* from *in muris* which follows; cf. xxix. 26. 6, *ad transferendum et finiendum in Africa bellum*, for *transferendum in Africam*.

§ 7. **importaret**, 'tried to introduce,' cf. ch. 20. 2, *cum donarentur*.

§ 8. **magistratum:** probably M. Anicius the 'praetor' mentioned below, for the inhabitants of the town had been massacred.

§ 11. **obnata:** *ἅπαξ λεγόμενον*, like *obarassent*, § 14.

P. 27 § 12. **nuces.** The commentators quote from Festus, *Nuculas Praenestinos antiqui appellabant, quod inclusi a Poenis Casilini famem nucibus sustentaverunt.*

§ 14. **terreni**, used as a substantive: cf. Colum. 3. 12, *cui superpositum est modicum terrenum.* (F.)

§ 15. **liberorum.** The slaves apparently were not on this occasion ransomed: cf. xxii. 52. 3.

§ 16. **septunces auri:** seven-twelfths of a pound for each.

§ 17. **haud minus.** The mss. read *minus* alone. Madvig remarks that this would convey an impression that the loss was trifling, and supposes *haud* (*aut*) to have dropped out after *fuerunt* (*-unt*). Others defend the reading of the mss. on the ground that *minus dimidium* may mean 'little less than half,' i.e. 'nearly half'; and refer to x. 37. 3, *capta amplius duo millia hominum, minus duo millia circa muros caesi;* where the writer is certainly not wishing to minimise the loss.

praetore: meaning apparently only 'commander.'

§ 18. **velato capite**, as in the act of prayer or vow. (W.)

et tria signa: bracketed by Madvig as an ignorant insertion from the next sentence; but Anicius would hardly have vowed a statue of himself. The inscription was attached to the three statues of gods erected both in the Forum and in the Temple of Fortune by Anicius. The statue of him is a separate piece of evidence.

solvisse. Madvig's correction of *vovisse* from the codex Puteaneus, which has *uotumuoluisse.* He remarks that the inscription would be *votum solvit lubens merito.*

Fortunae. This temple at Praeneste was famous, and had an oracle connected with it, as at Antium. Cf. xlii. 1. 7 and xlv. 44. 8.

c. xx. § 2. **non mutaverunt** (*civitatem*). Being offered the Roman citizenship they declined it because it would involve surrendering their condition as citizens of Praeneste. Wölfflin quotes Cic. pro Balb. § 29, *nos non possumus et huius esse civitatis et alius praeterea, ceteris concessum est.*

§ 4. **uni.** W. remarks that this agrees neither with xxii. 61. 11, where Livy says *all* the Bruttii revolted, nor with ch. 30. 5, where after the capture of Petelia Hannibal proceeds to reduce Consentia.

§ 6. **M. Aemilio.** A M. Aemilius was praetor in the year 218 (xxi. 49. 6) and also in 217 (xxii. 33. 8), but not in 216 (xxii. 35. 5), to which this event is assigned: see note on ch. 30. 1.

pro praesenti: *pro* is inserted by Madvig, who thinks that the ablative alone will not stand.

§ 10. **relata...re, tenuerunt.** The mss. have *relaxata... retinuerunt*: whence many editions read *Re laxata*, &c. The reading in the text is from the correction of Crévier, and it is supported by the fact that the codex Puteaneus and another important ms. had originally *relaxa*, though in the former case it is altered, perhaps by the first hand.

tenuerunt. Cf. ii. 42. 2, *tenuere tamen patres, ut cum L. Aemilio Caeso Fabius consul crearetur.* iii. 29. 8, *ne quid ferretur ad populum, patres tenuere.*

P. 29 c. xxi. § 2. **P. Furium** (*Philum*) appointed *praetor urbanus* (xxii. 35. 5), but sent instead of Marcellus with the fleet to Sicily (xxii. 57. 8). We are not told what he had been doing.

navalibus sociis. 'In early days the Roman fleet was of little importance, and service in the navy ranked far lower than in the army. The ships were partly manned from the allies, and the coast towns were especially required to furnish their contingents of marines and rowers. Hence the term *socii navales*, though Romans of narrow means and *libertini* were also called upon to serve.' Capes on xxi. 49. 8.

detur: see note on ch. 2. 8.

§ 5. **mensum**: '*mensium* and *mensuum*, genitive pl., are sometimes found in mss., but *mensum* usually.' Roby, Lat. Gram. § 460.

benigne contulerunt. They soon rebelled however against this system of 'benevolences' (ch. 32).

§ 6. **triumviri mensarii**: cf. vii. 21. 8. This measure, which meant the opening of a state-bank to make loans to citizens on sufficient security, was resorted to twice during the Republic, A. U. C. 403 and on the present occasion. On the proposal of a tribune a board of five or three men of high position was appointed for this purpose, whose office was not limited to the year. The commission appointed now was still working six years later, and seems to have assisted in the general management of the finances. (Mommsen, R. S. 2. 622.)

§ 7. **duumviri**: see xxii. 33. 7.

demortui: used especially of death which creates a vacancy or is felt as a loss, see below, ch. 22. 5; ch. 23. 4; also v. 31. 7; ix. 34. 17 &c. (F.)

P. 30 c. xxii. § 3. **neque enim** for *etenim non.*

post L. Aemilium &c., cf. ch. 13. 3. This is L. Aemilius Papus mentioned in the preceding chapter: he was censor with Flaminius in 220 B.C.

§ 4. **Sp. Carvilius**: consul in 234 B.C. and again with Q. Fabius Maximus in 228.

senatorum. The addition of this word seems necessary. It may have been written *se* or *sen*, and so have been lost before *sed*. *Inopiam* has reference of course to the number, cf. xxv. 5. 5, *inopia iuniorum*.

§ 5. **quibus**, omitted in the best MSS. Some of the others have *si*.

ei, inserted by Madvig, who says 'pro *atque in*...scribendum geminatis duabus litteris *atque ei in*, &c. Non potest pronomen in conversione sententiae et structurae abesse.' (Em. p. 321.)

§ 6. **quondam.** This was when the Latins demanded admission to the consulship and to the senate (viii. 5. 7). The meeting of the senate was *in Capitolio*.

§ 8. **iactum:** so Gronovius for *actum* or *tactum*. Cf. v. 15. 5, *velut temere iactum*.

§ 10. **dictatorem.** Why was this course taken? In a few weeks censors would have been elected in the natural course of things, for the year 215 B.C. should have been a year of census. Apparently the senate were afraid to trust so much power over their own body to elected censors, and thought to secure themselves by the appointment of one whom they could trust.

P. 31 **vetustissimus:** not the oldest in years of life (that would be *maximus natu*), but the person who had been longest in the position of *censorius*, whose censorship preceded that of all others who were still living. Cf. v. 12. 11, *vetus tantum senator et aetate gravis*. Tac. Hist. I. 23, *vetustissimum quemque militum nomine vocans*. (F.) Fabius was censor in 241 B.C.

nocte proxima. The nomination of the dictator by the consul took place in the dead of night, apparently without witnesses, and *silentio*, that is, apart from all interruption that could vitiate the auspices, see viii. 23. 15.

c. xxiii. § 1. **is** is wanting in the MSS. but the codex Puteaneus has *rubi*, whence W. reads *Dictator ubi*.

duos dictatores. A near approach to this had been made in the case of Fabius Maximus and Minucius (xxii. 25. 10 sq.): but neither Fabius nor Minucius was regularly appointed (cf. xxii. 31. 11). (W.)

§ 2. **[se].** 'Non in se haec improbat Fabius, sed haec, quae in ipso constituta sunt, generatim improbat.' (Madv.) *se* is omitted in some MSS., though not in the best.

permissam. See note on ch. 1. 3. So *datum* below.

eidem iterum. This was forbidden by a law of the year 265 B. C. proposed by C. Marcius Rutilus, when he had been elected censor for the second time.

nisi rei gerendae &c. When a dictator was appointed for a special purpose, such as holding elections or games or *clavi figendi causa*, he laid down his office at once when that business was done. Even then however he had a master of the horse. (See vii. 3. 4 sq.) *Rem gerere* seems specially to be used of military action, cf. ix. 35. 5, *neque missilia habebant, quibus eminus rem gererent.*

§ 3. **forsan.** Madvig's correction of *fors*, see Emend. p. 83, where he maintains that we do not find in Livy enumerations of three or more things on an equal level, with a particle *et, ac, atque* before the last word alone. The passages in which this is given by the MSS. are almost all, he says, suspicious on other grounds; and in this passage the best MSS. have *fecerit.* Weissenborn defends *fors* and explains that *tempus ac necessitas* are coupled together as one member of the sentence in opposition to *fors*; but this is not satisfactory, though *tempus ac necessitas* are found elsewhere coupled together (xxiv. 9. 10). It would be possible perhaps to understand *tempus ac necessitas* as an explanation of *fors*: so Wölfflin.

neque, answered by *et ita*, &c., § 4.

§ 4. **penes unum.** The joint action of the two censors was ordinarily required to expel a member from the senate.

fuerit, i.e. 'that it might not (seem to) have been,' throwing the point of view into the future.

§ 5. **necdum in senatum** &c., that is, those who during this period had been elected to curule offices, not being already senators.

§ 6. **aediles,** i. e. *aed. plebeii.*

non cepissent. *Non*, which is not found in the MSS., has been accepted in nearly all editions since Sigonius (16th cent.). Fabri, however, defends the text of the MSS., maintaining that Fabius confined himself to those who had held offices, but that while he chose all who had held the offices enumerated in the text, he selected from the rest those who were individually distinguished. Otherwise, he argues, the holders of minor offices (*decemviri litibus iudicandis, triumviri capitales*, &c.) would be excluded by the text, though they might have had *spolia ex hoste fixa domi*, &c.: moreover, he maintains that the number of those who had *spolia* would be so large that they could not be all made senators. On this last point we know little except that it was a considerable distinction (cf. x. 7. 9); and it is difficult to suppose that Livy would not have said *magistratus alios* (or *minores*), if he had meant what is suggested. *Magistratus* may be used here in reference to the higher offices only.

spolia. The man who killed an enemy in battle and then and there stripped off his arms and carried them away might fasten them up in his house, to which they were thenceforth attached, and might not be removed even when the house passed to a new possessor. On the other hand, they might not be repaired or replaced when they fell or became decayed through age. (See Dict. of Antiquities.)

P. 32 § 9. **comitiorum causa.** This shews that the consul could hold the *comitia* even when there was a dictator in office.

c. xxiv. § 3. **qui tum magister equitum** &c. It was against the law to hold two offices at the same time (cf. vii. 42. 2, and xxxix. 39. 4), but this certainly was not held to apply to the *magister equitum*, cf. xxvii. 33. 7.

creantur. The mss. read *crearentur*, but it is hardly to be supposed that the dictator insisted upon the election of these particular persons. However the use of subjunctive in such clauses is sometimes rather difficult to account for, e.g. xxiv. 26. 16, *comitia poscere, quae nequaquam ex sententia praetorum futura essent;* and the ms. reading may here be right.

§ 6. **quum eae res** &c. The defeat of Postumius is mentioned by Polybius as occurring 'a few days' after the battle of Cannae. Probably however this is a mistake, for Livy can hardly be wrong about his election to the consulship.

P. 33 § 7. **Litanam**, cf. xxxiv. 22. 1. Its exact position is not known.

acciderent. The mss. give *occiderent*, as in xxi. 35. 12, which is explained by the editors to mean 'falling against one another'; but there is no other example of *occidere* meaning 'to fall,' except of heavenly bodies, while its use in another sense is very common: others read *conciderent*. Cf. Caes. Bell. Gall. vi. 27.

§ 9. **ancipiti**, 'on both sides,' cf. ch. 29. 11.

P. 34 c. xxv. § 1. **acta** seems hardly tolerable in this sense, but it has been allowed to stand in nearly all editions. One ms. has *facta*, which may be right.

§ 3. **quod...attineret.** The mss. have *attinet*, which can hardly stand. Madvig proposes *quae...attinerent*, arguing that a subject is required for *essent*, and that the clause *quod...attineret* would naturally apply to the principal sentence, *Gallicum bellum* &c., rather than to *prospera modo essent*. It seems not unlikely that *quae...attinerent* has suffered alteration in the MSS. into the familiar form *quod...attinet*.

§ 6. **quid in Apulia** &c. Of what troops there were we find no mention, nor indeed of Varro's operations at all after Cannae. Marcellus had taken the troops which were collected at Canusium. **a peritis** is 'from those who had information.'

nec unde duo consulares &c. The common reading is *nec unde consulares* &c. without *duo*, but the codex Puteaneus has *necundo*, and others referred to by Drakenborch had *nec duo* or *ne duo*. Hence Madvig reads *nec unde duo*, pointing out that the task which was given up as hopeless was not the formation of an efficient army, but the keeping up of two full consular armies at the same time, and in fact Gracchus had only *volones* and allies, see ch. 32, 1.

§ 8. **nisi quod** &c., i.e. whereas the fugitives from Cannae were to serve in Sicily until the war in Italy was over, these were simply to complete their regular term of service: this was twenty years for foot-soldiers and ten for horse.

P. 35 § 11. **propagari.** Madvig reads *prorogari*, but all the best MSS. have *propagari*. *Propagare imperium* no doubt would ordinarily mean to enlarge the powers rather than to extend the time; but the word is used by Suetonius regularly in the same sense as *prorogare*, Aug. 23, *praesidibus provinciarum propagavit imperium*, and Cal. 29, *propagari sibi commeatum* (this is the reading of the best MSS. in both these passages); and Cicero calls Pompeius *ille provinciae propagator*, in reference to his action in extending the period of Caesar's government in Gaul (Ep. Att. VIII. 3. 3). In the present passage the definition of the time prevents a suggestion of the more usual meaning.

c. xxvi. § 2. **partitis copias.** The ablat. absol. past partic. of a deponent verb rarely has an accusative of the object; cf. IV. 44. 10, *omnia expertis patribus*. (W.)

§ 4. **post classem...desertam**; see XXII. 19. For the construction see note on ch. 1. 3.

§ 5. **Tartesiorum.** The country near the lower course of the Baetis was called Tartesia; the town of Tartessus had by this time disappeared.

§ 7. **populandum**: so Madvig for *depopulandum*, which, he says, can no more be used absolutely than *depasci*.

P. 36 c. xxvii. § 2. **Ascuam**, not elsewhere mentioned.

§ 3. **sine signis**, i.e. 'in no regular order,' whereas *sine signo*, § 5, means 'without word of command.'

§ 5. **catervatim**, 'in separate bodies,' at the same time conveying the idea of confusion.

§ 7. **dum corpora corporibus applicant.** The reading of the mss. is *dum corporibus applicantur*, which Nägelsbach thinks will stand as a case of the reciprocal meaning of the passive verb, cf. ch. 17. 5.

P. 37 § 10. **vero**: emphatic; 'really.'

§ 11. **eos** = *tales*.

possit. This has been altered to *posset*, and Madvig accepts the change. It is a very small one, but the variety which Livy affects in the matter of tenses, especially after historic present, makes it impossible to say that *possit* is wrong: see note on ch. 2. 8, and cf. ch. 43. 12.

§ 12. **cui ut omnia.** The mss. omit *ut*, which may easily have been 'absorbed' by the preceding word *cui*. *Ut* is concessive.

c. xxviii. § 3. **iuxta intentus**, 'equally on his guard,' against both doubtful friends and open enemies, cf. xxiv. 37. 4.

P. 38 § 4. **retro...rediit.** The charge against Livy of tautology seems to have been supported by the grammarians partly on his use of *retro* with *redire, repetere, recipere se*, &c. (ch. 36. 6; xxiv. 39. 11, &c.).

nulla...tutior: i.e. *nulla re magis quam celeritate tutus*.

undique, 'from each place.'

§ 6. **inopem...ingressum**: conditional, *si inops ingressus esset*.

§ 8. **Hispaniensis**, not, like *Hispanus*, implying that their nationality was Spanish, though in fact a large number were Spaniards. (W.)

§ 9. **castra castris conferrent.** Cf. xxvi. 12. 14, *coeundo conferundoque cum hoste castra;* xxvii. 12. 9, &c. Similarly we find *castra castris sunt coniuncta*, iii. 69. 9. (F.)

§ 10. **Hiberam**, unknown except here.

§ 11. **pro ope ferenda,** 'instead of bringing support,' an unusual expression for *pro eo ut*, &c., see xxii. 1. 2.

P. 39 c. xxix. § 3. **velitum pars** &c. The light-armed troops would ordinarily skirmish in front of the legions or upon the wings; here they are placed, some in the first line of the infantry (*inter antesignanos*), and the rest apparently behind the second line. At the battle of Zama we are told that Scipio filled with *velites* the *vias patentes inter manipulos antesignanorum;* xxx. 33. 3; on which occasion the arrangement was made with a view to elephants: so perhaps here.

§ 4. **pro cornibus.** Surely not *ut eorum cornua essent*, as it is commonly understood. We have indeed the expression *primam ac tertiam legiones pro dextro cornu...instruxit* (x. 27. 10), but here the *cornua* are already formed of *Poeni* and *Afri* respectively.

§ 6. **haud ferme.** With a negative *ferme* and *fere* are almost equivalent to *non adeo* 'not much' or 'not very,' literally 'almost not'; cf. xxxvi. 43, *numero non ferme impares futuros se.* (F.)

ne multum quidem. It is difficult to give a satisfactory account of *ne...quidem* here; it seems intended merely to add force to the sentence.

§ 7. **in eo discrimine.** The mss. have *eo discrimine* without *in*. Madvig observes that in this expression Livy and other writers use the preposition (*verti in aliqua re*) except where the ablative is of time (as iii. 27. 7). Here *in* may easily have fallen out after *m* (*patriam*), and so perhaps it has dropped before *m* in x. 39. 7, *quo maiore discrimine res verteretur.*

§ 10. **ancipiti:** cf. ch. 24. 9.

P. 40 § 16. **spes reliqua erat.** The old editions have *spem reliquit*, but the best mss. give *relinquerat* or *reliquerat* (the codex Puteaneus has *sperelinquerat*). The reading in the text is the conjecture of J. Fr. Gronovius: instances, however, are quoted by Fabri and Weissenborn of the transition from perfect to plupf.

c. xxx. § 1. **Petelia:** see ch. 20. 4 sq. This event is assigned here to the third year of the war (216 B.C.), and it was some months before this that the Petelini asked help from Rome, which according to Livy was 'at the same time' as the capture of Casilinum, see note on ch. 18. 13. Polybius says that the siege lasted eleven months. Livy's notes of time are evidently untrustworthy.

§ 2. **multo sanguine,** cf. iii. 60. 2, *Haud scio an magno detrimento certamen staturum fuerit.*

§ 3. **suetae insuetaeque**: the conjecture of Fabri for *suetaeque*.

§ 4. **deerant.** *Antequam* is generally followed by perfect indic., but cf. ch. 48. 1. (W.)

§ 5. **Consentiam.** See note on ch. 20. 4. Consentia was the capital of the Bruttii, on the river Crathis.

§ 6. **Crotonem**: see map: founded about 710 B.C. and attained great power and wealth, but was conquered in the 4th century B.C. by Dionysius of Syracuse, and when it recovered its independence, suffered severely from the growing power of the Lucanians and Bruttians, and was gradually reduced to insignificance, cf. XXIV. 3. Such ruins as remained of the ancient town were used in the last century for the construction of a mole. (See Smith's Dictionary of Geography.)

P. 41 § 7. **a defensoribus vasta.** This use of the preposition with *vastus* can hardly be paralleled elsewhere. Perhaps the true reading is *vacua*, cf. XXVIII. 20. 2, *ab defensoribus vacuam*. This is rather confirmed by the use of the word *vasta* (in a different sense) in the next book (ch. 2. 9), where Livy relates these events at greater length, forgetting apparently that he has mentioned them before, another example of the carelessness of his composition.

§ 8. **Locrenses**, the inhabitants of *Locri Epizephyrii*, on the S. E. coast of the Bruttian peninsula. The constitution was aristocratic since the time of Zaleucus, and, as a rule, the aristocratical party in Italian towns held with the Romans (XXIV. 2. 8).

§ 9. **Regini.** Regium was founded by the Chalcidians, perhaps in the 8th century B.C. It was destroyed by Dionysius the elder in 387 B.C., and only partially recovered afterwards.

potestatis suae: 'independent'; for the construction cf. XXIV. 37. 6.

§ 11. **contempta.** Polybius on the other hand praises him for filial obedience. (W.)

§ 13. **Veneris Erycinae**, see XXII. 9. 10. The vow was made in obedience to the Sibylline books. The temple of Venus at Eryx was connected with the legend of Aeneas.

§ 14. **duumvirum.** From IX. 46. 6 it would seem that it was originally understood to be the right of a consul or *imperator* only to dedicate a temple, though Livy relates several cases of dedication by *duumviri* before this time. On the occasion there referred to a law was passed that no temple or altar be dedicated by anyone without permission of the senate or the majority of the tribunes. The permission was usually given as here by the creation of *duumviri sacris faciendis*, for this special purpose, when the intended dedicator held no other office; cf. xxii. 33. 8.

§ 15. **bis** belongs of course to *consul* alone, so § 18 *bis consul censorque*. It seems however that he was consul only once, B.C. 232.

§ 16. **ludi Romani**, held by the curule aediles in September, whereas the *plebeii ludi* were celebrated by the plebeian aediles in November: the latter are here mentioned for the first time.

per triduum instaurati. If anything irregular took place in the celebration, either the whole of the games had to be repeated or the day or days on which the irregularity took place. In the one case it is said *ludi toti instaurati sunt*, in the other the number of the days which are repeated is given, as here, *ludi per triduum* (or *ter*) *instaurati*. There is no reference here to the number of days which the ordinary celebration required. (Marquardt, R. S. 3. 465.)

P. 42 § 18. **Ti. Sempronius consul.** His colleague elect, L. Postumius, had been killed in Cisalpine Gaul (ch. 24).

urbanam...peregrinam sortem. The one was *praetor qui inter cives ius dicit*, the other *praetor qui inter peregrinos* (or *inter cives et peregrinos*) *ius dicit*. The latter was in later times called *praetor peregrinus*, but improperly, for his jurisdiction was within the city as well as that of the *praetor urbanus*. (Mommsen, R. S. 2, 188.)

§ 19. **pro consule**=*ut pro consule esset*, cf. iii. 4. 10 (*optimum visum est*) *pro consule T. Quinctium mitti*. (W.)

c. xxxi. § 1. **duplex tributum.** The ordinary amount was one-tenth per cent. on the valuation of real property (houses and land) possessed by Roman citizens.

§ 3. **Cales**: cf. xxii. 11. 3, *iis...Tibur diem ad conveniendum edixit*, also ch. 32. 14; sometimes with a preposition *in* or *ad*.

Claudiana, called after Marcellus.

§ 4. **Cannensis exercitus**, see xxii. 57. 1.

§ 7. **exspectaverant...uti** &c. Cf. ix. 32. 5, *exspectantes ut ab adversariis clamor et pugna inciperet*, so xxvi. 18. 5, &c. (F.)

P. 43 § 8. **quem...vultis.** Thrown in parenthetically, not as part of the design with which the election was postponed, hence the difference in tense and mood from the other verbs.

§ 9. **Menti.** This temple had been vowed at the same time as the other, see xxii. 9. 10.

§ 10. **municipes Cumani** &c. The object was to restore to these men the rights which they had enjoyed before as citizens of Capua or other revolted towns, i.e. *civitas sine suffragio.* This had been lost to all without distinction by the defection of their community from Rome; consequently these persons had to become members of some other *municipium*, and their membership was to date from the day before the defection, that they might be technically free from all participation in it.

§ 11. **quorum hominum essent**, i.e. to what class they belonged, whether *cives*, *municipes*, or *peregrini.*

in eam, in quam redierant, i.e. Rome.

§ 12. **uni rogando.** Madvig conjectures *subrogando*: but *rogare consulem* would mean to propose a consul for election cf. Cic. Ep. Att. ix. 15. 2, *volet ut consules roget praetor;* and in this instance Postumius had never entered on his office. For *uni* cf. xli. 17. 5, *consulis unius subrogandi.*

§ 13. **qui...occiperet**, the usual phrase, see examples quoted by Fabri.

cui ineunti: on the occasion of his formally assuming office. The dative implies only that the event had special reference to him.

vitio creatum: cf. xxii. 33. 12, where the nature of the flaw is not mentioned.

fama ferebant, 'spread the report': cf. iv. 5. 6, *ferte sermonibus et multiplicate fama bella.*

P. 44 § 15. **novendiale...sacrum**: see i. 31. 4, *mansit certe sollemne, ut, quandoque idem prodigium nuntiaretur, feriae per novem dies agerentur.*

cum cura expiata, i.e. *procurata.*

c. xxxii. § 1. **volones qui ibi erant**: Madvig's conjecture for *volones que fierent.* For *volones* see xxii. 57. 11, *octo milia iuvenum validorum ex servitiis, prius sciscitantes singulos, vellentne militare, empta publice armaverunt.*

§ 2. **praesideret**, i.e. *praesidio esset.* (F.)

§ 3. **in senatum**: cf. ii. 55. 10, *quum in senatum vocari iussissent*, also in other passages *ad concionem* or *in concilium advocare*. (F.)

quibusque insena tu &c., the usual formula, to include those who had not been yet enrolled in the senate by the censors, but had the right of sitting and speaking there, because they had lately held curule offices and therefore would be enrolled as senators at the next census.

ad portam Capenam. Fabri remarks that this being at the beginning of the *via Appia* was nearer to the scene of war than any of the other usual meeting-places.

§ 4. **Piscina publica.** This was in the same part of the city. The xiith region, S.E. of the Aventine, was called after it in later times. (W.)

eo vadimonia fieri, i.e. that defendants should give bail for appearance there instead of in the Forum.

§ 5. **Mago.** He had been sent to Spain to raise troops for both that country and Italy (ch. 13. 8). The reinforcements voted then by the Carthaginian senate were considerably larger than those here mentioned; see note on ch. 18. 6.

§ 7. **averterent**: 'tried to divert,' the strict sense of the imperfect, so ch. 19. 7, *Si...importaret*.

§ 9. **imperii Romani et.** The codex Puteaneus reads *imperiret*, whence Luchs conjectures *imperi R. et.* The word *Romani* is certainly wanted here.

gravi tributo &c. This has been referred to before from a Roman point of view as a voluntary contribution, ch. 21. 6.

P. 45 § 14. **primas** = *proximas*, so xlii. 21. 5, *ante Kalendas Sextiles primas*, and in inscriptions.

§ 15. **ne praetoribus quidem.** Ordinarily the *praetor urbanus* might not be absent from the city more than ten days.

§ 19. **conquisitionem**: a stricter kind of *delectus* carried out by Roman officials in the country itself; whereas usually the levies were ordered to come to Rome to be enrolled, cf. xxv. 5. 5 sq.

P. 46 c. xxxiii. § 3. **incertis adhuc viribus**, 'so long as their comparative strength was a matter of doubt.'

§ 4. **ad Laciniae Iunonis templum**: S.E. of Crotona, on the promontory of Lacinium, now called Capo delle Colonne from the remains of the temple; see note on xxiv. 3. 3.

§ 10. **autem.** For *autem* introducing a parenthesis, cf. vi. 1. 10, *In primis foedera ac leges* (*erant autem eae duodecim tabulae* &c.) *conquiri, quae comparerent, iusserunt;* also xxiv. 44. 5, and 47. 13.

P. 47 § 12. **navigarent,** i.e. the combined fleets.

c. xxxiv. § 2. **ad regis ipsius firmandam fidem.** This function would probably be to receive the personal assent of the king in return for that of Hannibal, but the phrase *firmare fidem* is generally used of the person who takes the oath, not of those who exact it, see Madvig Em. 325.

§ 4. **Valerius Flaccus,** the legate appointed by M. Valerius Laevinus to command the fleet; see ch. 16. 13.

vinci se. Though Livy is apt to leave out the subject *se*, e.g. ch. 5. 15, it is hard to say that Madvig is wrong in inserting it here, where it may so easily have dropped out before *senserunt*.

§ 5. **satis iam semel felix,** 'such as had served him so well before.'

§ 6. **cultus,** the dress: **habitus,** the general appearance.

P. 48 § 12. **imparem:** so Madvig for *parum*; others read *parum aptum*, which may be right.

§ 15. **bis consul et censor,** see note on ch. 30. 15. He had conquered Sardinia in his first consulship, twenty years before this time.

§ 16. **deiicitur.** 'Naufragi quidem *eiici* dicuntur...at qui, summa re salva, tempestate vertuntur a cursu...*deiici* dicuntur. Cf. xxi. 49. 5, *eam quoque classem ad Aegates insulas eiectam*.' (J. Fr. Gronovius.)

c. xxxv. § 1. **mollitis,** see ch. 18. 10.

P. 49 § 5. **lustrato,** 'reviewed': such review being accompanied by sacrifice; cf. i. 44. 2, *exercitum omnem suovetaurilibus lustravit*.

§ 6. **decurrere,** 'to perform military movements.'

ea maxima pars volonum erat, 'the greater part of these consisted of *volones*.' *Ea* is attracted into agreement with *pars*, and the genitive *volonum* stands as predicate; cf. xxi. 29. 3, *nec omnes Romani, sed pars Gallorum;* and xxiv. 16. 4, *et ea maior pars equitum.* But the meaning of this last passage is not quite clear, and possibly here the sense may be rather (as

Wölfflin maintains) 'and the greater part of the *volones* were of this condition,' i.e. recruits.

§ 7. **itaque...praeceperat**: parenthetical (*et ita...praeceperat*). (W.)

P. 50 § 13. **medix tuticus**: the name of the chief magistrate of the Campanian league. *Medix* (the Oscan *meddis*) from the stem *med* (of *mederi*), *tuticus* (Oscan *touto*), Latin *totus*: *medix tuticus* = *curator reipublicae*. (W.) *Meddix* is used by Ennius as a general name for 'magistrate': *summus ibi capitur meddix, occiditur alter.*

§ 15. **triduum...Hamas**: probably a gloss suggested by the MS. reading *triduum* in § 11: Gracchus can hardly have waited three days before he attacked: probably the sacrifice took place on one night only.

§ 16. **insidiandum**, used of waiting secretly to catch the favourable opportunity, as one might lay an ambush to intercept a man.

a decima diei hora. F. and W. read *ante decimam...horam*, arguing that otherwise the time would be too short for sleep. Madvig says, 'indicatur ante solitum tempus corpora curari coepta.' The time mentioned is in fact two hours earlier than the usual supper-time.

§ 19. **capti**, after this word (in the MSS. *capta*) probably the number of the prisoners should follow. Madvig remarks that Livy seldom mentions the capture of standards without recording also that of prisoners.

P. 51 c. xxxvi. § 10. **auspiciis repetendis**, see note on ch. 19. 3.

litari, 'that the sacrifices were favourable': *respondere* is used specially of the decisions of augurs.

c. xxxvii. § 2. **subiectis** &c., i.e. placing beams for it to rest upon, which were supported, in part at least, by the wall.

P. 52 § 6. **ad mille trecenti.** This adverbial use of *ad* (= *fere*) is common in the historians; e.g. Caes. B. G. II. 33, *occisis ad hominum millibus quattuor.*

nihil minus quam, 'anything rather than,' cf. XXII. 19. 8.

§ 10. **Grumentum**: probably a native Lucanian town: first mentioned here. It was regarded afterwards as an important position, commanding the valley of the Aciris.

Ti. Sempronius, consul in the year 218 B.C.

§ 11. **et ducentos octoginta milites** &c. Madvig omits *amisit* after *milites*, arguing that the number of prisoners should be mentioned here (see note on ch. 35. 19), and that the statement of Roman losses would not naturally be coupled by *et* with what precedes, nor placed in the middle of the enumeration of losses on the other side.

P. 53 c. xxxviii. § 7. **parari**, cf. xxiv. 22. 5.

§ 9. **quinquaginta quinque**. Livy apparently forgot that the five ships which brought the ambassadors to Rome were taken from the fleet of Valerius. The whole number would amount now to fifty.

P. 54 § 12. **ut redderetur.** This was for repayment of the money advanced by Hiero (ch. 21. 5).

c. xxxix. § 1. **captiva navis una ex iis.** *Ex iis* can hardly be separated from *una*, yet the ambassadors of Philip came in a single ship only. We may perhaps translate this, 'the captured ship, being one of those which were sent &c.,' and understand that it was sent in company with the five Roman ships, and being still manned by its former crew, though not containing the ambassadors, effected its escape. But we can hardly acquit Livy of careless writing either here or before.

§ 3. **cui Scotino cognomen erat.** The surname Σκοτεινὸς belonged to the ancient philosopher Heraclitus, and one is tempted to think that this clause is the gloss of an ignorant commentator. Perhaps however Madvig is right in thinking first that no commentator could have been so ignorant, and secondly that the name would stand awkwardly here without any addition. The alternative is to suppose that this man had adopted the surname of the philosopher.

§ 4. **se circumegit**, 'came to an end,' cf. ch. 30. 18.

P. 55 § 8. **propraetorem.** He was really a proconsul, cf. ch. 30. 19 and 48. 2.

c. xl. § 1. **praetorem**: so called because he held the *imperium* in place of Q. Mucius, cf. ch. 41. 8. Livy often uses the word loosely for *propraetor*.

§ 2. **Carales**, the modern Cagliari, founded by the Carthaginians, in a fine maritime position on the bay which was called after it. It is still the capital of Sardinia.

navalibusque sociis, cf. xxi. 49. 7, 'the crews of his ships.

§ 3. **Pellitos.** The natives, who by the Carthaginians had been driven into the mountains, called *pelliti* or (by Cicero) *mastrucati* from their clothing of sheep- or goat-skins. (W.) See *mastruca* in Lat. Dict.

§ 5. **Cornum**, on the west coast of the island.

§ 6. **in tempore** &c., 'in time to encourage them to renew the war.' *in tempore = opportuna.*

§ 8. **perventurus erat**: i.e. *pervenisset.*

P. 56 § 9. **signis collatis** &c., cf. xxii. 24. 11, *Iusta quoque acie et collatis signis dimicatum.*

c. xli. § 5. **victore exercitu**, an instrumental ablative; cf. ch. 43. 5.

P. 57 § 8. **praetor**, see note on ch. 40. 1.

§ 11. **suo** = *sibi secundo*, cf. xxii. 39. 21, *neque occasioni tuae desis, neque suam occasionem hosti des.*

c. xlii. § 2. **per nos ipsi**: *ipse* is generally thus used in this combination, not made to agree with the pronoun which it emphasises; cf. i. 49. 7, *bellum, pacem, foedera, societates per se ipse...fecit diremitque;* ix. 5, *proponere sibimet ipsi ante oculos iugum hostile.*

§ 3. **prope quinquaginta**: actually fifty-four (272—218 B.C.), but *prope* means 'about,' not necessarily less than the number stated, cf. vi. 2. 3, *per annos prope centum.*

P. 58 § 5. **aculeo emisso torpere.** The expression is closely imitated by Curtius iv. 14. 13, *velut quaedam animalia emisso aculeo, torpet.* The idea that bees when they have lost their stings do not necessarily die but become drones is expressed by Pliny H. N. xi. 18. Cicero on the contrary says, *mortuus est, aculeo iam dimisso*, pro Flacc. 17. 41. The word *emisso* implies that it has been put forth once to sting, not merely dropped and lost (*amisso*). (F.)

§ 6. **nullo externo** &c., an instrumental ablative, the foreign army and its commander being regarded as merely tools employed by the foreign state. (W.)

P. 59 § 12. **nec te...norim** &c. 'I should be mistaken in you if I did not suppose' &c. But the primary tense suggests a reference to the future, and we should naturally expect *nec te nec exercitum norim nisi...facile sit* &c. 'I shall be much mistaken in you if it does not prove easy.' The idea is usually expressed by *aut...aut*, e.g. xxii. 39. 8, *aut ego rem militarem... ignoro, aut nobilior alius Trasumenno locus nostris cladibus erit.*

§ 13. **praesidiumque miseris simul nobis** &c. *Miseris* is inserted by Madvig, who says that Hannibal's action could not be expected to do the same thing for both friends and enemies (i.e. the Samnites and the people of Nola). The defeat of the Roman plunderers would doubtless diminish the strength of the *praesidium* of Nola, but the same troops could not be called a *praesidium* of the Samnites unless in a very different sense. It is possible that the word may be intended to have a hostile sense in regard to Nola also, for the mass of the population there were thought to be discontented with the Roman rule. I have however adopted Madvig's conjecture because this use of the word seems hardly admissible here.

c. xliii. § 2. **ni impetraretur.** We should expect *si non* because of the opposition of *tum denique;* cf. viii. 10. 12, *ni moritur, tum signum septem pedes altum aut maius in terram defodi.*

§ 5. **cetero exercitu,** cf. ii. 24. 1, *Volscos infesto exercitu ...venire.* This ablative frequently used (like the dative in Greek) when speaking of military operations, seems to be instrumental; cf. ch. 41. 5.

P. 60 § 12. **possit,** see note on ch. 2. 8.

§ 13. **magis,** inserted on small authority by Madvig, who corrects also other passages of Livy which had been cited in illustration of this. With a verb of wishing the omission is natural, cf. xxv. 29. 6.

P. 61 c. xliv. § 1. **paenitere.** The relative here is for *et* and a demonstrative, and the clause is logically a principal one, cf. xxiv. 14. 8.

§ 2. **an dedituris.** The common reading is *mutare eam. Dedituris...non fuisse* &c. where *non* is without authority. *Dedituris* is conditional, equivalent to *si dedituri essent: fuisse* represents *fuit* in *oratio recta.*

§ 3. **recipiendae,** cf. ch. 11. 7: the word is used frequently without the idea of recovering what has been lost.

§ 5. **nam:** if this reading is right the word refers to *modico* above.

triginta: the number is suspected, for it seems likely under the circumstances that more fell on the Carthaginian than on the Roman side.

§ 6. **tenuit,** cf. xxiv. 47. 15.

P. 62 c. XLV. § 2. **lustris**: properly the sloughs or morasses in which wild boars wallow, hence by a natural metaphor the haunts or pursuits of debauchery. Cf. Cic. Phil. II. 3. 6, *vino lustrisque confectus.*

§ 6. **viderit,** see note on ch. 2. 8.

§ 7. **legionis unius.** Marcellus had probably two legions, cf. ch. 31. 3 sq. The *ala* is no doubt a body of allied cavalry.

P. 63 § 8. **tirone milite,** cf. ch. 41. 5.

§ 9. **restatis** = *resistitis*, rarely used, as here, with a dative.

§ 10. **en, in minore re experiri.** So Madvig for *enim minor res est hic experiri* (or *hicperiri*), quoting XXIV. 8. 13, *in minore te experti, T. Otacili, re sumus.* The common reading is *en minor res est. Hic experiri,* &c.

c. XLVI. § 1. **nec bene nec male dicta,** 'neither praise nor blame.'

§ 5. **indutiis tacitis,** cf. II. 18. 11, 'truce by tacit consent.' (F.)

P. 64 **Vulcano votum,** in opposition to the whole expression *spolia cremavit.* (W.)

§ 12. **indidem,** i.e. of Capua.

§ 14. **opima spolia.** The expression is here used loosely for the spoils stripped from a distinguished enemy slain in single combat, more properly called *spolia provocatoria.* For the strict meaning of the expression cf. IV. 20. 6, *ea rite spolia opima habentur, quae dux duci detraxit.*

c. XLVII. § 4. **nobilitassent,** 'made notable.'

P. 65 § 6. **sis** = *si vis,* often used in colloquial language with an imperative, which here must be supplied.

cantherium in fossam, i.e. *demiseris.* Taurea had not expected his challenge to be accepted, and accordingly here represents it as a jest, suggesting that it was as absurd an action as to let your horse jump into a hole or ditch. (F.) The saying may have been a proverb before, of persons who acted perversely. Some read by conjecture *Romanus Campano* for *Romano Campanus* and make the challenge come from Claudius.

§ 8. **quam vera sit** &c. cf. IV. 20. 8, *qui si ea in re sit error ...existimatio communis omnibus est,* i.e. 'it is open to any one to decide for himself.'

P. 66 c. XLVIII. § 5. **attineat** &c. see note on ch. 2. 8.

§ 7. **tributo**, see note on ch. 31. 1.

§ 8. [eum] **ipsum** &c. "Pronomen *eum*, quod prave significat aliquid ante de hoc numero dictum esse, tollendum est, nisi quid aliud mendi sub eo latet." Madv. Em. p. 329.

stipendio, tribute exacted for the payment of troops.

alia...peste, i.e. 'poverty.'

§ 9. **nisi fide staret** &c., "if the state were not supported by credit, it would not be able to support itself by the resources which it had in hand," i.e. it would fall, cf. VIII. 7, *disciplinam militarem, qua stetit ad hanc diem Romana res, solvisti.* (F.)

§ 10. **redempturis**, i.e. the undertaking of public contracts, such as this for supplying the troops with necessaries, payment for which would naturally be made when the thing stipulated for had been performed. The request made here is that the contractors would undertake to supply what was wanted now without immediate payment. The magistrate is said *locare* (*faciendum* or *praebendum*), and the contractor *conducere*.

c. XLIX. § 1. **societates.** Becker remarks that this is the first mention of the companies of *publicani*, which afterwards became so important and undertook every kind of public contract (Röm. Alt. 2. 1. 270).

§ 2. **in eo publico**, 'engaged in this public service.'

P. 67 **publico periculo.** Usually the contract would be for delivery, as e.g. XLIV. 16, *C. Sulpicius praetor sex millia togarum ...deportanda in Macedoniam praebendaque arbitratu consulis locavit*; and by this arrangement the risk of loss on the passage by wreck or capture would be borne by the contractors. For the construction with *periculo* cf. XXV. 3. 10, *quia publicum periculum erat a vi tempestatis*, &c. (the danger arising from storm).

§ 4. **parcius...quam.** Some words seem to have dropped out here, and have been thus supplied by Weissenborn.

§ 5. **Iliturgi**: situated on a steep rock on the north side of the Baetis, between Corduba and Castulo: afterwards called Forum Iulium.

§ 8. **duo duces**, i.e. *duo alii duces* (Mago and Hannibal).

§ 12. **ut quae maxime omnium**, cf. V. 25. 9, *grata ea res, ut quae maxime senatui unquam, fuit.*

LIB. XXIV.

P. 69 c. I. § 1. **ut ex Campania** &c. The events which follow have already been briefly mentioned (XXIII. 30), where they are represented as belonging to the year 216, and taking place before Hanno went to Campania (XXIII. 43. 6). Apparently Livy is here following a different authority, and after his fashion has neglected to reconcile it with what he has elsewhere written. To the suggestion that there is no real inconsistency, but that he meant briefly to sum up in the former passage the events which he intended afterwards to relate more fully, it is sufficient to reply that whereas in XXIII. 41 the reinforcements which Hanno took into Campania are represented as landing at Locri, which at the same time refuses to admit a Roman fleet, here even after Hanno's return we find Locri still occupied by a Roman garrison, and the inhabitants not yet resolved to go over to the Carthaginians.

§ 2. **Regium...Locrenses**: see notes on XXIII. 30. 8, 9.

etiam ne &c., i.e. not only for their own use but also &c.

P. 70 § 8. **in speciem**, 'apparently,' cf. ch. 27. 8; to be taken with *haud dubio*.

§ 12. **Claudio**: see XXIII. 30. 18.

P. 71 c. II. § 2. **Crotonem**: see note on XXIII. 30. 6.

§ 3. **et ipsam**, i.e. as well as Locri and Regium.

§ 4. **pro sociis**, i.e. in accordance with their position as allies: cf. ch. 48. 5.

ne in libertatem &c., i.e. in such a manner as to secure the freedom of Croton and to balk their own designs (*frustra*). The construction is as if after *timebant*, implied in *ea cura angebat*.

§ 5. **caverique ab eo.** *Cavere* is used of stipulations generally: cf. XXI. 18. 8, *in quo quum caveretur utrorumque sociis, nihil de Saguntinis cautum est*.

§ 6. **praesentium esse**, 'concerned those who were on the spot,' Hanno and his colleagues.

§ 9. **vasta urbe** &c., cf. ch. 33. 9, *vastam disiectamque spatio urbem.* The expression refers apparently to the extent of the city and the distance between various points in the walls, which made it impossible for the aristocrats to occupy the whole circuit themselves.

For the order of the words *lateque moenibus disiectis* Madvig quotes examples from Livy and other authors, e.g. XXIII. 14. 1, *praeter insitam industriam animis*, and XXVII. 12. 5, *rapto vivere hominum assuetorum*, Emend. p. 330.

P. 72 c. III. § 2. **et arx erat procul eis** &c. Madvig reads in his last edition, *et arx procul eis quae habitabantur sex millia aberat. In urbe nobili templum ipsa urbe erat nobilius.* The codex Puteaneus has *et aros procul eis quae habitabantur sex millia aberat in urbe nobile templum ipsa urbe erat nobilius*, (with *i* written over the *e* of *nobile*). Editors before Madvig had all applied *sex millia aberat* to the temple, changing *in* to *ab* or omitting it altogether, and had made the clause *ipsa urbe erat nobilius* a parenthesis. Madvig rightly objected to this as spoiling the balance of the sentence, which requires the antithesis of *urbe nobili* and *templum ipsa urbe nobilius*. Moreover he objected that if *arx* were left without a verb expressed it would seem to belong to *praeterfluebat*, and that there was no authority for the alteration or omission of *in*. Accordingly, he understands that the citadel was six miles from the inhabited parts of the city, and takes the expression *in urbe* to include the surrounding district (ἐν τῇ Κροτωνιάτιδι).

The first of his objections is met by omitting the word *erat* after *urbe*, the second by inserting it (as Weissenborn does) after *arx*, and the third by retaining *in*.

It is to my mind clearly impossible that Livy should have supposed that the *arx* was six miles from the inhabited part of the city, for it must surely have been included within the circuit of the walls. On the other hand, the temple of Juno Lacinia was as nearly as possible six miles from the town, (the distance given by Strabo must be a mistake), and I do not see any difficulty in making *aberat* stand by itself, and retaining *in urbe nobili* as antithesis to *ipsa urbe nobilius* in the sense accepted by Madvig. 'Six miles off was a temple more noble even than the city to which it belonged.' Except the transposition of *erat* and the generally accepted *arx* for *aros*, the reading in the text involves no alteration of the MS. reading.

§ 3. **Laciniae Iunonis**, XXIII. 33. 4. This temple stood on the promontory of Lacinium, which forms the southern limit of the gulf of Tarentum. It is a bold and rocky headland, and is now called *Capo della Colonne* or *Capo Nau* (Ναός) from the ruins of the temple upon it. Only a single column now remains, much of the masonry having been carried off to be used for buildings at Crotona. This temple was the most celebrated in Magna Graecia, and served as an annual meeting place for all the Italian Greeks, see Smith's Dict. of Geography (Crotona).

§ 5. **sui cuiusque generis**: 'of each distinct kind:' *sui* is, strictly speaking, superfluous; its insertion is due to the habit of connecting the reflexive pronoun with *quisque*. Cf. Varro L. L. 10. 48, *cum verba...debeant sui cuiusque generis in coniungendo copulari* (W.).

§ 7. **nullo unquam moveri vento.** The codex Puteanus has *nullo unquam moue ventos*; other MSS. have *nullus unquam mouet ventus*; whence Weissenborn reads *moveat.* To the reading of the text it may be objected that the clause is not a continuation, but states that in which the miracle consists, so that the use of the infinitive is rather harsh: but cf. XXIII. 10. 3.

§ 8. **qua.** Madvig suggests *quia.* **Dionysio,** i.e. the Elder, B.C. 389.

P. 73 § 14. [in] **Locros**: the preposition should probably be omitted, as below § 15.

c. IV. § 1. **dominationem,** i.e. the position of ruler.

§ 2. **eam aetatem,** a reference to the word *puerum* above, as *id ingenium* is to the words which follow *vixdum—laturum.*

P. 74 § 5. **modo,** i.e. instead of constituting a republican government.

vellent, a softened form of expression for *iuberent* (W.).

§ 7. **munus suscipiunt**: a lacuna is here marked by Madvig, which is thus supplied by Weissenborn from conjecture. The words probably express the original sense sufficiently well.

c. v. § 1. **vix quidem.** So Livy occasionally says *non quidem,* e.g. XXV. 36. 2, *non quidem satis tutum...editiorem tamen,* Madv. Em. p. 335.

vel: Madvig's correction of *ulli,* which if it were allowed to stand would draw the emphasis away from *bono* to itself.

§ 3. **nam qui** &c. With this description of Hieronymus must be compared the passage of Polybius (VII. 7), where fault is found with the historians for exaggeration of his vices, on the ground that a mere youth who reigned little more than a year could not have equalled the cruelties and impieties of Phalaris and others with whom they compared him. From Livy's description here it has been argued (very inconclusively) that he had not Polybius before him during this period. Livy would certainly not think it necessary to destroy the effect of his description in obedience to such criticisms as these of Polybius, however closely he might be following him in some respects. The considerations which Polybius suggests are employed afterwards for rhetorical purposes (ch. 25. 2).

P. 75 § 5. **superbae aures**: cf. xxxiv. 5. 13, *superbas medius fidius aures habemus, si quum domini servorum non fastidiant preces, nos rogari ab honestis feminis indignamur* (F.).

§ 6. **metum suppliciorum**, i.e. *supplicia quae metuebant* (W.).

§ 9. **assuetum.** This construction with *assuesco* is not found elsewhere in Livy, and Madvig inclines to a conjectural emendation, either *assumptum* or *adscitum.*

§ 10. **appellatus**, 'invited to join the conspiracy,' cf. xxvi. 38. 7 (F.).

§ 12. **fuisse; addit socios.** There is apparently a lacuna in the mss. which is variously filled up by the editors.

P. 76 c. vi. § 6. **quum serio** &c., i.e. when he was old enough to give serious audience to them.

P. 77 c. vii. § 2. **profectus erat.** This is given on the authority of the codex Puteaneus, but it can hardly be right: the examples quoted for plupf. indic. after *quum* in clauses which simply determine the time are nothing to the purpose.

§ 3. **et omnes** &c. See note on xxiii. 1. 6.

§ 4. **instructi.** The codex Puteaneus has *structi.* Madvig says, 'Acies aliquo modo strui, hoc est ordinari et componi dici potest, milites tantum instrui.' Em. p. 335 (note).

ab tergo, to be taken with *agmen.*

P. 78 § 9. **ad provinciae regnique fines**, the frontier which divided the Roman province of Sicily from the kingdom of Syracuse.

§ 11. **diem comitialem**: cf. Macrob. i. 16. 14, *comitiales sunt, quibus cum populo agi liceat; et fastis quidem lege agi potest, cum populo non potest, comitialibus utrumque potest.* There were about 190 *dies comitiales* in the year, marked by the letter C in the Calendar.

praeter urbem, see ch. 9. 2.

§ 12. **Aniensi iuniorum.** The century which by lot had the prerogative vote is designated by the name of the tribe to which it belonged. None but the centuries of the first class would cast ots for the prerogative.

P. 79 c. viii. § 5. **eandem causam**, i.e. because Valerius had courage and strength which inspired him with confidence of success. The omission of *ob* is perhaps not absolutely necessary, but certainly simplifies the sentence. The order of words in the following clause is very artificial; the balance of the sentence seems to require that *ad certamen* should belong to *arma capienti*. Cf. Nägelsbach, *Lat. Stil.* § 168.

§ 10. **quem neque—curam**, i.e. if he is sent out, the worship of the gods will suffer neglect, if he is retained at home, the war will lose the services of one of the consuls. The Pontifex Maximus claimed the right of preventing a flamen from going abroad, even though he were a consul proceeding to a campaign, see xxxvii. 51. 2 sq. The Flamen Dialis was not allowed (at least in early times) to spend a night outside the city, v. 52. 13. We should rather have expected, *ut non aut deum aut belli*, &c. Madvig, Em. p. 336.

§ 11. **non ea**, 'not so insignificant.'

P. 80 § 15. **etiam velut pacato mari** &c. If the text is right these words must belong to *tuta atque integra*: but for *quaevis* the best mss. have *quibus*, and Madvig suggests '*obtinente*, omnia *velut pacato mari* navibus *Hannibali*,' &c. He maintains that *quaevis* cannot be used in the plural substantivally.

§ 19. **quibus sacramento...dicant.** *Sacramento dicere* is the common phrase used of taking the military oath: similarly *sacramento rogare* is used of the person who imposes it.

§ 20. **ad praecavendas** &c. *Clades* is conjecturally supplied. Fabri suggests *ad praecavendas similes clades documento sunt* Perhaps the true reading is *ad praecavenda similia utiles documento sunt*, whence might easily come *praecavendas* from the *s* of the following word, and *similes* in conformity with the termination of *utiles*.

c. ix. § 2. **admonuit** &c., i.e. reminded him that he had the power of summary execution. It would seem to follow that the right of *provocatio* did not in such cases as this extend beyond the walls of the city. Ordinarily the summary jurisdiction without appeal existed only beyond the first milestone from the city, and not till that was reached did the magistrate going out to a campaign assume the axes. But from this passage it would seem that the axes were retained by the returning magistrate until he crossed the *pomoerium*, for the reason given here is that Fabius had not yet entered the city.

P. 81 § 5. **extra ordinem**, not by lot but by special appointment, because Fulvius had already filled the highest offices of the state, and the *praetura urbana* was, especially in the absence of the consuls, a more important post than the others.

§ 8. **Maximum Rullum**: Q. Fabius Maximus Rullianus, consul with P. Decius Mus in the year 295 B.C. They had been twice consuls together before this (x. 22. 1 sq.).

Papirium &c. L. Papirius Cursor and Sp. Carvilius Maximus, consuls in the year 272 B.C.

§ 10. **exemplum**: a precedent for the action taken by Fabius at this election, not merely for the election of the magistrate who was holding the comitia, for that was admitted to be constitutional.

P. 82 c. x. § 3. **volonum**: see note on XXIII. 32. 1.

§ 7. **effusum Mincio amni**, 'formed by an overflow of the river.' The ablative in this connexion without a preposition is unusual except in the common expression *porta* (or *portis*) *effundi* (e.g. ch. 1. 2) in which the meaning is different (W.).

§ 8. **vico Insteio**: not elsewhere mentioned.

§ 9. **aedem in campo Vulcani**. *Vulcani* is to be taken with *aedem*, there was no *campus Vulcani*: the *Campus Martius* is meant. For the order of words cf. XXXIII. 42. 10, *aedem in insula Fauni* (W.).

nucem. The MSS. have *vocem*, for which most editions read *arcem*. The striking of a tree by lightning is mentioned as a prodigy elsewhere (XXVII. 11. 2).

§ 10. **iam alia**: this introduces a new set of portents announced somewhat later, as we see also by the fact that those occurring at Rome are mentioned in two separate passages. (W.)

P. 83 **Hadriae**. There were two towns of this name (Hatria), one in the territory of Picenum and the other near the mouth of the Po, whence the Adriatic derived its name.

§ 11. **secundum**, a preposition, 'after,' cf. ch. 21. 2.

quod mirabile est &c., i.e. it was regarded as a miracle simply because it was unusual.

P. 84 c. XI. § 7. **millibus aeris quinquagintà**. This was the lower limit of the third class in the Servian census. Those who were rated above 100,000 *asses* were of the first class, which is here subdivided for the purpose of this special contribution. The sailors provided seem to have been slaves, cf. § 9, *ab dominis*.

P. 85 c. XIII. § 3. **ei tradatur**. Some such words as these must be supplied here to complete the sentence.

P. 86 § 9. **quum**, concessive, with reference to *die uno*.

§ 10. **equites quingentos qui**: the last two words are not found in the MSS. and the number must of course remain doubtful. It may have been expressed by a single letter, D.

P. 87 c. XIV. § 3. **en unquam** &c. A form of question expressing strong desire or other emotion, cf. XXX. 21. 8, *en unquam ille dies futurus esset, quo vacuam hostibus Italiam bona pace florentem visuri essent?* (F.) So also in other passages of Livy and in comedy.

§ 7. **liberum iussurum esse**: so *liberos esse iubere*, ch. 16. § 9: 'would pronounce them free.'

§ 8. **quos—permisisse**: logically a principal clause (for *eos enim,* &c.), cf. XXIII. 44. 1.

P. 88 c. XV. § 4. **dextra**: because their left hand was already occupied with the shield, which they could not drop without danger.

§ 7. **mancipia Romana** &c. *Romana* seems to be attracted into agreement with *mancipia*; the meaning is that they taunted the Romans with being slaves &c.

P. 89 c. XVI. § 2. **prope continenti agmine**, i.e. with hardly any interval between them and the enemy whom they were pursuing.

ediderunt. Madvig changes this to *ediderint*, on the ground apparently that *ac* couples it closely with the preceding clause. But the indicative coupled with *ruuntque*, and setting forth independently the action of the Romans seems on the whole more satisfactory here.

§ 4. **et ea maior pars equitum**: cf. XXIII. 35. 6, by comparison with which it would seem to mean that the greater part of those who escaped were cavalry. To this explanation it is hardly a sufficient objection to say, as most editors do, that the total force of cavalry was only 1200, for, not to mention the probability that the loss among them was small, Livy is evidently here stating the result very vaguely (*minus duo millia*, &c.). But it may mean 'this included the greater part of the cavalry.'

§ 9. **quod bonum...esset**: the indirect form of the familiar formula *quod bonum faustumque...sit.*

P. 90 § 13. **erit...facient**. This use of the indicative in clauses subordinate to *oratio obliqua* is not uncommon in Livy, and akin to the frequent retention in *oratio obliqua* of the tenses of the *oratio recta*, see Kühnast, Livianische Syntax, p. 235.

§ 17. **propatulo,** the *atrium* of the houses, visible from the street when the doors were open, cf. xxv. 12. 15, *vulgo apertis ianuis in propatulis epulati sunt.*

§ 18. **pileati:** cf. 32. 9, *postero die servi ad pileum vocati.* The *pileus* was a symbol of freedom, being like the *toga* a mark of the Roman citizen, and the white woollen fillet here represented it in some cases. Slaves when set free had their heads shorn and assumed the *pileus,* which was worn also by freed prisoners at a triumph. The shape was that of the symbolical cap of liberty which is derived from it: it appears on the reverse of the denarius of Brutus and Cestianus, between two daggers, with the inscription EID. MAR., and frequently elsewhere. Slaves were also *pileati* when sold without a warranty. See Marquardt and Mommsen Vol. 7, pp. 345, 554.

§ 19. **multaticia.** The aediles received the fines imposed for all serious offences and so became to some extent public prosecutors, having an interest in convictions.

c. xvii. § 2. **Pomponio.** According to the arrangements previously mentioned ch. 10. 3 and 12. 8 Pomponius had the command in Gallia Cisalpina, which he is afterwards mentioned as holding at the end of this year, ch. 44. 3. There must be some oversight on the part of the historian, but of what nature it is impossible to say.

P. 91 c. xviii. § 2. **censores:** M. Atilius Regulus and P. Furius Philae, see ii. 6 and xliii. 2.

quae, velut diutinis &c. Madvig suggests *quae, velut quae diutinis,* &c. otherwise we must supply *vitia* as object of *gignunt.*

§ 3. **cladem...agitasse,** some such words as these must have dropped out of the mss., cf. xxii. 53. 5.

P. 92 § 5. **nimis callidi** &c. Livy here follows the story which he mentions in xxii. 61. 5 as an alternative to that adopted by himself. His own account is that one man alone was guilty of this breach of faith and that he was surrendered to Hannibal. The other story which was that of Acilius is that the whole company of ten who were first sent, stayed on this pretext, having returned to Hannibal after starting, in order to correct their lists of the prisoners, and that by a small majority the senate resolved that they should not be surrendered.

quod iuraverant redituros: i.e. 'the oath they had taken to return.'

§ 6. **publicum equum.** The knights who were enrolled in the original 18 centuries received a horse (or an allowance for one) from the state: their numbers were limited, and others who had the 'equestrian' census, but were not enrolled in the centuries, might serve in the cavalry with their own horses. The removal from the tribe implied apparently reduction to the rank of *aerarius*, but what the effect of this was we cannot clearly say. It was a disqualification for military service and a disfranchisement, and apparently also involved a higher rate of taxation.

§ 9. **non prius...finitum**: no term was fixed for their service except the time when Italian soil should be freed from the enemy, cf. xxiii. 25. 7.

§ 11. **hastae huius generis**, 'auctions (or biddings) of this kind,' that is the competition for public contracts, carried on, like the sale of goods by public authority, under the sign of the spear.

§ 12. **triumviris mensariis**, see note on xxiii. 21. 6.

P. 93 § 13. **viduarum**, this includes also unmarried women.

§ 14. **perscribebatur**, properly 'was booked,' used especially of the entries made by the Quaestor in the public accounts. It implies of course that the money was paid, and an account of the transaction entered upon the books of the treasury: cf. Cic. Att. xvi. 2. 1, *de Publilio autem quod perscribi oportet, moram non puto esse faciendam.* Flacc. 19. 44, *in aedem sacram reficiendam se perscripsisse dicunt.*

c. xix. § 2. **medix tuticus**. See note on xxiii. 35. 13.

§ 6. **iuxta magnis**. Priscian remarks, Iuxta *et* prope *et dativo et accusativo iunguntur*. Cf. Lucret. Rer. Nat. 1. 445, *Quare in utraque mihi pariter ratione videntur Errasse atque ollis iuxta, quos diximus ante.* (F.).

P. 94 § 7. **magna famae momenta** &c. The meaning is that the reputation of a general has a great influence for good or for evil upon his success; he may lose nothing by not attempting an operation, but if he attempts it and fails he loses *prestige.*

tenuit, cf. xxiii. 20. 10.

§ 8. **Campanique...orarent**: the expression is vague, probably in order that a decent veil may be thrown over what was evidently a gross breach of faith. Marcellus was more than once guilty of such acts, cf. ch. 39. 7 (W.).

c. xx. § 1. **praefecto socium**, cf. xxiii. 7. 3.

§ 5. **Compulteria**, situated near the borders of Campania: its Oscan name, as we learn from coins, was *Cupelteria.*

Telesia, in the valley of the Calor, near the modern Telese.

Compsa, see note on xxiii. 1, in the valley of the Aufidus near the border of Lucania, on a height; the modern Conza is on its site.

Fugifulae and **Orbitanium** are not elsewhere mentioned.

Blanda, probably near the coast in the S.W. of Lucania.

Aecae, on the Appian Way, near the borders of Apulia and Samnium; the modern Troja is on its site.

P. 95 § 10. **sed ad conciliandos** &c. I am far from satisfied that this is the true reading. The mss. have *nisi* (codex Puteaneus *usi*) instead of *sed*, and though *nisi* could not have the adversative meaning of *sed*, it might yield a fair enough sense 'this did not spring from moderation, except so far as its object was' &c. I am disposed however to prefer Wölfflin's conjecture, *non id modestia militum* sed *ducis* iussu *ad conciliandos*, &c. Madvig objects that *aut* could hardly have arisen out of *sed* (*set*). Equally difficult is it however to see how *nisi* or *usi* could have come from *sed*.

P. 96 § 15. **Salapiam**, on the coast of the Adriatic, separated from the open sea by a lagune which has now only an artificial outlet.

c. xxi. § 3. **spesque.** *Que* is here added by Madvig (see note on xxiii. 23. 3), who however admits that in this passage there is no other sign of corruption, Emend. p. 84.

§ 6. **Insulam**, the island or peninsula of Ortygia.

§ 7. **Hexapylo**: a six-gated structure, forming apparently part of the wall of the city towards the north: through it the road from Leontini would lead into the quarter called Tycha (from the temple of Τύχη there situated) and thence to Achradina: see map. Achradina is described by Cicero (Verr. iv. 53) as the finest quarter of the city, distinguished by its public buildings and private houses, as well as by the magnificent temple of Olympian Zeus which is here mentioned. This last must not be confused with the Olympicum on the other side of the Anapus.

P. 97 § 10. **volens propitius**, a common formula, cf. i. 16. 3: *uti volens propitius suam semper sospitet progeniem*, and ch. 38. 8.

§ 12. This occurrence is very vaguely described, but it seems we are to understand that the public granaries with their strong fortifications were delivered up to the authorities of Achradina by the detachment which Andranodorus had sent to occupy them (*quae praesidio eius loci attributa erat*). Though the word *capitur* is used, it does not seem that there was any fighting, and treachery seems to be implied by the language used in ch. 22. 7 and 25. 4. If this is not the meaning we must understand *praesidio—attributa* to mean 'appointed to *attack* the garrison of the place.'

c. xxii. § 2. **importet.** For the primary tenses in these sections see note on xxiii. 2. 8.

§ 4. **reddat.** Madvig doubtfully suggests *tradat*, Em. p. 338.

P. 98 § 5. **repeti.** This use of pres. inf. after *censeo* (in the sense of *repetendam esse*) is found several times in Livy, cf. ii. 5. 1, *quae reddi ante censuerat*; xlii. 33. 4, *quo veteres centuriones quam plurimos ad id bellum scribi censuisset*, see also xxiii. 38. 7. (F.)

§ 6. **ab hac contione,** 'after this speech,' the common form in Livy, cf. xxiii. 6. 1.

quod : the gender is assimilated to that of *consilium.*

§ 9. **qua pedibus** &c. Diodorus says that when Dionysius was in difficulties and consulted his friends as to what he should do, Polyxenus advised him to ride off and take refuge with the Carthaginians, and Philistus replied : προσήκειν οὐκ ἐφ' ἵππου θέοντος ἐκπηδᾶν ἐκ τῆς τυραννίδος, ἀλλὰ τοῦ σκέλους ἑλκόμενον προσπίπτειν, that is, that he must not abdicate his position until compelled by actual force. Plutarch however says that Philistus himself afterwards denied that he had given this advice, and Livy here seems to attribute the saying to Dionysius himself.

P. 99 § 15. **consuli in medium,** 'measures were being taken for the common good:' cf. xxvi. 12. 7, *ita nihil salutare in medium consulebatur.*

§ 17. **efferetur,** Madvig's emendation of *efferatur*, which had been usually explained as equivalent to *sepeliatur* (i.e. brought to destruction), and illustrated by such passages as xxviii. 28. 12, *meo unius funere elata populi Romani esset res publica?* where the word is explained by its connexion with *funere*, cf. xxxi. 29. 11. The metaphor would certainly here be rather far-fetched, and the reading of the text affords a better sense with a very slight change. In the following word the mss. have *res* for *resp.* dropping the final *p* before the initial letter of *post.*

P. 100 c. xxiii. § 6. **suspecti obversarentur tanquam,** 'appear under the suspicion of' &c. Cf. ch. 24. 2.

§ 7. **cuius imperator suus voluerit** : i.e. 'whose commands Hannibal had desired them to obey.'

§ 9. **non, quam maturato** &c., i.e. *non tam naviter, quam maturato opus erat*, 'not so vigorously as the urgency of the affair demanded.'

§ 10. **iuvenes** (i.e. Hippocrates and Epicydes) **militares et assueti militibus**, 'good soldiers themselves and enjoying the confidence of the soldiers.'

transfugas, because these were the men who would suffer most by a renewal of friendly relations between Syracuse and the Romans.

c. xxiv. § 2. **incondita**: 'nondum legibus certoque statu civitatis formata ac firmata,' J. F. Gronovius.

P. 101 **Gelonis**, the son of Hiero and father of Hieronymus.

§ 8. **totam viris armisque** &c., i.e. the whole resources of the conspiracy.

§ 9. **corpora**, i.e. the sight of the bodies lying at the doors.

integram, in opposition to those mentioned in § 1, who had been tampered with by the conspirators, and who now threatened vengeance, cf. ix. 46. 13, *aliud integer populus, fautor et cultor bonorum, aliud forensis factio tendebat.*

P. 102 c. xxv. § 2. **sub aliena invidia**, 'protected by the fact that the discredit of their acts fell upon another,' i.e. Hieronymus. (W.)

§ 3. **creverit**, a legal term used of the declaration that you enter into possession of property as heir. Varro L. L. 7. 98, *crevi valet constitui, atque heres cum constituit se heredem esse, dicitur cernere, et quom id fecit, crevisse*; cf. xl. 8. 17, *vivo et spirante me hereditatem meam ambo et spe et cupiditate improba crevistis.*

Here it means 'entered upon' the inheritance.

tenuerat: this (like *erant* below) is grammatically outside the *oratio obliqua*.

§ 4. **proditus deinde**: the expression is somewhat confused: we should expect *clam deinde quum*, &c., to answer to *palam primo*, but the sense is clear enough.

§ 8. **cupere**. The reading is doubtful. The best MSS. have *stupere*; some editors read *spernere*, others *sumere*. Madvig in the Emendationes suggests *exuere*; it should, he says, be some word which corresponds to *servit humiliter*, as *habere* (*modice*) does to *superbe dominatur*.

§ 9. **suppliciorum**. The genitive depends rather upon *avidos* than upon *intemperantes*, 'violently desirous of,' &c.

P. 103 c. xxvi. § 1. **consciverat,** i.e. *sibi.* Cf. xxiii. 22. 5, *iungendi artius Latini nominis* and ch. 49. 4 of this book.

§ 2. **filiabus.** This form is not found elsewhere in Livy, and rarely at all except in opposition to *filiis* (masc.). We find *duabus filiis* xxxviii. 57. 2. (W.) Madvig inclines to that reading here.

§ 3. **nunc per** &c. Madvig suggests *nunc per deos, nunc per memoriam.* Fabri supposes that the writer had meant to say that she prayed now for herself, now for her daughters, but postponed the second clause till later, where it is taken up with *tum, omissis pro se precibus,* § 11.

conflagrare, cf. xxxix. 6. 4, *ne...incendio alieni iudicii, quo P. Scipio damnatus erat, conflagraret.* (F.)

§ 5. **quid, quod,** introducing an additional and stronger argument.

fuerit regnatura, cf. *impleturae fuerint,* § 12. In a clause which stands as apodosis of unfulfilled condition, and requires a subjunctive also because it is a dependent question or a consecutive sentence, Livy and Cicero regularly use the future participle, or (in the passive) the gerundive, with *fuerim,* cf. xxi. 34. 7, *haud dubium fecit, quin, nisi firmata extrema agminis fuissent, ingens...accipienda clades fuerit.* Analogous to this is *conscensurus sit,* § 6.

§ 7. **dimicare,** 'to be in peril.' Cf. iii. 44. 11, *absentem de liberis dimicare.*

§ 8. **at enim** states as usual a supposed argument of the other side, cf. xxi. 40. 8, *at enim pauci quidem sunt sed vigentes,... Effigies, immo,* &c.

§ 10. **adstare, ne tempus tererent.** A disputed passage variously emended. The ms. reading is *cassaene tempus terrerentur. Adstare* is Madvig's conjecture, which he acknowledges to be uncertain. The clause *ne tempus tererent* refers to the clause which follows: 'all disregarded her prayers, and some were meanwhile getting ready their weapons, so as not to waste time.'

§ 11. **a qua aetate** &c.; for *ab ea enim aetate,* cf. ch. 14. 8.

P. 104 § 13. **tum quoque,** 'even as it was,' in spite of the limited space and the number of armed assassins.

§ 16. **in locum,** 'to supply the place of.'

futura essent. The verb here seems to be virtually oblique, expressing the vague thoughts and feelings of the mob who made the demands.

c. xxvii. § 1. **ultima**, i.e. *infima*, cf. xxxiv. 18. 5, *cum ultimis militum.* (F.)

§ 3. **extrahenda re; sed.** This is Madvig's correction of *et trahenda re esse*. The meaning is that they pretended not to hear, by way of gaining time.

P. 105 § 5. **evaderent**, equivalent to *evasuri essent*; a common use of the tense after the verbs of expecting, &c. (W.)

§ 8. **aliae.** Madvig says 'etiamsi *aliae* pro *alius* Livius posuisset, non pro *alterius* posuisset.' Weissenborn reads *Romanae.*

c. xxviii. § 1. **ut in tali tempore**: see note on xxiii. 18. 6.

P. 106 § 6. **vel**, 'or rather,' another and preferable way of looking at the matter.

§ 8. **cupiditatis ac studii**, 'eager partisanship,' cf. ch. 5. 8, *certamine ac studiis.*

c. xxix. § 1. **exonerandam**, used pregnantly of the burden which is to be removed, for 'exonerandae civitatis causa educendam.' Cf. Nägelsbach, Lat. Stil. § 102.

P. 107 § 6. **praesens**, i.e. *si adesset*, or *quum adesset.*

§ 7. **sub regibus**, under the former kings of Syracuse.

suae dicionis, i.e. under the Syracusans.

§ 8. **ad Syracusanos**: so Madvig for *Syracusas* (the codex Puteaneus reads *ab Syracusas*). He explains it to mean *ad coniuratos Syracusanos.*

P. 108 § 12. **ita ut**, 'on condition that.'

c. xxx. § 2. **Herbesum**, otherwise called *Erbesus*, in the east of Sicily, must be distinguished from another town of the same name near Agrigentum.

§ 4. **quicquam.** Cf. ch. 31. 8, *quicquam externorum auxiliorum.*

§ 6. **terroris speciem** &c. 'The fact that two thousand deserters had been scourged and put to death gave this false report a fearful plausibility, which was not without some ground.' But, as Madvig remarks, the expression is careless, 'nam quae mendacio praebetur species, necessario vana est.' He suggests *vani* for *vanam.*

P. 109 § 9. **Megara**, called for distinction *Megara Hyblaea*, a Greek colony in a fine maritime position near the modern Agosta.

§ 12. **abscisa,** from *abscido*; cf. ch. 31, § 12, *ne spem reditus praeciderent.*

ut se &c., explanatory of *consilium.*

§ 14. **velamenta alia**: e.g. woollen fillets on the hands of the suppliants and on the sprays of olive which they carried.

c. xxxi. § 1. **enimvero** belongs to *conclamant* and emphasises the result: so used often in narration, e.g. xxv. 18. 8, *enimvero ferocius tum Campanus increpare mollitiam,* &c.

P. 110 § 7. **ut assolet** belongs to *salutem*, 'salutation in the usual form.'

P. 111 c. xxxii. § 1. **haud vani**: the opposite of *vana aut levi aura mobiles.*

§ 6. **toto Hexapylo.** Livy evidently understands that this had six gates side by side. Whether it was really so or not is somewhat doubtful.

P. 112 § 9. **ad pileum vocati.** Cf. ch. 16. 18.

c. xxxiii. § 1. **et ab Appio** &c.: another cause of offence.

§ 3. **et iam** &c. 'Thus it happened that by the time the Roman army arrived, not only the laws of peace but also the rights of war (e.g. the security of ambassadors) had been violated by the Syracusans.'

§ 6. **pateret.** There seems to be no sufficient reason for the change (proposed by Crévier and adopted by Madvig) to *pateat.* The imperf. is not here an arbitrary variation, but represents *patet* in *oratio recta*, whereas the following verbs, *dedantur, restituantur,* would be present subj. in *oratio recta* and remain unchanged according to Livy's frequent custom (see note on xxiii. 2. 8). To leave *patet* unchanged in *oratio obliqua* was impossible, and to make all the verbs imperf. would have effaced a distinction of meaning. Cf. ch. 40. 7, *nisi praesidium mittatur Romanum.*

P. 113 § 7. **quum in eorum** &c., i.e. if their mission was to any other persons, then they must return when &c.

§ 9. **vastam** &c. Cf. ch. 2. 9.

invasuros, 'enter': cf. xxv. 15. 15, *hostes urbem invasuros, ni propere portas claudant.*

c. xxxiv. § 3. **pleraque alta** &c. in apposition to *colles.*

§ 5. **ex ceteris,** apparently equivalent to *ex aliis* and answered by *aliae* § 6.

ad remittendum inhabile, 'awkward to return.' These are apparently the γρόσφοι of Polybius, a kind of javelin thrown by a thong. Polybius says in another place that it is impossible ordinarily to return this missile because it is apt to be bent in the first discharge. Livy may have had some inaccurate recollection of that statement in his mind when he wrote this.

§ 6. **binae**, 'in pairs.' Polybius says, ἅμα δὲ τούτοις ὀκτὼ πεντήρεσι παραλελυμέναις τοὺς ταρσούς, ταῖς μὲν τοὺς δεξιούς, ταῖς δὲ τοὺς εὐωνύμους, καὶ συνεζευγμέναις πρὸς ἀλλήλας σύνδυο κατὰ τοὺς ἐψιλωμένους τοίχους, προσῆγον πρὸς τὸ τεῖχος διὰ τῆς τῶν ἐκτὸς τοίχων εἰρεσίας τὰς λεγομένας σαμβύκας. VIII. 6.

P. 114 § 9. **ab imo ad summum** &c. Polybius, VIII. 7. 6, says ἕως ἀνδρομήκους ὕψους κατεπύκνωσε τρήμασι τὸ τεῖχος ὡς παλαιστιαίοις τὸ μέγεθος κατὰ τὴν ἐκτὸς ἐπιφάνειαν, i.e. about three or four inches wide. It is hardly worth while, when dealing with Livy, to take pains about reconciling the accounts.

scorpionibus: cf. Veget. IV. 22, *Scorpiones dicebant quas nunc manuballistas, quod parvis subtilibusque spiculis mortem inferant.* (F.)

§ 10. **interiores ictibus**: ἐντος βέλους, Pol. VIII. 7. 5; cf. Liv. VII. 10. 10, *interior periculo vulneris factus.* (F.)

in eas belongs to *iniecta*, to which *prorae* is added as a more exact description. (W.)

recelleret ad solum. The operation is very loosely described, for it is not of course the *ferrea manus* which is weighed down to the ground, (on the contrary this is elevated,) but the end of the beam which was within the walls of the town. Various emendations have been proposed.

§ 13. **eodem**, 'in the same way.'

P. 115 c. xxxv. § 1. **Helorum**, a dependency and probably a colony of Syracuse: see map.

dedentibus ipsis; i.e. the inhabitants, cf. ch. 36. 10.

§ 3. **Heracleam**, near the river Halycus, one of the chief Carthaginian naval stations.

§ 4. **nequaquam cum quantis copiis** &c., i.e. a much larger number of troops than those with which he had been stationed there before.

sed, used with reference to the negative *nequaquam*.

§ 5. **haud vanus praesens**, 'not without weight and also on the spot' (rather than merely 'because on the spot,' as Weissenborn explains it).

13—2

§ 8. **Acrillas** : position not exactly known.

§ 9. **nihil minus ratus** &c., cf. xxii. 19. 8, *nihil minus quam hostem aut proelium eo die exspectantes.*

P. 116 c. xxxvi. § 1. **Acras**, on a hill about 24 miles west of Syracuse, of which it was a colony and dependency.

§ 3. **decurrere** : cf. xxix. 27. 13, *eo classis decurrit.* (W.)

§ 6. **maritimis locis.** Evidently they went over from Panormus to the south coast, and so along to Pachynum. This would be their nearest way to Syracuse by the coast, but it is difficult to see why the troops should not have been landed on the eastern side of the island.

§ 7. **duplici...numero** : ablative of quality.

nihil aliud...quam &c., cf. xxii. 60. 6, *quid enim aliud quam admonendi essetis,* &c.? and xxiii. 3. 13.

P. 117 c. xxxvii. § 2. **Henna** (or *Enna*), near the centre of the island, on the level summit of a hill and surrounded by cliffs, so as to be almost everywhere inaccessible, a remarkable natural fortress, now called *Castro Giovanni.*

§ 3. **ne posset** &c. : this explains *in eo.* For this use of *ne*, cf. xxii. 61. 5, *ita admissos esse, ne tamen iis senatus daretur.*

§ 5. **quod**, cf. ch. 15. 5.

§ 6. **suae** : representing *nostrae.* (W.)

P. 118 § 7. **ita...si.** Cf. ch. 16. 13 and ch. 38. 8.

§ 10. **se vero negare illi.** *Illi* is subject of *negare* (hist. infin.) on which depends *se missuros.*

§ 11. **consensa** : cf. viii. 6. 8, *consensit et senatus bellum,* and so elsewhere; but Fabri remarks that the examples of the transitive use are almost all either with *bellum* or with a neuter pronoun.

c. xxxviii. § 2. **vestra ipsi**, cf. ch. 5. 10, and note on xxiii. 42. 2.

§ 3. **haec—cautio est.** 'These are the proper precautions against treachery:' *cautio* is the antecedent to *qua,* and *fraude* to *cui.*

P. 119 § 8. **Ceres** &c. Cf. Cic. Verr. iv. 107, *mira quaedam tota Sicilia privatim ac publice religio est Cereris Hennensis.* (W.)

ferendae, altered to *inferendae* by comparison with xxvii. 28. 3: but the change does not seem necessary. Fabri quotes Cic. Att. vii. 26, *id mihi fraudem tulit.*

c. xxxix. § 3. **primo sensim ac plures**: i.e. at first the demand came by degrees, and only from a certain number, then from the whole assembly.

P. 120 § 7. **temperaturos** is given by Madvig on the authority of the old editions, but is not found in any ms. He observes that we need here a reference to the future.

P. 121 § 13. **Leonta.** The Athenians landed there when about to attack Syracuse. Thucydides says it was only six or seven stadia distant from Epipolae.

usque ad principium hiemis. Livy seems to have thrown together the events belonging to two years, 214 and 213 b.c., for after this he relates nothing about Sicily till 212; and from the account in Polybius we gather that the regular siege of Syracuse can hardly have begun till 213, for he tells us that the Romans had been there eight months before establishing the blockade, and Marcellus must certainly have spent several months of his consulate before he undertook the attack on Syracuse at all. Consequently the events of the last few chapters seem to belong to the year 213, and a confirmation of this is found in the fact that Appius was not consul till 212 (xxv. 3. 1), and consequently his candidature mentioned in § 12 should doubtless be placed in the winter of 213 b.c. (W.)

c. xl. § 1. **eadem aestate.** These events seem to belong to 214 b.c. See the preceding note.

§ 2. **Orico**, near the mouth of the Aous, conveniently situated for the passage from Brundisium to Greece.

praetorem. He was actually *pro praetore*, see ch. 10, § 4.

praesidentem classi Brundisio &c., i.e. 'defending Brundisium, &c., with his fleet.' *Classi* is ablative (of instrument), cf. iv. 34. 6, *classi quoque ad Fidenas pugnatum cum Veientibus.* We may compare the similar use of the dative in Greek.

Apolloniam, on the Aous, about six miles from the sea.

§ 5. **P. Valerio**, probably the same as the *praefectus classis* mentioned xxiii. 34. 4 and elsewhere. (W.)

quod militum = *quos milites*, hence *impositis* below. (W.)

§ 7. **mittatur**: see note on ch. 33. 6.

§ 8. **praefecto socium**: see note on xxiii. 7. 3.

P. 122 § 12. **alius quisquam.** The negative form of the sentence is changed by the introduction of *sed etiam ipse rex* instead of *sed ne rex quidem*, but it is marked in the first clause by the use of *quisquam*.

§ 13. **militi quoque, nedum regi:** i.e. *militi quoque vix decoro, nedum regi;* cf. xl. 15. 14, *vix quid obiiceretur intelligere potui; nedum satis sciam quomodo me tuear.* (W.)

P. 123 c. xli. § 1. **in Hispania:** cf. xxiii. 49, where perhaps the same events are related with variations.

§ 2. **dubiis...animis:** probably ablative absolute.

§ 4. **montem Victoriae:** position unknown.

§ 5. **fluvium:** it is uncertain what river is meant.

§ 7. **Castulo:** on the upper course of the Baetis, at the junction of four main roads.

§ 8. **Iliturgim.** See note on xxiii. 49. 12.

P. 124 § 11. **Bigerra:** perhaps the modern *Becerra*, in the east of Baetica.

c. xlii. § 1. **Mundam:** position not exactly known, probably not far from Corduba.

§ 3. **potuerint.** See note on ch. 26. 5. In the case of *possum* (there being no future participle), the perf. subj. alone is used in these clauses: cf. xxv. 13. 12, *tantum pavoris iniecerunt, ut, si in plano castra posita essent, haud dubie primo impetu capi potuerint.*

superque fossas, i.e. *super margines fossarum* (cf. xxv. 14. 1, *ad vallum ac fossas*). This is Madvig's emendation of *superqipsas*, which appears in the best mss.: others read *superque ipsum*, i.e. *vallum*, cf. xxvi. 6. 1, *elephantosque transgredientes in ipso vallo conficiunt.*

§ 6. **gens,** i.e. the Spanish race, cf. xxviii. 12. 11, *Hispania non quam Italia modo, sed quam alia pars terrarum, bello reparando aptior erat locorum hominumque ingeniis.* This has been its character also in modern times: see Macaulay's Essay on the 'War of the Succession in Spain': 'There is no country in Europe which is so easy to overrun as Spain: there is no country in Europe which it is more difficult to conquer. Nothing can be more contemptible than the regular military resistance which Spain offers to an invader: nothing more formidable than the energy which she puts forth when her regular military resistance has been beaten down'; &c.

§ 7. **quippe pro parte** &c. The MSS. read *sique* or *sicut*, which Madvig thus corrects, explaining it as a reference to *alii*, 'different men, as might be expected from the fact that their side had been so often beaten.'

P. 125 § 8. **Gallica.** Celtic tribes were settled in Spain, not only in the district now called Gallicia, but also in the country of the Turdetani and elsewhere.

§ 9. **octavum.** This is apparently a mistake: Saguntum was captured in the first year of the war (xxi. 15. 1), and this was the fifth.

c. xliii. § 2. **censoribus.** The censors seem to have been liable to accusation even during their period of office (cf. xxix. 37. 17), which was not the case with the other chief magistrates. Metellus postponed his accusation till he became tribune, probably because such proceedings could only be taken by the tribunes, not by private persons. But the attempts to make the censors responsible in this manner were never, so far as we know, successful, and were always discouraged by the senate: Momms. R. S. 2. 345.

ad populum, i.e. the tribes. (W.)

§ 3. **tribu moverant** &c., ch. 18. 4.

fuerant. Madvig inclines to leave out this word. The pluperfect is certainly awkward, and hardly sufficiently explained by suggesting a reference to the next clause ('after they had been released from this embarrassment another occurrence prevented,' &c.).

§ 4. **lustrum perficerent.** This was the last act of the censorship, a solemn purification of the people, at which both censors had to be present. It seems to have been several times omitted, as in the present case, cf. iii. 22. 1 and x. 47. 2. It was not the custom to supply the place of a censor who died during his time of office, for the reason stated in v. 31. 6, *C. Iulius censor decessit; in eius locum M. Cornelius suffectus, quae res postea religioni fuit, quia eo lustro Roma est capta; nec deinde unquam in demortui locum censoris sufficitur.*

§ 6. **et M. Atilius.** This name mentioned in the next chapter as that of one of the praetors has evidently dropped out here. W. reads *et ex privatis M. Atilius*, &c., cf. xxviii. 38. 11, *creati duo, qui tum aediles plebis erant, Sp. Lucretius et Cn. Octavius, et ex privatis Cn. Servilius Caepio et L. Aemilius Papus.* The *M. Atilius* who is here mentioned is of course to be distinguished from *M. Atilius Regulus* the censor.

§ 7. **per quatriduum.** This is the innovation referred to by the word *primum*, and it became the practice henceforth. We do not know how long the games lasted before this change.

P. 126 c. XLIV. § 2. **peregrina sors,** i.e. the decision of suits between citizens and strangers, see note on XXIII. 30. 18. The two jurisdictions were often thrown together in emergencies, as in this instance, cf. XXV. 3. 2.

haberet depends on the idea contained in *mandatum*, § 1.

§ 3. **Ariminum,** i.e. the province of Gallia, of which Ariminum was the chief Roman station.

§ 4. **exercitus nulli** &c. This refers to the three cases just mentioned.

§ 5. **autem,** cf. XXIII. 33. 10.

P. 127 § 8. **Caietae.** The MSS. read *tactae*, which Drakenborch suspected to be the corruption of a proper name. The reading in the text is probably as good as any other; but the true word can hardly be recovered, and it may very likely have been something quite different, *tactae* being derived from *tacta* in the next line.

alia, 'besides this,' for that which has been mentioned cannot be classed among *ludibria oculorum*, &c.

quae nullae erant, 'which had no reality.'

Vicilini, apparently a surname of Jupiter among the Hirpini (*in Compsano agro*), but nothing else is known about it.

§ 10. **taciti,** i.e. without ordering him to dismount.

animadvertere, 'to take notice' of the disrespect.

proximum lictorem. The lictors went in single file before the magistrate, and the one who immediately preceded him was called *proximus lictor* and received his commands.

c. XLV. § 1. **Arpinus,** 'of Arpi' in the Apulian plain, also called *Argyripa*.

praemio, cf. ch. 48. 13, *magno emolumento fuit.*

§ 3. **resurgere ab stirpibus...polliceatur, aliunde stet** &c. The MSS. are almost hopelessly corrupt in this passage. The codex Puteaneus reads *resurgerent turpibus...polli* VII *virali iudicioe stet;* &c. from which Gronovius conjectured *aliunde stet*, Madvig gave *polliceatur* and *resurgere viribus*, adopting afterwards Weissenborn's *resurgere ab stirpibus*. At the end of the section the MSS. have *esse*, which Weissenborn retains.

aliunde...aliunde, cf. XXI. 10. 9, *eventus belli velut aequus iudex, unde ius stabat, ei victoriam dedit* (i. e. *a qua parte ius stabat*). So here *aliunde* (for *ab alia parte*) *stet* is intelligible enough, and makes clear what is meant by *aliunde sentiat*, 'while standing on one side, he belongs in feeling to another.' Cf. Plaut. Men. v. 2. 48, *hinc stas, illinc causam dicis.* (W.)

P. 128 **ad**, 'in addition to.'

Faleriorum, alluding to the story of the schoolmaster who offered to betray his pupils to Camillus, see Liv. v. 27.

Pyrrhi proditorem: the man who offered to poison Pyrrhus, and was given up to his master by Fabricius.

esset, representing *sit* in *oratio recta* 'let this be added,' &c.

§ 4. **temporum oblitos**, i.e. 'that men who acted so had no due regard for times and seasons.'

§ 5. **et ut novos concilient**. Here also there is corruption in the MSS. and the true reading is probably irrecoverable. Most editors read *id non cogitent*, and afterwards *autem* for *etiam*, on which Madvig remarks that *autem* is not used after a negative for *sed*.

§ 10. **Calibus**, the modern Calvi, on the *Via Latina* between Teanum and Casilinum.

§ 13. **datum**, i.e. that he was influenced more by anger than &c., cf. VIII. 5. 5, *consanguinitati tamen hoc dabimus, ut conditiones pacis feramus aequas utrisque.* (W.)

P. 129 **rapinae**, Madvig's conjecture for *gravitati* (or rather *gravitatem*).

C. XLVI. § 1. **a quingentis fere** &c. Cf. XXXVIII. 20, *a quinque ferme milibus locat castra.*

§ 2. **quartae vigiliae.** The night from sunset to sunrise was divided into twelve equal hours, three of which formed a *vigilia.*

§ 3. **infrequenti via**: this explains *angusta*, and is in its turn further explained by the succeeding words *per desertam partem urbis*, 'since the road was unfrequented, leading as it did through a deserted quarter of the town.' (W.)

§ 5. **exaudiri**, 'clearly heard.'

lentior...aequaliorque, 'less violently and more steadily.'

P. 130 C. XLVII. § 3. **cogniti inter se**, i.e. they met in the houses and renewed former acquaintance.

§ 5. **aut quod meritum**: for the omission of the preposition cf. ch. 23. 27, and XXIII. 34. 11; it is here rather more marked than usual because of the repetition of the relative. Cf. Nägelsbach, Lat. Stil. § 121.

vectigalem ac stipendiariam. These two words are often used in conjunction, to express entire dependence (cf. XXI. 41. 7 &c.). Strictly speaking *vectigal* is a fixed proportion of the produce of the land, and the payment of it implies more complete subjection than that of *stipendium.*

§ 6. **purgantibus:** cf. XLII. 14, *ut purganti se nihil hostile dixisse aut fecisse fides habeatur.*

§ 7. **praetor:** cf. XXV. 16. 10, *omnium populorum praetoribus...persuasisse* &c. This title is applied to the chief magistrates both of the Samnites in earlier times (cf. VIII. 39) and of *Praeneste, Saguntum,* &c.

P. 131 § 13. **iussis inermibus deduci:** cf. XLIII. 18. 11, *exire enim sua secum efferentibus iussis, arma ademit.* (W.)

§ 15. **Salinas,** near the *porta Trigemina,* just north of the Aventine.

portam Carmentalem, just south-west of the Capitol. The space between the two points mentioned was chiefly occupied by the *Forum Boarium,* in or near to which stood the temples here mentioned, see XXXIII. 27. 4, *de manubiis duos fornices in foro Boario ante Fortunae aedem et matris Matutae...fecit.*

Aequimaelio Iugarioque vico. The *vicus Iugarius* ran from the forum to the *porta Carmentalis,* under the Capitol, and separated from it partly by the *Aequimaelium,* used as a market-place. Among the buildings outside the *porta Carmentalis* which were destroyed by this fire was the temple of *Spes,* cf. XXV. 7. 6, but Madvig's slight emendation renders it unnecessary to insert the name here.

c. XLVIII. § 3. **et bene cumulatam,** 'and that too with interest.'

P. 132 § 5. **ut pro bonis** &c., cf. ch. 2. 4. This clause is explained by those which follow, *ut duo legationem referrent,* &c. *Referrent* is used in the same sense as *renuntiarent,* cf. XXIII. 6. 3.

§ 7. **vasta.** The reading is uncertain. If this is right it means the same as *incomposita*: cf. Cic. Orat. I. 115, *sunt quidam...ita vultu motuque corporis vasti atque agrestes.*

§ 10. **intra praesidia,** i.e. on the side of the Carthaginians: cf. XXXVIII. 11. 4, *qui tum hostes erant Romanis, quum intra praesidia Romana Aetoli essent.* (F.)

§ 11. **proxime.** The adverbs *propius* and *proxime* are used regularly with accusative, as the corresponding adjectives with dative.

instruendo et decurrendo, 'in drawing themselves up and performing evolutions.' *Instruere* is often used absolutely, e.g. ix. 37. 3, *relicto hostibus ad instruendum contra spatio.*

§ 12. **iustis militaribus.** It is perhaps doubtful which of these two adjectives is used substantively; probably *iustis*, 'regular duties.'

P. 133 § 13. **Galam**, called in an inscription Mezetbaal. His kingdom was in the eastern part of Numidia.

c. xlix. § 1. **septendecim**: apparently an error of the historian. Masinissa died B.C. 149 at the age of 90, and therefore in 213 B.C. was 26 or 27 years old.

§ 3. **Galae quoque**, as well as for the Carthaginians.

§ 7. **qua.** Madvig says, 'paciscitur pecunia, qui ea data aliquid emit aut servat; qui pretium aut mercedem accipit, pecuniam.' He would therefore either read *quam* or understand the ablative as one of price after *se stipendia facturos*, or some such phrase, to be supplied.

Celtiberum, for *Celtiberorum*, which is in Livy the more usual form.

P. 134 § 8. **mercenarium militem** &c. Mercenaries are mentioned as serving with the Romans in the first Punic war (Zonar. viii. 16), and in ch. 30 of this book we are told that the 600 Cretans who are there mentioned had been taken prisoners by Hannibal at Trasimene. Perhaps here the emphasis is to be laid on the words *in castris*, and Livy afterwards gives warning of the danger which is involved in having the camp filled with such auxiliaries (xxv. 33. 6). There are from this time three regular elements in Roman armies, *Romani*, *Socii*, *Auxilia.*

INDEX OF PROPER NAMES.

[A *and* B *denote Books* XXIII. *and* XXIV. *respectively. The numbers refer to chapters; sections are only added when necessary for distinction.*]

The following Index is meant to be complementary to the notes. It will serve to distinguish different persons bearing the same or similar names, to give necessary information about places and persons, and to supply that continuity to the various branches of the narrative which is sacrificed in the annalistic arrangement adopted by Livy. The only proper names which are intentionally omitted are these: *Hannibal, Italia, Poenus, Punicus, Roma, Romanus.*

Baliares insulae, A. 34, 40, 41
Bantius, L., leader of the popular party at Nola, A. 15
Barcina factio, A. 12; familia, 13; gens, 41
Bassus, Herennius, a senator of Nola, A. 43, 44
Beneventum, B. 12, 14, 16, 17, 18, 19, 20: the head-quarters of Gracchus for some time in B.C. 214
Bigerra, in Spain, B. 41
Blanda, on the west coast of Lucania, B. 20
Blossius, Marius, *praetor Campanus*, i.e. *medix tuticus* (216 B.C.), A. 7
Boarium (Forum), B. 10
Boeotus, A. 39
Boii, A. 24
Bomilcar, sails with reinforcements from Carthage to Italy, A. 41; commander of Carthaginian ships at Syracuse, B. 36. Cf. xxv. 25
Bomilcar, father of a Hannibal who was employed in Spain, A. 49
Bostar, A. 34
Brundisium, Brundisinus, in charge of M. Valerius Laevinus, A. 32, 33, 48. B. 10, 11, 13, 20, 40
Bruttii, join Hannibal, A. 11; attack Petelia, 20, 30; head-quarters of Hanno, 37, 41, 43, 46; attack Locri and Croto, B. 1, 2, 3; their former defeats, 9; support Hanno, 14, 15, 20
Buteo, M. Fabius, *dictator creatus, qui senatum legeret*, (consul 245 B.C., censor perhaps in 241), A. 22

Caelius Antipater, referred to as an authority, A. 6
Caiatia, A. 14
Caieta, B. 44
Calabria, A. 34. B. 11. 40
Calavius, Pacuvius, a citizen of Capua, *nobilis idem et popularis homo*, A. 2, 3, 4, 8
Calavius, son of the above, A. 8 (§ 7)
Cales, Calenus, A. 31, 36. B. 10, 13, 45
Callo, *aequalis Hieronymi*, B. 5
Calor, a tributary of the Vulturnus, B. 14
Campania, A. 5, 11, 15, 17, 31, 33, 34. B. 1, 12
Campanus, A. 1, 3, 4, 5, 6, 7, 8, 9, 10, 17, 19, 20, 31, 35, 36, 39, 45, 46, 47, 48. B. 8, 12, 19, 47
Cannae, A. 5, 11, 12, 15, 18, 31, 42, 43, 45, 48. B. 6, 8, 13, 17, 43
Cannensis, A. 1, 4, 5, 11, 15, 17, 18, 21, 25, 30, 31, 35. B. 18, 45
Canusium, A. 5
Capena, porta, A. 32
Capitolium, as meeting-place of the Senate, A. 22; position of temples to Mens and Venus Erycina, 31, 32; meeting of Senate, B. 10
Capua, A. 2, 7, 9, 10, 11, 14, 15, 17, 18, 33, 36, 39, 41, 43, 45, 46. B. 8, 12, 19, 47
Carales, in Sardinia, the modern *Cagliari*, A. 40, 41
Carmentalis (porta), B. 47
Carthaginiensis, the less usual word for *Poenus* or *Punicus*, A. 20, 25, 26, 28, 33, 37, 49. B. 1, 5, 6, 7, 10, 28, 35, 36, 38, 41, 42, 47, 48, 49
Carthago, A. 5, 10, 11, 27, 32, 34, 40, 41, 43. B. 6, 8, 35
Carvilius, Sp. (C. F. Maximus), B. 9

23, 24, 27, 29, 30, 31, 32, 33, 35
Erycina, Venus, A. 30, 31
Etruscus, A. 5

Fabius, M. (Buteo), A. 22. See *Buteo.*
Fabius, Q. (Maximus), *pontifex creatus* (B.C. 216), A. 21; opposes the proposal of Carvilius, 22; dedicates the temple of Venus Erycina, 30, 31 (§ 9); *consul tertium, in locum M. Marcelli suffectus* (B.C. 215), 31 (§ 14); his measures and campaign, 32, 36, 37, 39, 46; holds the *comitia* and is elected consul for the fourth time, B. 7, 9 (§§ 3, 7, 9); holds *comitia* for election of censors, 11 (§ 6); his campaign (214 B.C.), 12 (§ 5), 14, 19, 20 (§§ 3, 7); holds *comitia consularia*, 43; *legatus* under his son, 45 (§§ 4, 9)
Fabius, Q. (Maximus), son of the preceding, praetor (B.C. 214), B. 9 (§ 4), 11 (§ 3), 12 (§ 6), 20 (§ 8); consul (B.C. 213), 43, 44, 45 (§ 2), 46
Fabius, Q. (Pictor), the historian, sent to Delphi, A. 11
Falerii, B. 45
Flaccus, Q. Fulvius, *pontifex creatus* (B.C. 216), A. 21; *praetor* (after having been twice consul and also censor), 24, 30, 32, 34, 41, 48; praetor again (B.C. 214), B. 9. He was afterwards elected consul for 212 B.C., see xxv. 5, and took Capua.
Flaccus, P. Valerius, A. 16, 34 (§ 4), 38 (§§ 7, 9). B. 40, (§ 5)
Flaminius, C., the consul who was killed at Trasimene, censor with L. Aemilius Papus in 220 B.C., A. 14, 22, 23, 45. B. 11
Fortunae aedes, at Praeneste, A. 19; at Rome, B. 47
Fugifulae, B. 20
Fulvius, Q. (Flaccus), see *Flaccus.*
Fulvius, Cn. (Centumalus), see *Centumalus.*
Furius, P. (Philus), praetor in 216 B.C., A. 21; censor (214 B.C.), B. 11, 43

Gabii, B. 10
Gades, B. 49
Gaetuli, A. 18
Gala, father of Masinissa, B. 48, 49
Gallia, Gallicus, Gallus, A. 14, 24, 25, 28. B. 8, 9, 10, 11, 21. Galli Hispani, 42
Gelo, son of Hiero, inclined to the Carthaginians, his death, A. 30; his relations, B. 5, 24, 25, 26
Gisgo, ambassador to Philip, A. 34
Gisgo, father of a Hasdrubal who was employed in Spain, B. 41
Gracchus, Ti. Sempronius, *magister equitum* (see XXI. 57, 9), A. 19; consul for 215 B.C., 24, 25, 30, 31; in command of *volones* and *socii*, 32, 35, 36, 37 (§§ 1, 7), 38, 48. B. 10, 11, 12, 14, 15, 16, 18, 19, 20; consul for 213 B.C., 43 (§ 5), 44 (§ 9)
Graecia, A. 33. B. 44
Graecus, A. 11, 30. B. 1, 2, 24
Grumentum, A. 37

CAMBRIDGE: PRINTED BY C. J. CLAY, M.A. AND SON, AT THE UNIVERSITY PRESS.